本书为陕西省教育厅哲学社会科学重点研究基地项目（项目编号：17JZ004）研究成果

本书获得宝鸡文理学院历史文化与旅游学院学科建设经费资助、陕西省重点中国特色社会主义理论体系研究中心（宝鸡基地）经费资助

# 周代祖先祭祀及伦理价值研究

任晓锋 著

中国社会科学出版社

## 图书在版编目（CIP）数据

周代祖先祭祀及伦理价值研究 / 任晓锋著. -- 北京：中国社会科学出版社，2024.11. -- ISBN 978-7-5227-3949-6

Ⅰ. K892.29

中国国家版本馆 CIP 数据核字第 2024VZ5056 号

| | |
|---|---|
| 出 版 人 | 赵剑英 |
| 责任编辑 | 耿晓明 |
| 责任校对 | 李　军 |
| 责任印制 | 李寡寡 |

| | |
|---|---|
| 出　　版 | 中国社会科学出版社 |
| 社　　址 | 北京鼓楼西大街甲 158 号 |
| 邮　　编 | 100720 |
| 网　　址 | http://www.csspw.cn |
| 发 行 部 | 010-84083685 |
| 门 市 部 | 010-84029450 |
| 经　　销 | 新华书店及其他书店 |
| 印　　刷 | 北京明恒达印务有限公司 |
| 装　　订 | 廊坊市广阳区广增装订厂 |
| 版　　次 | 2024 年 11 月第 1 版 |
| 印　　次 | 2024 年 11 月第 1 次印刷 |
| 开　　本 | 710×1000　1/16 |
| 印　　张 | 18 |
| 字　　数 | 268 千字 |
| 定　　价 | 89.00 元 |

凡购买中国社会科学出版社图书，如有质量问题请与本社营销中心联系调换

电话：010-84083683

**版权所有　侵权必究**

# 目 录

**第一章 绪论** …………………………………………………… (1)
    一 选题价值 ……………………………………………… (1)
    二 研究现状 ……………………………………………… (3)
    三 本书研究思路和方法 ………………………………… (10)

**第二章 祭祀及祖先祭祀的起源** ……………………………… (12)
  第一节 祭祀的起源 ……………………………………… (12)
    一 万物有灵观念 ………………………………………… (15)
    二 图腾崇拜思想 ………………………………………… (16)
  第二节 祖先祭祀的起源 ………………………………… (20)
    一 灵魂观念出现 ………………………………………… (21)
    二 祖先崇拜产生 ………………………………………… (23)

**第三章 "五礼"中周代祖先祭祀梳解** ……………………… (30)
  第一节 吉礼中的祖先祭祀 ……………………………… (30)
    一 肆献祼祭 ……………………………………………… (31)
    二 馈食祭 ………………………………………………… (35)
    三 四时祭 ………………………………………………… (36)
    四 禘祭 …………………………………………………… (39)
    五 祫祭 …………………………………………………… (47)
    六 告朔祭 ………………………………………………… (49)

## 第二节　凶礼中的祖先祭祀 ………………………………… (50)
　　一　葬前奠 ……………………………………………… (51)
　　二　葬后祭 ……………………………………………… (52)
## 第三节　宾礼中的祖先祭祀 ………………………………… (53)
　　一　巡狩祭祖 …………………………………………… (54)
　　二　朝觐祭祖 …………………………………………… (55)
　　三　朝聘祭祖 …………………………………………… (57)
　　四　会盟祭祖 …………………………………………… (58)
## 第四节　军礼中的祖先祭祀 ………………………………… (60)
　　一　战前祖先祭祀 ……………………………………… (61)
　　二　战中祖先祭祀 ……………………………………… (64)
　　三　战后祖先祭祀 ……………………………………… (65)
## 第五节　嘉礼中的祖先祭祀 ………………………………… (71)
　　一　加冠祭祖 …………………………………………… (71)
　　二　婚姻祭祖 …………………………………………… (74)

# 第四章　周代祖先祭祀目的 ……………………………………… (79)
## 第一节　为求福而祭祀 ……………………………………… (79)
　　一　求福禄寿 …………………………………………… (80)
　　二　求丰收 ……………………………………………… (90)
　　三　求邦祚 ……………………………………………… (91)
## 第二节　因告祖而祭祀 ……………………………………… (95)
　　一　要事告祖 …………………………………………… (95)
　　二　感恩告祖 …………………………………………… (102)
## 第三节　为禳灾而祭祀 ……………………………………… (106)
　　一　禳灾异 ……………………………………………… (106)
　　二　免兵祸 ……………………………………………… (108)
　　三　祛病疾 ……………………………………………… (109)

## 第五章　周代祖先祭祀用物 ………………………………………（113）
### 第一节　周代祖先祭祀中的祭服 ……………………………（113）
### 第二节　周代祖先祭祀中的祭品 ……………………………（115）
  一　食用类 ……………………………………………………（115）
  二　饮用类 ……………………………………………………（121）
  三　其他类 ……………………………………………………（124）
### 第三节　周代祖先祭祀中的祭器 ……………………………（127）
  一　烹饪器 ……………………………………………………（127）
  二　盛食器 ……………………………………………………（128）
  三　酒器 ………………………………………………………（129）
  四　水器 ………………………………………………………（131）
  五　乐器 ………………………………………………………（134）
### 第四节　周代祖先祭祀中的乐舞 ……………………………（137）
  一　乐歌 ………………………………………………………（137）
  二　乐舞 ………………………………………………………（138）

## 第六章　周代祖先祭祀场所及主要礼仪 ………………………（143）
### 第一节　周代祖先祭祀场所 …………………………………（143）
  一　坛墠 ………………………………………………………（143）
  二　坟墓 ………………………………………………………（144）
  三　宗庙 ………………………………………………………（146）
### 第二节　周代祖先祭祀主要礼仪 ……………………………（150）
  一　祭日之前礼仪 ……………………………………………（150）
  二　祭祀当日礼仪 ……………………………………………（152）
  三　祭日之后礼仪 ……………………………………………（159）

## 第七章　周代祖先祭祀与社会制度 ……………………………（161）
### 第一节　周代祖先祭祀与昭穆制度 …………………………（161）
  一　昭穆制度对周代祖先祭祀相关事项的规定 ……………（162）

二　周代祖先祭祀维护昭穆制度的例证 …………………（165）
　第二节　周代祖先祭祀与宗法制度 ……………………………（167）
　　一　宗法制度对周代主祭祖先权力的规定 …………………（169）
　　二　周代祖先祭祀对宗法制度的维护 ………………………（171）

## 第八章　周代祖先祭祀与社会思想 ………………………（177）
　第一节　周代祖先祭祀与巫术思想 ……………………………（177）
　　一　巫及巫术思想的起源 ……………………………………（177）
　　二　周代祖先祭祀中的巫术思想 ……………………………（181）
　　三　周代祖先祭祀中巫的职掌 ………………………………（185）
　第二节　周代祖先祭祀与阴阳思想 ……………………………（187）
　　一　先秦阴阳思想概说 ………………………………………（188）
　　二　周代祖先祭祀中的阴阳思想 ……………………………（191）
　　三　周代祖先祭祀中阴阳思想分析 …………………………（193）

## 第九章　周代祖先祭祀的变迁 ……………………………（196）
　第一节　殷周祖先祭祀的变迁 …………………………………（196）
　　一　殷周祖先祭祀对象的变迁 ………………………………（197）
　　二　殷周祖先祭祀原则的变迁 ………………………………（200）
　　三　殷周祖先祭祀动机的变迁 ………………………………（202）
　　四　殷周祖先祭祀频率的变迁 ………………………………（204）
　　五　殷周祖先祭祀用人的变迁 ………………………………（205）
　第二节　春秋祖先祭祀的变迁 …………………………………（207）
　　一　春秋祖先祭祀礼制的变迁 ………………………………（207）
　　二　春秋祖先祭祀礼仪的变迁 ………………………………（210）
　　三　春秋祖先祭祀礼义的变迁 ………………………………（211）
　第三节　战国祖先祭祀的变迁 …………………………………（212）
　　一　尸祭礼仪的消失 …………………………………………（212）
　　二　中华民族人文初祖——黄帝的祭祀 ……………………（213）

## 第十章　周代祖先祭祀的特点 …………………………（217）
### 第一节　周代祖先祭祀中的等级性 ……………………（217）
  一　贵族与平民之间的差异 ……………………………（218）
  二　贵族内部的差异 ……………………………………（218）
  三　嫡庶之间的差异 ……………………………………（225）
  四　男女之间的差异 ……………………………………（229）
### 第二节　周代祖先祭祀中的人文性 ……………………（231）
  一　重孝 …………………………………………………（231）
  二　崇德 …………………………………………………（234）

## 第十一章　周代祖先祭祀的意义及影响 ………………（238）
### 第一节　周代祖先祭祀的意义 …………………………（238）
  一　强化秩序 ……………………………………………（238）
  二　亲睦家族 ……………………………………………（240）
  三　整合伦理 ……………………………………………（242）
### 第二节　周代祖先祭祀的影响 …………………………（244）
  一　周代祖先祭祀对周代社会的影响 …………………（244）
  二　周代祖先祭祀对后世的影响 ………………………（246）

## 结　语 ……………………………………………………（253）

## 附　录 ……………………………………………………（256）

## 参考文献 …………………………………………………（267）

## 后　记 ……………………………………………………（280）

# 第一章

# 绪 论

## 一 选题价值

"国之大事,在祀与戎"(《左传·成公十三年》),祭祀是周代社会生活中的头等大事。为显示祭祀者的虔诚和对祭祀的重视,祭祀活动往往通过一定礼仪表现出来,所谓"祷祠祭祀,供给鬼神,非礼,不诚不庄"(《礼记·曲礼上》),由此形成祭礼。祭礼在五礼中居于非常重要的地位,《礼记·祭统》曰:"凡治人之道,莫急于礼。礼有五经,莫重于祭。"祭祀过程中如若发生意外情况,亦不可轻易废弃。如曾子询问孔子:"'当祭而日食,大庙火,其祭也如之何'?孔子曰:'接祭而已矣。如牲至未杀,则废'"(《礼记·曾子问》)。祭祀中发生日食或太庙失火,用作祭祀的牺牲如已宰杀,则祭礼照常进行。大夫在宗庙举行祭祀,如果外族中有亲属去世,与丧者关系自齐衰以下者祭礼依旧进行,只不过礼节有所简化而已。"外丧自齐衰以下,行也。其齐衰之祭也,尸入,三饭不侑,酳不酢而已矣;大功,酢而已矣;小功、缌,室中之事而已矣。"(《礼记·曾子问》)《左传·襄公二十六年》记载卫献公为谋求复国,事先与大夫宁喜约定,"苟反,政由宁氏,祭则寡人"。为了享有祭祀权力,卫献公甚至愿意放弃一国之治理大权。可见,古人对祭祀何等重视。

祭祀活动中又以祭祖最为重要,因为"万物本乎天,人本乎祖"(《礼记·郊特牲》),人的生命是祖先赋予的,所以应当"反古复始,不忘其所由生也"(《礼记·祭义》)。周代祖先祭祀占有重要地位,

《周礼·春官·大宗伯》所记典礼中，祭祖礼仪明显多于祭天、祭地之礼，而且祭祀祖先也可凝聚民心、稳定统治。因此，周代之后的历代王朝对祭祖格外重视，致使祖先祭祀活动经久不衰，逐渐形成以清明节为祭祖高潮的局面。唐代为迎合这一状况，便于官员祭祖，首次将清明节规定为法定节日。开元二十四年（736）敕："寒食、清明四日为假"；大历十三年（778）诏令，唐朝衙门依例放假五天："自今以后，寒食通清明，休假五日"；贞元六年（790），假日又增加到七天（《唐会要·休假》）。宋、元继承了唐代做法，清明节依然是法定节日。明、清二代，清明节虽然退出了国家法定节假日序列，但清明节的祭祖活动依然如火如荼。2008年我国政府恢复了唐代清明节放假的做法，再次将清明节认定为法定节假日，放假一天；2009年又改为三天，一直延续至今。从古至今，祖先祭祀一直受到人们的高度关注。

周代祖先祭祀贯穿于社会生活的方方面面，对其展开研究不仅可以洞察各项社会制度，还可借此透视周人的思想观念，加深对中国古代文化的理解和认识。简言之，研究周代祖先祭祀有以下几点意义：

第一，有助于了解周代宗法制度、昭穆制度等社会制度。周代推行宗法制，嫡庶之间界限分明，贵族内部形成了不同层次的大宗与小宗，大宗享有祖先祭祀权，所谓"诸侯不敢祖天子，大夫不敢祖诸侯"（《礼记·郊特牲》），就是二者在祖先祭祀方面权力差异的反映，由此也可进一步考察周代森严的等级制度。周代祖先祭祀最重要的场所是宗庙，"宗庙之礼，所以序昭穆也"（《礼记·中庸》），始祖神主居于宗庙正中，始祖以下第一世、第三世、第五世等祖先神主居左为昭，第二世、第四世、第六世等祖先神主居右为穆，形成昭穆制度，研究祖先祭祀可加深对昭穆制度的理解。

第二，有助于了解周人"德"的思想。周代祭祀祖先处处强调祖先之德，这种重视德的思想观念渗透于周代社会的各个层面。周革殷命在于天命转移，而转移的依据就是统治者是否有德，"皇天无亲，惟德是辅"。治理国家、管理民众更要推行德政，《尚书·召诰》召公劝勉成王："天亦哀于四方民，其眷命用懋，王其疾敬德"；又说："肆惟王其疾敬德！王其德之用，祈天永命。"周公选拔官吏以德为标尺，"予一人惟听用德"（《尚书·多士》），"我则末惟成德之彦，以乂我受民"（《尚书·立政》）。甚至周人在一些场合饮酒时也要以德克制，防止喝得酩酊大醉、不省人事，即"无彝酒""酒无敢酣"（《大盂鼎》铭）。故王国维说："周之制度典礼，乃道德之器械。"①看来，德思想是我们全面认识周代社会的一把钥匙。

第三，有助于推动中国古礼研究。中国素有礼仪之邦的美称，而祖先祭祀则广泛存在于传统吉、凶、军、宾、嘉全部五礼之中，研究祖先祭祀可以加深对古代礼制的认识。

**二 研究现状**

（一）古代学者对周代祖先祭祀的研究

西周祖先祭祀本有一整套庄严肃穆的礼仪程式，然经春秋战国社会变革，原有的祭祖礼仪遭到破坏，逐渐为人们所淡忘。东周时代的礼书关于祖先祭祀的记载则是前后矛盾、相互抵牾，令人无所适从，因而从汉代开始便有儒者着手研究周代祖先祭祀的相关问题。

汉儒对散见于礼书中祖先祭祀的内容进行注疏，提出自己见解，力求弥合分歧。礼书中天子宗庙有"七庙"和"五庙"两种不同记载，从西汉时起，儒者多主张天子"七庙说"，但在"七庙"构成上产生了分歧，西汉刘歆认为七庙应由周始祖后稷庙及在位天子以下六亲庙组成。②而东汉经学大师郑玄则认为天子七庙由周人始祖后稷庙、有功德的文、武二王庙和在位天子四亲庙组成。关于四时祭名，郑玄认为春礿、夏禘、秋尝、冬烝是夏商四时祭名，周代四时祭名为春祠、夏礿、秋尝、冬烝。关于禘、祫二礼，郑玄认为太王、王季以上迁主祭于后稷庙，文武以下穆之迁主祭于文王庙，昭之迁主祭于武王

---

① 王国维：《观堂集林》，中华书局1959年版，第477页。
② （汉）班固：《汉书》，中华书局1962年版，第3127页。

庙为禘，毁庙及未毁庙之主皆合祭于始祖庙为祫。① 张纯则认为三年一祫，五年一禘，毁庙及未毁庙之主皆合祭于太祖庙。② 郑玄今古文兼通，博采众长，名噪一时，"当时莫不仰望，称伊、洛以东，淮、汉以北，康成一人而已"③。

继汉儒之后研究祖先祭祀负有盛名的当属三国时代的王肃。在庙制问题上，王肃赞同刘歆观点，认为天子七庙为一祖庙外加六亲庙。④关于禘祫二礼，王肃认为天子诸侯皆禘于宗庙，非祭天之礼。禘祫一名也，合而祭之故称祫，审谛之故称禘，非两祭之名。三年一祫，五年一禘⑤。王肃之后的历代学者研究祖先祭祀上述问题时或尊郑玄之说，或尊王肃之说，纷争不已，难有定论。唐朝统一后，为结束儒学内部宗派纷争，由朝廷出面撰修统一经义的经书，孔颖达等人奉敕编撰《五经正义》之《礼记正义》时即选用郑玄注释，唐高宗还曾将《五经正义》颁行天下，下令每年明经考试必须以此为据，这种以行政命令强制干预学术的做法亦未能消除分歧。

宋儒关于庙制的论述，基本徘徊于郑、王二说之间。程颐、程颢倾向于郑说，而陈祥道则力主王说，认为郑玄将文、武二祧不迁之庙计入七庙之内乃臆说。四时祭名吕大临尊郑说，认为"天子宗庙之祭，自殷以前常祭有四：春礿、夏禘、秋尝、冬烝是也……至周则以礿为夏祭，而立祠以为春祭，别出禘为大祭"⑥。陆佃则认为祭名在文献记载中的分歧只不过是表象，实际上不存在不同朝代改换祭名问题，春祠、夏礿、秋尝、冬烝乃四时正祭之名。春祭之名亦可谓之礿，夏祭之名亦可谓之禘。宋儒在禘祫二礼的研究上较前代学者有所突破，认为禘祫祭可以分为大祭、时祭两种类型。吕大临依据祭祀对象不同，将禘祭分为常禘、大禘两类，"常禘则止及大祖，大禘则及

---

① （清）阮元校刻：《十三经注疏》，中华书局1980年版，第1335、1337页。
② （南朝宋）范晔：《后汉书》，中华书局1965年版，第1195页。
③ （清）皮锡瑞：《经学历史》，中华书局1959年版，第141页。
④ 王国轩、王秀梅：《孔子家语译注》，中华书局2009年版，第262页。
⑤ （北魏）魏收：《魏书》，中华书局1974年版，第2741页。
⑥ （宋）卫湜：《礼记集说》（卷一百八），世界书局1985年影印版，第126页。

其始祖所自出之帝，以其大祖配之"①。杨复认为《礼记·曾子问》《王制》记载的祫祭是时祭，《春秋公羊传》记载的祫祭则是在太祖庙中合祭毁庙、未毁庙祖先神主的大祭。②

清儒在祖先祭祀相关问题研究上呈现出百花齐放、百家争鸣的态势。关于庙制，皮锡瑞、朱彬力挺郑说。皮锡瑞认为诸儒将文、武二祧庙排除在总庙数之外，而"引《周官》《家语》《荀子》《谷梁传》谓天子皆七庙，与康成天子五庙之说异"③。朱彬认为周之七庙当为后稷、文王、武王三不毁庙外加四亲庙。④万斯大、金鹗则力主王说。万斯大说："周制，天子七庙，加文武二世室为九庙……注疏载天子庙制，王、郑不同，余从王说。"金鹗言："知文、武不得为二祧，则知七庙为天子之定制矣。"惠栋、孙希旦另辟新说，认为天子七庙的形成是一个动态过程。惠栋认为周公制礼之初，西周仅有四庙，文、武二王之庙尚在亲庙之列。西周晚期，文、武二王被视为受命之君，才为其立二祧而不毁，二祧与其他五亲庙共同组成七庙。⑤孙希旦认为武王初有天下之时为五庙制，穆王时增至六庙，共王开始形成七庙并由此成为定制。⑥对于四时祭礼，皮锡瑞推崇郑说，认为《王制》所记为夏、殷祭名，《周礼》所记为周公改制后周代祭名。⑦万斯大则认为文献记载的两种不同四时祭祀名称，乃天子、诸侯不同政治等级之间的名称差异，并非郑玄所讲的商、周不同朝代之间的名称差异。"迨周公相成王，始祀先公以天子之礼，定为春礿、夏禘、秋尝、冬烝，而礿、祠、烝、尝为诸侯之制也。"⑧关于禘祫二礼的认识。金鹗认为天子有大禘而无大祫，诸侯恰恰相反，有大祫而无大禘。时祫天子、诸侯皆有。时祫与大祫的主要区别在于祭祀对象不同，时祫合

---

① （宋）卫湜：《礼记集说》（卷一百八），世界书局1985年影印版，第127页。
② （宋）马端临：《文献通考》，中华书局1986年版，第908页。
③ （清）皮锡瑞：《经学通论》，中华书局1954年版，第33页。
④ （清）朱彬：《礼记训纂》，中华书局1996年版，第496页。
⑤ （清）惠栋：《禘说》，中华书局1991年版，第42页。
⑥ （清）孙希旦：《礼记集解》，中华书局1989年版，第344—345页。
⑦ 吴仰湘编：《皮锡瑞全集》（第四册），中华书局2015年版，第522页。
⑧ （清）万斯大：《礼记偶笺》，上海书店1985年版，第22页。

群庙之主，大袷则兼及毁庙之主。①

从汉至清，历代儒者对祖先祭祀的研究绵延不绝，并且呈现出时代愈后考证愈翔实的趋势，但众多学者的共同努力仍未厘定相关问题的内涵，分歧争论依旧。同时，研究过程中也暴露出一些明显不足，学者们研究周代祖先祭祀时基本将精力投入到庙制、四时祭礼和禘袷祭礼等少数问题的考证梳理上，研究范围过于狭小，尚不能为我们勾勒出周代祖先祭祀的大体框架。此外，囿于时代局限，他们无法利用后世大量发现的金文材料，仅单纯地依靠文献来反复疏证文献，方法略显单一，也难以取得较大突破。

（二）近现代学者对周代祖先祭祀的研究

近现代以来，学者们围绕周代祖先祭祀展开了比较全面的研究，取得了丰硕成果，现分三种类型将研究状况予以简单介绍。

第一种研究类型：有关周代祖先祭祀的概述和综合研究。郭守信《周代祭祀初论》对祭祀种类及宗庙祭祀由来、意义、实质进行了说明。②陈戍国《先秦礼制研究》通叙先秦礼制流变，考察西周祭祖礼仪和春秋战国祭祖礼仪的变迁。③詹鄞鑫《神灵与祭祀——中国传统宗教综论》从宗教角度对周代祖先祭祀的宗庙制度、供献制度、乐舞制度和祭祀礼仪等问题进行了研究。④庄志龄《〈诗经〉所见周代祭祖情况初探》对周代祭祖种类、祭祀场所与时间、祭祀制度及其礼仪过程、宴飨活动等方面作了系统评述，并就祭祖活动对维护统治秩序所起的政治与宗法作用进行了初步探讨。⑤张鹤泉《周代祭祀研究》主要以周代宗庙祭祀牺牲、粢盛、祭服为研究内容，总结了宗庙祭祀的特点及作用，并考察了春秋战国阶段祭祀活动的变化。⑥刘晔原、郑惠坚《中国古代的祭祀》对周代祖先祭祀、古代祭祀的性质及祭祀

---

① （清）金鹗：《求古录礼说》，山东友谊书社1992年版，第457页。
② 郭守信：《周代祭祀初论》，《中国史研究》1986年第2期。
③ 陈戍国：《先秦礼制研究》，湖南教育出版社1991年版。
④ 詹鄞鑫：《神灵与祭祀——中国传统宗教综论》，江苏古籍出版社1992年版。
⑤ 庄志龄：《〈诗经〉所见周代祭祖情况初探》，《徐州师范学院学报》1992年第3期。
⑥ 张鹤泉：《周代祭祀研究》，文津出版社1993年版。

在中国古代生活中的地位作了论述。① 方光华《俎豆馨香——中国祭祀礼俗探索》通叙历代祭祖之礼，并对周代祖先祭祀的禘祫礼、宗庙祭礼、四时祭祀及丧祭与墓祭作了研究。② 韩春平《周代祭祀研究》指出祭祀具有等级性和实用主义的特点，揭示了祭祀与政治的关系，并分析了周代祭祀中的合理成分。③ 瞿明安、郑萍《沟通人神——中国祭祀文化象征》从象征人类学角度对祭祀场所、祭品、祭器、祭法、祭祀舞蹈等作了阐释。④ 何青蓝《西周礼制初探——以〈礼记〉所载祭祀制度为中心的分析》以《礼记》一书所记祭祀制度为研究对象，对书中涉及的祭祀对象、祭祀方法以及违反祭祀制度行为的惩罚措施与办法进行了有益的探索。⑤ 杨颖《〈诗经〉祭祖诗与周代宗庙祭祀文化研究》简述祖先崇拜在三代的发展演变，探讨祭祖诗所反映的周代宗庙祭祀制度和祭祖礼仪的具体程序，分析祭祖诗与周代宗教观念、政治思想和等级制度之间的关系。⑥

第二种研究类型：有关周代祖先祭祀具体问题的研究。其中以周代祖先祭祀礼仪研究最为兴盛。这方面的成果以刘雨的《西周金文中的祭祖礼》最具代表性，该文以金文为基本资料，兼及先秦铭刻和部分文献，对西周王室祭祖礼仪和周人的祖神观念作了分析，整理归纳出二十种祭祖礼名称，逐一进行考证和论述。⑦ 杜希宙、黄涛《中国历代祭礼》分天界、地界、人界三大祭祀系统，分门别类阐述中国古代历代祭礼。⑧ 衣淑艳《先秦诗歌中的祭礼》透析《诗经》和《楚

---

① 刘晔原、郑惠坚：《中国古代的祭祀》，商务印书馆1996年版。
② 方光华：《俎豆馨香——中国祭祀礼俗探索》，陕西人民教育出版社2000年版。
③ 韩春平：《周代祭祀研究》，硕士学位论文，西北师范大学，2001年。
④ 瞿明安、郑萍：《沟通人神——中国祭祀文化象征》，四川人民出版社2005年版。
⑤ 何青蓝：《西周礼制初探——以〈礼记〉所载祭祀制度为中心的分析》，硕士学位论文，西南政法大学，2007年。
⑥ 杨颖：《〈诗经〉祭祖诗与周代宗庙祭祀文化研究》，硕士学位论文，西北大学，2011年。
⑦ 刘雨：《西周金文中的祭祖礼》，《考古学报》1989年第4期。
⑧ 杜希宙、黄涛：《中国历代祭礼》，北京图书馆出版社1998年版。

辞》中的祭礼，兼及祭礼与文化嬗变之间的关系。① 水汶《〈诗经〉祭祖诗与祭祖礼》以《诗经》中的祭祖诗为研究对象，探讨了祭祖礼仪的大体过程。② 张秀华《西周金文礼制六种研究》以金文和传世文献相结合，对西周金文中所见祭礼作了考察和研究。③ 问海燕《〈诗经〉祭祀诗研究》以《诗经》祭祀诗为研究对象，详述周代祭祀礼仪，并分析了祭祀诗所反映的周代宗教观念。④ 赵丽《西周祭祖礼及其当代意义》论述周代祖先崇拜，总结周代祭祖仪式，剖析周代祭祀与政治关系，兼论祭礼的当代意义。⑤ 另有专门研究周代祖先祭祀有关祭品的成果。如刘冬颖《〈诗经〉祭祀诗中的祭品》通过剖析祭品，解读当时社会典章制度和生活习俗。⑥ 曹建墩《周代祭祀用牲礼制考略》和《周代祭品观念》⑦集中论述祭祀用牲的种类和规模，祭祀主体的身份与地位，认为周代使用祭品呈现出"俭约主义"的尚俭风习。陈晓明《〈周礼〉祭祀用玉考》对《周礼》中记载的祭祀祖先时使用的玉器及玉器形制进行了考辨。⑧ 研究祭器的成果如吴十洲《两周礼器制度研究》对于不同的祭器组合，强调不同种类、不同材质祭器在确定贵族等级身份时的意义。⑨ 张闻捷《周代用鼎制度疏证》详细考证不同用鼎在祭祀中的功能与用途及用鼎数量多寡与贵族等级身份之间的关系。⑩ 有专门研究宗庙制度的。如黄有汉《中国古代宗庙制度探源》⑪和陈筱芳《周代庙制异议》⑫。有研究祭祀乐歌、

---

① 衣淑艳：《先秦诗歌中的祭礼》，硕士学位论文，东北师范大学，2006年。
② 水汶：《〈诗经〉祭祖诗与祭祖礼》，硕士学位论文，四川师范大学，2007年。
③ 张秀华：《西周金文礼制六种研究》，博士学位论文，吉林大学，2010年。
④ 问海燕：《〈诗经〉祭祀诗研究》，硕士学位论文，扬州大学，2010年。
⑤ 赵丽：《西周祭祖礼及其当代意义》，硕士学位论文，哈尔滨师范大学，2012年。
⑥ 刘冬颖：《〈诗经〉祭祀诗中的祭品》，《哈尔滨工业大学学报》2002年第1期。
⑦ 曹建墩：《周代祭祀用牲礼制考略》，《文博》2008年第3期；《周代祭品观念》，《天中学刊》2008年第6期。
⑧ 陈晓明：《〈周礼〉祭祀用玉考》，硕士学位论文，四川师范大学，2009年。
⑨ 吴十洲：《两周礼器制度研究》，商务印书馆2016年版。
⑩ 张闻捷：《周代用鼎制度疏证》，《考古学报》2012年第2期。
⑪ 黄有汉：《中国古代宗庙制度探源》，《河南大学学报》1998年第4期。
⑫ 陈筱芳：《周代庙制异议》，《史学集刊》2010年第5期。

乐舞的。如梅新林《〈诗经〉中的祭祖乐歌与周代宗庙文化》考察了所谓"庙堂乐歌"即用于宗教祭祀乐歌的相关情况。① 许继起《周代助祭制度与〈诗经〉中的助祭乐歌》论证了助祭人员在祭祀中使用的乐歌。② 王雨《周代乐舞试论》对周代祭祀中乐舞的创作目的、功能及特点进行了论述。③ 侧重研究祖先祭祀与思想观念的。如吴丽清《〈诗经〉祭祀诗研究》提出祖先祭祀中对"德"的颂扬是周人天命观的重要内容，对"孝"的强调是西周的宗法家族制度的基本要求。④ 胡正访《〈诗经〉祭祖诗研究》分析了祭祖诗的内涵，明确了应用场合和创作目的，重点阐发了祖先祭祀中蕴藏的"孝""德"观念。⑤ 易卫华《〈诗经〉祭祀诗研究》认为周人祭祀祖先神的同时更加注重现实和人事，祭祀诗中蕴含着周人温柔敦厚和以中和为美的审美观念。⑥

第三种研究类型：有关商周祖先祭祀的比较研究。陈梦家《古文字中之商周祭祀》从甲骨文、金文中梳理商周时期的祖先祭祀活动，比较了商周时期的天神观念。⑦ 刘源《商周祭祖礼研究》运用卜辞、金文材料，对比了商周时期祖先祭祀的类型、仪式及反映的祖先观念。⑧ 秦照芬《商周时期的祖先崇拜》比较了商周时期的祖先祭祀，并对商周祖先崇拜导致的不同宗族组织和结构作了论述。⑨ 傅亚庶《中国上古祭祀文化》通过探讨史前祭祀现象，对商周时期的祖先祭祀礼仪作了比较，同时论及祭祀与社会文化之间的关系。⑩ 徐明波

---

① 梅新林：《〈诗经〉中的祭祖乐歌与周代宗庙文化》，《浙江师范大学学报》1999年第5期。
② 许继起：《周代助祭制度与〈诗经〉中的助祭乐歌》，《文学遗产》2012年第2期。
③ 王雨：《周代乐舞试论》，硕士学位论文，哈尔滨师范大学，2012年。
④ 吴丽清：《〈诗经〉祭祀诗研究》，硕士学位论文，暨南大学，2006年。
⑤ 胡正访：《〈诗经〉祭祖诗研究》，硕士学位论文，首都师范大学，2009年。
⑥ 易卫华：《〈诗经〉祭祀诗研究》，硕士学位论文，河北师范大学，2003年。
⑦ 陈梦家：《古文字中之商周祭祀》，《燕京学报》1936年第19期。
⑧ 刘源：《商周祭祖礼研究》，商务印书馆2004年版。
⑨ 秦照芬：《商周时期的祖先崇拜》，兰台出版社2003年版。
⑩ 傅亚庶：《中国上古祭祀文化》，高等教育出版社2007年版。

《商周时期的烝祭》对商周行烝祭的不同时间与目的进行了分析。①何飞燕《周代金文与祖先神崇拜研究》对商周祖先神崇拜的特点进行了对比，论述了周代金文中所见的祖先神崇拜现象，剖析了周代祖先神崇拜的性质。②

综上可见，学者们关于周代祖先祭祀的研究成果的确斐然，但感觉仍有一些薄弱环节需进一步深化。比如从研究方法讲，除陈梦家、刘雨、刘源等个别学者外，绝大多数学者仅局限于以"三礼"为中心的文献考证，对出土材料运用不够；从研究范围讲，周代祖先祭祀研究大多囿于吉礼所限定的范围内，而对凶礼、军礼、宾礼、嘉礼中有关祖先祭祀的内容挖掘不多；从研究内容讲，又集中表现为对周代祖先祭祀礼仪的研究，而对于祖先祭祀与周代社会制度、思想观念的关系探讨相对欠缺。有鉴于此，本书尝试在以上方面作一定探索，以期周代祖先祭祀研究更加全面深入。

### 三 本书研究思路和方法

研究祖先祭祀主要文献材料为"三礼"，"三礼"主体内容一般认为成于春秋战国，因而其中涉及祖先祭祀的情况难以确指属西周时代还是东周时代，故笔者不对祖先祭祀作更为细致的阶段划分，统以周代祖先祭祀言之。本书由十一章构成。第一章综述周代祖先祭祀研究概况，指明选题的意义与价值。第二章由祭祀起源引出祖先祭祀起源。第三章将传统吉、凶、军、宾、嘉五礼中有关祖先祭祀的情况做一梳理，同时介绍四时祭与禘祫祭礼。第四章对周代祖先祭祀的心理动机进行分析，归纳总结周代祭祀祖先目的。第五章论述周代祖先祭祀用物。第六章介绍周代祖先祭祀的场所及主要礼仪。第七章探讨祖先祭祀与宗法制度、昭穆制度等社会制度之间的关系。第八章论述祖先祭祀中的巫术思想及阴阳观念。第九章论述周代祖先祭祀变迁情况。第十章对周代祖先祭祀的特点进行总结。第十一章阐述周代祖先

---

① 徐明波：《商周时期的烝祭》，《宗教学研究》2006年第4期。
② 何飞燕：《周代金文与祖先神崇拜研究》，硕士学位论文，陕西师范大学，2007年。

## 第一章 绪论

祭祀的意义及影响。

本书写作过程中综合运用多种研究方法，对问题进行多维度、多角度地论证与研究。一，尽可能将文献资料和考古资料、古文字资料、民族资料、民俗资料综合运用，做到多重证据，力争相关问题的论述更具说服力。比如在研究祭祀起源时，从"祭""祀"二字的甲骨文、金文字形入手，揭示祭祀活动的最初内涵，并运用大量考古资料中的祭祀遗址考察祭祀在我国的产生。论述图腾崇拜时，将文献中商族、秦族以燕子为图腾，周族以熊为图腾的记载和考古中半坡遗址、姜寨遗址陶器上多鱼纹的现象与今天许多少数民族仍以动物为图腾作类比，说明最初选择图腾对象以动物居多的特点。论及灵魂观念时，以民俗学中众多民族人死后在房屋、葬具、鞋底上留缝隙或钻小孔的做法印证半坡瓮棺葬具上有意留出的小孔是供灵魂自由出入的通道。对于祖先崇拜的研究，以考古发现的"女神庙"和大量遗址中女性特征明显的人物塑像说明祖先崇拜最初产生于母系氏族时期。二，分析归纳法。如论述周代祖先祭祀与社会制度、周代祖先祭祀与社会思想时，分析社会制度与祖先祭祀之间的双向作用关系，分析巫术思想、阴阳思想对祖先祭祀的影响。论述周代祖先祭祀目的与特点时，在论证基础上归纳得出结论。三，史论结合法。写作过程中一方面避免堆砌、罗列大量史料而不进行分析论证，另一方面避免缺乏史料依据的定性结论或判断，力争以史带论、史论结合。

# 第二章

# 祭祀及祖先祭祀的起源

## 第一节 祭祀的起源

祭祀在我国起源甚早，甲骨文、金文"祭""祀"字形有助于我们探寻其初始意义。祭，甲骨文可写为"▨"（《合集》3319）①，如手持带血的肉，金文则常写为"▨"，如手拿肉放置于案几之上。祀，甲骨文写为"▨"（《合集》3353），金文多写为"▨"。《说文解字·示部》云："祀，祭无已也。"综合而言，祭祀是人类通过供奉祭品，以一定礼仪向神灵祈祷，以期实现某种愿望的宗教活动，因而"祭祀活动从本质上说，就是古人把人与人之间的求索酬报关系，推广到人与神之间而产生的活动"②。

由上述可知，祭祀产生至少需要满足三大前提条件：其一，神灵的出现。神灵是祭祀活动的对象和祭祀产生的首要条件，缺乏神灵祭祀便无从谈起。其二，人类的祈求。人们认为神灵具有超自然力，可以掌控事物发展，希望与神灵沟通，以达到自己的目的和愿望，因此大多数情况下人类对神灵表现出一种顺从和尊崇。但是，在某些特定

---

① 郭沫若主编：《甲骨文合集》，中华书局1982年版。本书凡引用此书者皆同此版本，并简称《合集》。
② 詹鄞鑫：《神灵与祭祀——中国传统宗教综论》，江苏古籍出版社1992年版，第172页。

## 第二章 祭祀及祖先祭祀的起源

条件下，人们又希望通过对神灵施加影响，使自己提出的要求能够百分之百、不打折扣地被执行，因而也会出现对神灵威逼利诱，甚至危言恫吓的另一番场景。《尚书·金縢》记载武王病重，周公以己身为质，用珪、璧祭祀三王，祝文说："尔之许我，我其以璧与珪归俟尔命；尔不许我，我乃屏璧与珪"，意思说如果答应他的请求，就可把珪和璧献上，回去等候命令；如果不答应，就要将珪和璧拿走了。因此"从某种程度上说，祭祀又是与神灵对抗、讨价还价的一种手段"[①]。其三，祭礼的使用。法国学者列维·布留尔曾说："在大量不发达民族中间，野物、鱼类或水果的丰收，正常的季节序代，降雨周期，这一切都与由专人举行的一定仪式有联系，或者与某位拥有专门的神秘力量的神圣人物的生存和安宁有联系。"[②] 人类接触、感应、作用于神灵时所采取的"一定仪式"即为祭礼。在中国祭礼非常重要，按照固定的程式，敬献丰厚的祭品来取悦神灵，诉说动听的语言来打动神灵，表演优雅的乐舞来愉悦神灵，营造庄重的气氛来感染神灵，以此展现祭祀者内心的虔诚。由此看来，礼成了引导祭祀活动按部就班顺利完成的重要保证，这就注定了礼从一开始就与祭祀密切相关。"礼"繁体写作"禮"，《说文解字·示部》释云："礼，履也。所以事神致福也。从示，从豊，豊亦声。"又云"示，神事也。""豊"，《说文解字·豊部》曰："行礼之器也。从豆，象形。"后来，王国维先生根据甲骨文对许说进行了纠正，认为"豊"乃会意字非象形字，"盛玉以奉神人之器谓之𠁁、若豊，推之而奉神人之酒醴亦谓之醴，又推之而奉神人之事通谓之禮"[③]。郭沫若认为"礼是后来的字，在金文里面我们偶尔看见有用豊字的，从字的结构上来说，是在一个器皿里面盛两串玉具以奉事于神，《盘庚篇》里面所说的'具乃贝玉'就是这个意思。大概礼之起，起于祀神，故其字后来从示，其后扩展

---

[①] 刘晔原、郑惠坚：《中国古代的祭祀》，商务印书馆1996年版，第8页。
[②] [法] 列维·布留尔：《原始思维》，丁由译，商务印书馆1981年版，第71页。
[③] 王国维：《观堂集林》，中华书局1959年版，第291页。

而为对人,更其后扩展而为吉、凶、军、宾、嘉的各种仪制"①。综上可知,礼最初被用于"事神致福"的祭祀活动。

《礼记·礼运》载:"夫礼之初,始诸饮食,其燔黍捭豚,汙尊而抔饮,蒉桴而土鼓,犹若可以致其敬于鬼神。"意为祭礼起源于向神灵献祭食物,在石块上炙烧黍、肉,使香气上升于天取悦天神,又刨地为穴,手捧酒、血洒地取悦地神,同时用土块敲击土鼓作乐,将人们的祈愿与敬意传达于神灵。文献中描绘的上述行为应当发生于祭祀产生之初,据此我们难以推测其具体时代,但结合目前的考古资料来看,早在旧石器时期晚期,我国境内的先民们就已有了初步的祭祀意识,并遗留下了一些祭祀遗迹。如北京山顶洞人在"死者身上及其周围以及随葬品上撒上赤铁矿粉粒。在当时人们的思想意识中,可能把红色作为鲜血的象征,是生命的来源和灵魂的寄生处;人死后灵魂就离开肉体到另一个世界去,过着和人间一样的生活;人死血枯,在死者及者周围撒上象征鲜血的赤铁矿粉粒,是希望死者在另一世界中复活"②。而现如今发现的新石器时代祭祀遗迹更是星罗棋布,遍布全国各地。如辽宁喀左东山嘴红山文化石砌建筑基址被认为是当时人们从事包括祭祀在内的社会活动的一个中心场所③;辽宁牛河梁红山文化则由女神庙、积石冢、祭坛组成了大型的祭祀遗址④;江苏武进寺墩遗址发掘了大量古代祭祀天地的礼器玉璧和玉琮⑤;湖南澧县城头山遗址发掘有祭坛和祭坑⑥;浙江余杭瑶山遗址发现了以祭天礼为主要用途的祭坛⑦;青海乐都柳湾遗址出土一件彩色陶壶,上雕一男性裸

---

① 郭沫若:《十批判书》,东方出版社1996年版,第96页。
② 张之恒、黄建秋、吴建民:《中国旧石器时代考古》,南京大学出版社2003年版,第353页。
③ 郭大顺、张克举:《辽宁省喀左县东山嘴红山文化建筑群址发掘简报》,《文物》1984年第11期。
④ 辽宁省文物考古研究所:《辽宁牛河梁红山文化"女神庙"与积石冢群发掘简报》,《文物》1986年第8期。
⑤ 南京博物院:《1982年江苏常州武进寺墩遗址的发掘》,《考古》1984年第2期。
⑥ 湖南省文物考古研究所:《澧县城头山古城址1997—1998年度发掘简报》,《文物》1999年第6期。
⑦ 浙江省文物考古研究所:《余杭瑶山良渚文化祭坛遗址发掘简报》,《文物》1988年第1期。

第二章　祭祀及祖先祭祀的起源　　15

体像，被视为男性崇拜的意识①；山西襄汾陶寺遗址中部分墓葬发现有板灰和朱砂痕迹，有些墓葬朱砂撒遍全身且较厚②；安徽含山凌家滩遗址发现有祭坛③；内蒙古老虎山河流域发掘有单坛、单冢或坛冢结合的祭祀遗址④；河北武安磁山的大量灰坑被学者认为应当是具有宗教意义的祭祀坑⑤；广西柳州兰家村遗址祭祀坑⑥等等，让我们真切感受到中国新石器时代人类的祭祀活动已相当盛行。

远古人类遗留下来的大量祭祀天、地、人祖遗迹说明，当时人们对于天地之间的许多事物与现象都怀有一种神秘心理，因而希望通过祭祀来达到人与自然的和谐统一，这种行为的产生应该与万物有灵观念有关。

### 一　万物有灵观念

远古时期，人们对于自然和自身认知能力有限，面对诸如响雷、闪电、刮风、雨雪、冰雹、洪水、地震、虫灾、日食、月食等自然现象以及生、老、病、死、晕厥、做梦、影子等人类自身活动，均难以知晓其缘由，更无力阻止其发生，只好顺其自然，渐渐地"人们用儿童般的天真和理解力赋予万物以人类同样的心理，按照人类自己的好恶喜怒去推测自然万物，用简单的因果推理把人类的行为与自然现象联系起来。从而也按照人类当时的观察和认识能力，创造、想象出无数具有感情的神灵"⑦。这样，山川、河流、树木、石头等无生命的事

---

① 青海省文物管理处考古队、北京大学历史系考古专业：《青海乐都柳湾原始社会墓葬第一次发掘的初步收获》，《文物》1976年第1期。
② 中国社会科学院考古研究所山西工作队、临汾地区文化局：《山西襄汾县陶寺遗址发掘简报》，《考古》1980年第1期。
③ 张敬国：《含山凌家滩遗址第三次考古发掘主要收获》，《东南文化》1999年第5期。
④ 中国社会科学院考古研究所内蒙古工作队、内蒙古自治区敖汉旗博物馆：《内蒙古敖汉旗蚌河、老虎山河流域新石器时代遗址调查简报》，《考古》2005年第3期。
⑤ 靳桂云：《中国新石器时代祭祀遗迹》，《东南文化》1993年第2期。
⑥ 谢永辉、罗勋湖：《柳州发现史前人类祭祀坑》，《光明日报》2013年4月3日。
⑦ 刘晔原、郑惠坚：《中国古代的祭祀》，商务印书馆1996年版，第4页。

物和狗、虎、熊、燕等有生命的动物都成了和人类相同的有意识的生命体,从而衍生出万物有灵观念。在马克思、恩格斯看来,"自然界起初是作为一种完全异己的、有无限威力的和不可制服的力量与人们对立的,人们同自然界的关系完全像动物同自然界的关系一样,人们就像牲畜一样慑服于自然界"①,然而原始人物我混同的思维意识,使得他们"把自己与自然的现象和力量合为一体。因此,当看到一些现象的时候,他误认为自己也有唤起或创造这些现象的可能;另一方面,他又把……本身具有的生命力加到了自然身上。"② 人们与自然的关系不再是对立的了,而是你中有我、我中有你;人们对自然的态度也不是一味地慑服,而是可以根据自己的思维和意志来影响自然现象的发生。

需要指出的是,远古人类虽然相信万物有灵,但并非对所有神灵顶礼膜拜、供奉祭祀。在生产力水平极端低下、人类面临生存考验的巨大压力下,要做到遍祭神灵显然不太现实,也不可能,普列汉诺夫曾说:"原始人相信有许多精灵存在,但是他们所崇拜的只是其中的几个。"③ 而被崇奉的这几个神灵,应该与本群体的自然环境、生产和生活方式紧密相关。也许一次偶然机会,某种动、植物给个人或群体带来了福祉和好运,人们便迷信地认为这种动、植物和他们族群之间有某种特殊关系,从而将这种动、植物视为本群体的幸运神加以祭祀,图腾崇拜应运而生。

## 二 图腾崇拜思想

图腾(Totem)一词,源自北美印第安人鄂吉布瓦氏族方言,意为"他的亲族",是氏族的标志。严复在翻译英国人甄克思的《社会通诠》时将该概念引入中国,并加按语对图腾作了解释,"图腾者,蛮夷之徽帜,用以自别其众于余众者也。北美之赤狄,澳洲之土人,

---

① 《马克思恩格斯选集》第1卷,人民出版社2012年版,第161页。

② [苏] 柯斯文:《原始文化史纲》,张锡彤译,生活·读书·新知三联书店1955年版,第170页。

③ [俄] 普列汉诺夫:《普列汉诺夫哲学著作选集》第3卷,曹葆华译,生活·读书·新知三联书店1962年版,第366页。

常画刻鸟兽虫鱼或草木之形，揭之为桓表，而台湾生番，亦有牡丹、槟榔诸社名，皆图腾也。由此推之，古书称闽为蛇种，盘瓠犬种，诸此类说，皆以宗法之意，推言图腾，而蛮夷之俗，实亦有笃信图腾为其先者，十口相传，不自知其怪诞也"①。可见，图腾既为氏族族徽，又为氏族祖先，即我们通常所讲的图腾感生观念，"所谓图腾感生，指初民不悉男欢女爱媾合生子的奥秘，把氏族蕃衍的功劳归之于图腾"②。在图腾感生观念支配下，原始先民认为某种动植物、无生物或自然现象和本群体有血缘关系，是群体起源的祖先神，所有群体成员都由图腾衍生而来。因为在"人类的初期，由于原始思维的混沌性，人兽不分，物我无别，所以始祖形象往往与图腾纠缠在一起"③。史籍中有关图腾感生的记载比比皆是，比如中国古代商族、周族、秦族的起源都带有图腾感生的影子。《诗经·商颂·玄鸟》有言："天命玄鸟，降而生商。"《史记·殷本纪》亦载"殷契，母曰简狄，有娀氏之女，为帝喾次妃。三人行浴，见玄鸟堕其卵，简狄取吞之，因孕生契。"玄鸟即燕子，商始祖契是其母因燕而感生。《史记·周本纪》载："周后稷，名弃。其母有邰氏女，曰姜嫄。姜嫄为帝喾元妃。姜嫄出野，见巨人迹，心忻然悦，欲践之，践之而身动如孕者。"周始祖后稷是其母姜嫄"践巨人迹"而生，"巨人迹"就是熊迹，周人以熊为感生图腾④。《史记·秦本纪》言："秦之先，帝颛顼之苗裔孙曰女脩。女脩织，玄鸟陨卵，女脩吞之，生子大业"，秦祖大业也是因燕而感生。

既然图腾乃祖先感生的精灵，其地位必然至高无上、神圣不可侵犯，原始先民须对其恭敬祭祀，不轻易冒犯、亵渎，图腾禁忌观念由此衍生。图腾禁忌在今天的许多民族和地区仍然能够找到孑遗。如满族传说其民族英雄老罕王（努尔哈赤）曾经被狗救过，因而满族人忌

---

① ［英］甄克思：《社会通诠》，严复译，商务印书馆1981年版，第3—4页。
② 龚维英：《原始崇拜纲要——中华图腾文化与生殖文化》，中国民间文艺出版社1989年版，第3页。
③ 傅亚庶：《中国上古祭祀文化》，高等教育出版社2007年版，第47页。
④ 孙作云：《周先祖以熊为图腾考》，《开封师院学报》1957年第00期。

杀狗、食狗肉、戴狗皮帽子。拉祜族相传祖先吃狗奶长大，所以忌杀狗、食狗肉，并忌食狗肉者入其家门。① 鄂温克族称公熊为"合克"（对父系最高辈的称呼），称母熊为"恶我"（对母系最高辈的称呼），即意指熊是他们的"远祖"，而他们则是熊的"后裔"②。在海南岛黎族地区，直到解放初还可看到一种习俗，当地人将猫视作自己的祖先，称雄猫为祖父，雌猫为祖母，任何人不得伤害和食用。③ 一般而言，图腾为本群体的圣物，禁忌杀害，但有时也会出现对图腾进行宰杀食用的现象。《山海经·大荒东经》载："有人曰王亥，两手操鸟，方食其头。"王亥是商族先公，商以燕子为图腾，其中的鸟应指燕子无疑。"此云方食其头，盖王亥为商族首领，因宗教仪式而宰食图腾，冀感染其灵性也。"④ 若需宰杀图腾，一般有特殊的规定或需举行特定仪式。弗洛伊德说："在原始部落早期，任何擅自屠杀某一动物的行为都被认为是'非法的'，除非所有部落的族民共同来承担这种行为的责任，它才能成为合法。"⑤ 我国鄂温克族在吃熊肉时，众人围坐于"仙人柱"（猎人小屋）中，一齐作乌鸦叫声，并叨念说："是乌鸦吃你的肉而不是我们。"⑥

根据现有资料来看，各群体在选择图腾时，呈现出以动物居多的特点。究其原因，"盖先民周旁的动物，即先民赖以生存者"⑦。费尔巴哈则认为"动物是人不可缺少、必要的东西，人之所以为人要依靠动物；而人的生命和存在所依靠的东西，对于人来说就是神。"⑧ 当

---

① 任骋：《中国民俗通志·禁忌志》，山东教育出版社2005年版，第316页。
② 《中国各民族宗教与神话大词典》，学苑出版社1993年版，第133页。
③ 秋浦主编：《萨满教研究》，上海人民出版社1985年版，第146页。
④ 朱芳圃：《殷周文字释丛》，中华书局1962年版，第130页。
⑤ ［奥］弗洛伊德：《图腾与禁忌》，文良文化译，中央编译出版社2005年版，第146—147页。
⑥ 《中国各民族宗教与神话大词典》，学苑出版社1993年版，第133页。
⑦ 龚维英：《原始崇拜纲要——中华图腾文化与生殖文化》，中国民间文艺出版社1989年版，第6页。
⑧ 《费尔巴哈哲学著作选集》下卷，荣震华等译，商务印书馆1984年版，第438—439页。

然，古代群体也有以植物和无生物为图腾的，只不过这类图腾占据的比例比较小而已。比如植物图腾以《华阳国志·南中志》记载夜郎竹王的事迹最为典型。"有竹王者，兴于遁水，有一女子，浣于水滨，有三节大竹流入女子足间，推之不肯去，闻有儿声，取持归，破之得一男儿，长养有武才，遂雄夷狄，氏以竹为姓。"竹子用途广泛，鲜嫩的竹笋可以食用，成材的竹子可加工成生活用品，也可建造房子，与人们的生活息息相关。以无生物为图腾对象的著名例子是炎帝族的火图腾。《白虎通义·五行》曰："炎帝者，太阳也。"又《论衡·说日》曰："夫日者，天之火也，与地之火无以异也。"太阳可以发光发热，具有和火相同的功能，因而在远古人类思想意识中日和火无多大区别，而火既可御寒、驱逐野兽，又可将食物加工成熟食变得更加美味，火对远古人类生活的重要性不言而喻。总之，远古人类图腾不管为何种类型，选择的对象基本上与人们生产和生活密切相关。

值得注意的是，每个氏族的原始图腾应该只有一个，不过随着氏族人口增加，一个氏族可能会分为几个不同胞族，每个胞族可以拥有自己独立的图腾。如黄帝号"有熊氏"，应是以熊为图腾，但《史记·五帝本纪》载黄帝"教熊罴貔貅䝙虎，以与炎帝战于阪泉之野"。显然，黄帝集合了以罴、貔、貅、䝙、虎为图腾的胞族和炎帝进行了战争。另外仰韶文化的彩陶多绘有动物纹样。如西安半坡遗址出土的彩陶上绘有人面鱼纹、单体鱼纹、复体鱼纹、变体鱼纹和图案化的鱼纹，此外还有少数鸟纹和鹿纹。有学者认为："从半坡的动物纹样主要是鱼纹和变体鱼纹来看，半坡氏族图腾无疑是鱼。至于鹿纹和鸟纹等，可能是家族图腾或个人图腾等。"[①] 此说大致不误，但更准确地讲，鱼应是半坡氏族的原始图腾，鹿和鸟则为其胞族的图腾。同理，临潼姜寨遗址出土彩陶上的鱼蛙纹、人面鱼纹和鱼鸟纹等，可视为鱼是该氏族的原始图腾，而蛙和鸟则是其胞族图腾。

图腾观念产生之初，对象一般为具体的自然物，后来人们将自然

---

① 何星亮：《中国图腾文化》，中国社会科学出版社1992年版，第38页。

物的部分特征和人结合在一起，幻化出各种奇形怪状的图腾形象。如《山海经·海外东经》中木神句芒形象为"鸟身人面，乘两龙"；《山海经·海外南经》中火神祝融形象为"兽身人面，乘两龙"；《山海经·海外北经》中海神禺强则是一副"人面鸟身，珥两青蛇，践两青蛇"的形象。伴随人类文明的日益进步，图腾逐渐褪去了动物的色彩。如《山海经·海外西经》中秋神蓐收"左耳有蛇，乘两龙"，除保留有动物形状的装饰外，已基本演化为人形。闻一多对龙图腾祖先形象演化的剖析就很能说明问题，"先假定龙是自己的祖宗，自己便是'龙子'……这样一步步地推论下来，可称为'人的拟兽化'，正是典型的图腾主义的心理……在那拟兽化的企图中，实际上他只能做到人首蛇身的半人半兽的地步。因为身上可以加文饰，尽量的使其像龙，头上的发剪短了，也多少有点帮助，面部却无法改变……这样由全的兽型图腾蜕变为半人半兽型的始祖，可称为'兽的拟人化'。这是第二个阶段。在这阶段中大概文身的习俗还存在，否则也离那习俗被废弃时不久。等到文身的习俗完全绝迹，甚至连记忆也淡薄了，始祖的模样便也变作全人型的人。这是第三个阶段"①。至此，图腾完成了从物到人的转化，距离祖先崇拜已为时不远。有学者也曾指出："祖先崇拜的起源在原始阶段也就是图腾崇拜的起源，图腾崇拜是祖先崇拜的原始起点。"②

## 第二节　祖先祭祀的起源

祖先祭祀源于祖先崇拜，氏族"英雄人物的出现使得人们看到了自身的能力，激发了人们征服自然的欲望，相应的原始人对英雄的崇拜也是与日俱增"③。远古人类便将本氏族的祖先或对氏族有重大功勋

---

① 闻一多：《神话与诗》，上海人民出版社2006年版，第24页。
② 梅新林：《祖先崇拜起源论》，《民俗研究》1994年第4期。
③ 张畅：《浅论图腾崇拜的特点及影响——兼论图腾崇拜向祖先崇拜的演变》，《创新》2007年第6期。

的英雄勇士作为崇拜对象进行祭祀，这是祖先崇拜与祭祀产生的直接原因。而深层原因则是远古人类对灵魂观念的迷信，认为已逝祖先在冥冥之中掌控氏族发展，祭祀他们方能求得平安。

**一 灵魂观念出现**

北京周口店山顶洞人在死者身旁撒有红色铁矿粉粒，被认为是已知最早的灵魂观念。铁矿石粉末象征血液，"人死后，血液停止流动并枯竭，血液的消失标志着生命的结束。原始人类经过进化和目睹无数次重复的事实，是可能懂得这个道理的……当一个人死后，为祈求其灵魂永生，以呈现红色的铁矿石粉末作为象征血液的物质来随葬，可能就是很自然的了"①。

灵魂观念产生应该与人类对死亡和梦的认识有关。"起初死亡被认为是不醒的睡眠，生者要对于自己的'入睡的亲人'加以照顾，但尸体的腐烂是摆在原始人面前一个不能解决的问题，面对'睡眠的人'逐渐消失的事实，他最初有着茫然失措的感觉。"② 这种感觉使他们对亲人的印象更加刻骨铭心。日有所思，夜有所梦，或许一次偶然机会，他们在梦境中与已逝的亲人重逢，不禁喜出望外，梦醒后方知南柯一梦，亲人再也不可能回到自己身边。但梦境中与亲人见面的场景依然历历在目，"并且受梦中景象的影响，于是就产生一种观念：他们的思维和感觉不是他们身体的活动，而是一种独特的、寓于这个身体之中而在人死亡时就离开身体的灵魂的活动"③。进而得出灵魂可以脱离肉体而独立存在的认识，死亡仅仅是肉体的消失，而灵魂永远不灭。梦产生灵魂的观念在古书中时有记述。《庄子·齐物论》曰："其寐也魂交，其觉也形开"；《楚辞·九章·惜诵》言："昔余梦登天兮，魂中道而无杭"，将梦看作灵魂出游；东汉的王充更直接把梦

---

① 傅亚庶：《中国上古祭祀文化》，高等教育出版社2007年版，第10—11页。
② ［苏］柯斯文：《原始文化史纲》，张锡彤译，生活·读书·新知三联书店1955年版，第179页。
③ 《马克思恩格斯选集》第4卷，人民出版社1995年版，第223页。

解释为魂行,《论衡·纪妖篇》载:"人之梦也,占者谓之魂行。"钱锺书先生对《楚辞》中的灵魂观念研究后也得出了"夫生魂之说,肇端梦寐"①的结论。无独有偶,当代湘西苗族认为灵魂可以离开身体而存在,并能够在梦中进行各种活动,做梦就是灵魂外游,而形体处于睡眠状态,等到灵魂回到身体,人才能醒过来。诸如此类大量的民族信仰材料折射出古人灵魂源于梦的思想意识。

既然灵魂不灭,那么亲人去世后就要想方设法留住其灵魂,以便福佑氏族和子孙后代,招魂是古代最常使用的一种方法。为死者招魂古代称之"复",《礼记·曲礼下》曰:"复者,人死则形神离。古人持死者之衣,升屋北面,招呼死者之魂,令还复体魄,冀其再生也,故谓之复。"招魂之前,复者(招魂的有司)需更衣以示肃穆,然后肩搭死者生前衣裳,从房屋东翼登上屋顶,面向北方长声呼唤三次:"皋某复"(意为"某某呀,回来吧!"《仪礼·士丧礼》)。"北面三号",据《礼记·丧大记》载:"一号于上,冀魂自天而来;一号于下,冀魂自地而来;一号于中,冀魂自天地四方之间而来。"三号完毕,复者面向南方,"降衣于前,受用篚"(《仪礼·士丧礼》),把招魂所用之衣从前方投下,由司服持箱承接。最后复者从房屋西北翼下来,把招魂所用之衣覆盖在死者身上,谓之衣尸,表示灵魂已经招回,至此整个招魂礼仪完毕。当今的陕西农村在亲人去世后也有招魂的做法,在亲人即将下葬之际,死者的儿子从墓地先行回家,途中需口呼"父亲,回来吧"或"母亲,回来吧"之语,后紧随一老者随声应答,直至到家,通过这样的方式将亲人的灵魂唤回。

除招魂之外,古代丧葬时会在葬具上特意留出一些空隙,作为死者灵魂自由出入的通道。考古人员就发现了一些这样特殊的葬具,如西安半坡遗址七十三座夭折儿童瓮棺葬,绝大多数埋于住房周围,葬具以瓮为主,另用盆或钵作盖,在这类盆、钵的底部,往往有意凿出小孔。另北首岭遗址瓮棺葬的钵、盆底部也凿有小孔。这些做法被认

---

① 钱锺书:《管锥编》第2册,中华书局1979年版,第633页。

为基于原始的宗教信仰，而给死者灵魂留的出入口。① 这样的结论是否可靠呢？现代众多少数民族的丧葬习俗为我们提供了活化石。云南永宁纳西族在人去世后，先将尸体清洗干净，为死者穿上新衣和新鞋，然后在鞋底钻孔，男人的鞋钻九个孔，女人的鞋钻七个孔，认为鞋底有孔灵魂才可自由出入。② 云南宣威普鹤乡卡腊卡村的彝族在病人断气后，用一面犁头，压在死人的胸上，再拿一张白布，照着死者的面孔，剪成眼、耳、口、鼻，蒙在脸上，然后用一根长矛，在死者左方，把屋顶的瓦戳开一片，口中念着"红煞黑煞出出，凶煞出，生魂进亡魂出"一类咒语。③ 土家族人去世之后，在屋脊处揭下三片瓦，俗称"开天门"④。布依族人死后，要在灵堂房上揭开一个洞，作为死者灵魂上天之路。⑤ 这些做法尽管方式稍有迥异，但却有异曲同工之妙，其最终目的都是为死者灵魂出入打开一个缺口。仰韶时期的远古人类和今天的少数民族古今跨越几千年，在丧葬习俗上却惊人的相似，不禁令人叹为观止。

## 二 祖先崇拜产生

古老的万物有灵观念形成了多神崇拜，导致后世不同类型祭祀礼制的出现。《礼记·礼运》篇载："夫礼，必本于天，殽于地，列于鬼神"；《周礼·春官·大宗伯》言周代最高神职大宗伯"掌建邦之天神、人鬼、地示之礼"；而《史记·礼书》也说："上事天，下事地，尊先祖而隆君师，是礼之三本也。"据此，我们可以将古人崇拜的众多神灵分为天神、地祇和人祖三大类型。其中，"祖先崇拜是鬼魂崇拜中特别发达的一种，凡人对于子孙的关系都极为密切，所以死后其鬼魂还是想在冥冥中视察子孙的行为，或加以保佑，或予以惩

---

① 中国社会科学院考古研究所：《新中国的考古发现和研究》，文物出版社1984年版，第63—64页。
② 严汝娴、宋兆麟：《永宁纳西族的母系制》，云南人民出版社1983年版，第171页。
③ 马学良：《云南彝族礼俗研究文集》，四川民族出版社1983年版，第40页。
④ 马昌仪：《中国灵魂信仰》，上海文艺出版社1998年版，第154页。
⑤ 汛河：《布依族丧葬实录》，《贵州民族研究》1982年第3期。

罚。其人在生虽不是什么伟大的或凶恶的人物，他的子孙也不敢不崇奉他。祖先崇拜（ancestor worship）遂由此而发生"①。

祖先崇拜在中国产生于何时呢？郭沫若先生曾在《释祖妣》一文中认为"祖"字在甲骨文中写作"且"，而"且"实牡器之象形。②受此论断影响，许多学者认为祖先崇拜起源于父系氏族社会。然越来越多的考古发现似乎证明祖先崇拜最早可以追溯到母系氏族社会。

《礼记·郊特牲》曰："万物本乎天，人本乎祖。"人类的第一个社会组织母系氏族时就已确立了以女性为中心的祖先观念，因而祖先崇拜理应产生于此时。考古就曾发现了大量反映祖先崇拜的人头像。如浙江河姆渡遗址出土一长4.5厘米、宽3.3厘米的陶塑人头像③；甘肃秦安大地湾遗址出土彩陶瓶口塑有人头像④；辽东半岛后洼遗址出土有3件滑石人头像和3件夹砂红陶人头像⑤等等。尽管这些人头像尚没有明显的性别特征，但在以女性为尊的母系氏族社会，这些人物头像造型极有可能取材于女性。综观这些头像与陶瓶，肯定都不是实用物品，"按其可能性来看，应都是祖先神的偶像"⑥。

另内蒙古赤峰西水泉红山文化遗址中出土一件半身人形塑像，泥质褐陶，头部残缺，胸部乳房突起⑦；青海乐都柳湾遗址发现一件彩陶壶，上绘一裸体女像，其女性躯体特征齐全⑧；辽宁喀左东山嘴红

---

① 林惠祥：《文化人类学》，商务印书馆1991年版，第245页。
② 《郭沫若全集·考古编》第1卷，科学出版社1982年版，第38页。
③ 河姆渡遗址考古队：《浙江河姆渡遗址第二期发掘的主要收获》，《文物》1980年第5期。
④ 甘肃省博物馆文物工作队：《甘肃秦安大地湾遗址1978至1982年发掘的主要收获》，《文物》1983年第11期。
⑤ 许玉林、傅仁义、王传普：《辽宁东沟县后洼遗址发掘概要》，《文物》1989年第12期。
⑥ 詹鄞鑫：《神灵与祭祀——中国传统宗教综论》，江苏古籍出版社1992年版，第129页。
⑦ 中国社会科学院考古研究所内蒙古工作队：《赤峰西水泉红山文化遗址》，《考古学报》1982年第2期。
⑧ 青海省文物管理处考古队、中国社会科学院考古研究所：《青海柳湾——乐都柳湾原始社会墓地》，文物出版社1984年版，第116页。

山文化遗址出土了两件小型孕妇塑像，为裸体立像，头及右臂均残缺，腹部凸起，臀部肥大，左臂曲，左手贴于上腹，有表现阴部的记号①；辽宁牛河梁遗址更是发现了大型祭祀建筑遗址"女神庙"，以中轴线左右对称，形成一个有中心，多单元对称而富有变化的殿堂雏形②，从所处位置和规模来看，应是群体祭祀祖先的公共场所。上述考古遗址中的人物塑像女性特征清晰可辨，体现出对女性祖先崇拜的思想意识。

至于崇拜女性的原因，从考古发现人物塑像的孕育造型及阴部记号来分析，极有可能出于对其生育功能的崇拜。远古人类寿命比较短暂，在生存过程中还会遇到自然灾害、野兽侵袭及病魔肆虐等因素造成的减员，而女性的生育功能强大才可确保群体不断发展壮大。恩格斯曾说人类的生产，"一方面是生活资料即食物、衣服、住房以及为此所必需的工具的生产；另一方面是人类自身的生产，即种的蕃衍"③。女性的生育贡献使她们受到尊崇，因此从这个意义上讲，崇拜女性祖先是"人类对自身产生和繁衍的一种感激和报答之体现"④。

为进一步增强女性生殖能力，"中国传统社会中的人们曾形成了许多促进生育和祈求子嗣的象征物，其中以石为生殖崇拜对象或以石为生育神象征的现象比较普遍"⑤。古代专供求子的女神"高禖"就是石的化身。《通典·高禖》引束皙言"高禖者，人之先也，故立石为主，祀以太牢也"。而在汉族和其他少数民族中以石为生殖象征物的遗风依然可寻。云南中甸白地一高大石壁，中间有似女阴的自然裂纹，附近妇女经常到此烧香求子，乃至裂口周围被熏成黑色。云南个旧一山顶悬崖形似女阴，当地人即称之为"老阴山"。福建漳州东山

---

① 郭大顺、张克举：《辽宁省喀左县东山嘴红山文化建筑群址发掘简报》，《文物》1984年第11期。
② 辽宁省文物考古研究所：《辽宁牛河梁红山文化"女神庙"与积石冢群发掘简报》，《文物》1986年第8期。
③ 《马克思恩格斯选集》第4卷，人民出版社1995年版，第2页。
④ 余和祥：《论宗庙祭祀及其文化特征》，《中南民族学院学报》2001年第5期。
⑤ 瞿明安、郑萍：《沟通人神——中国祭祀文化象征》，四川人民出版社2005年版，第16页。

岛大海边有一巨大石女阴，岛民常去抚摸以求生育子嗣。江西龙虎山十景之一"仙女献羞"，"羞"实则为山洞内一女阴石。云南大理剑川石宝山崖壁上凿有七个石窟，最北边的为女性生殖器石雕，白语称之"阿姎白"，实为女阴的含蓄叫法，白族妇女或烧香磕头祈求子嗣，或往女阴内涂抹香油，希望能够自己顺产。四川木里普米族信奉的生育女神"巴木拉木"，是一形似女性的钟乳石柱。内蒙古乌兰察布草原阴山有裸体女性的岩画。湘西永顺县一竖立的岩石中间有条裂缝，当地土家人认为是女阴的象征等等。

　　随着历史前进，母系氏族逐渐过渡到父系氏族，由于男女主导地位变化，祖先崇拜的对象自然而然地由女性转换为男性。父系氏族也沿袭了母系氏族时期生殖器崇拜的遗风，多处考古均有陶祖或石祖发现。广西钦州独料新石器时代遗址中发现陶祖1件，已残，中空，长4厘米、直径3厘米。① 山西襄汾大柴遗址发现1件陶祖，长10.3厘米。② 齐齐哈尔北湖遗址2件陶祖呈灰褐色，均已残。③ 陕西华县梓里村发现一根部残断的泥质灰陶祖，长6.3厘米。④ 广西邕宁县坛楼遗址发现1件石祖，系砂岩凿磨而成，根部残缺，器身略圆，一面有一个小平面，残长6.6厘米，径5.1厘米，⑤ 等等。另外，现代一些少数民族地区也发现有崇拜男祖的现象。云南丽江九河岸上有一天然石柱，被奉为石祖，白族妇女求育时烧香祷告，然后在石柱上坐一下。漾鼻河也有一男根石，当地妇女不育时，晚上拜祭期间也要在石柱上坐一下，认为这样才能怀孕。四川木里县大坝乡有一个鸡儿洞，洞内供一石祖，不育妇女进洞烧香叩头，最后把裙边扯起在石祖上坐一

---

① 广西壮族自治区文物工作队、钦州县文化馆：《广西钦州独料新石器时代遗址》，《考古》1982年第1期。
② 中国社会科学院考古研究所山西工作队：《山西襄汾县大柴遗址发掘简报》，《考古》1987年第7期。
③ 傅维光：《齐齐哈尔北湖遗址出土的陶祖》，《北方文物》1989年第1期。
④ 西北大学历史系考古专业77级实习队：《陕西华县梓里村发掘收获》，《西北大学学报》1982年第3期。
⑤ 广西壮族自治区文物考古训练班、广西壮族自治区文物工作队：《广西南部地区的新石器时代晚期文化遗存》，《文物》1978年第9期。

下，认为经过接触就可怀孕。

进入阶级社会，祖先崇拜继续发展，夏禹克制自己欲望而隆重置办祭品祭祀祖先得到孔子赞赏。"禹，吾无间然矣，菲饮食而致孝乎鬼神，恶衣服而致美乎黻冕。"(《论语·泰伯》) 值得注意的是，夏代祭祀意识中上天与祖先之间似乎产生了一种模糊联系。《尚书·甘誓》载夏启征伐有扈氏时发布誓词说："有扈氏威侮五行，怠弃三正，天用剿绝其命，今予惟恭行天之罚……用命，赏于祖；弗用命，戮于社，予则孥戮汝。"

商代祭祀明显流露出上天与祖先合二为一的特点，形成了祖先一元神的宗教思想。这是因为"人类和自然不能分离，社会分工也尚未发达的时候，氏族制度束缚着的人类的思维过程也是不会分工的，其思维方法对自然是囫囵应付的。这是宗教寄托的所在，也是殷人意识的秘密。"侯外庐先生从商王名号入手对祖先一元神思想作了深入分析，"殷代世王名字也有共同的特点，即祖先的崇祀意义。从高祖夔以来之祖、示、王、父、土诸字都具有这一意义。按祖、示、土诸字，皆像雄性的生殖器，后转为宗教一元神，所谓原始的族祖神。这一元神的殷世宗教，是支配的意识，因而万事求卜，万事迷信于祖宗神的降福降佑"。[①] 商人认为他们的祖先能够和主宰粮食丰收和战争胜利的上帝接触，而唯有商王可以和祖先交流。因此，商人对祖先的崇拜，为商王在政治上的统治提供了巨大的心理支持，这也是商人不厌其烦频繁祭祀祖先的深层原因。商代祖先祭祀形成了以翌、祭、壹、劦、肜五种典礼对众多先王先妣轮番祭祀的周祭制度，此外还有合祭、特祭等祭典，这就造成了商代几乎无日不祭的局面。

西周鉴于商代频繁祭祀导致劳民伤财，鬼神不佑的结局，确立了"祭不欲数，数则烦，烦则不敬。祭不欲疏，疏则怠，怠则忘"(《礼记·祭义》) 的祭祀原则。在西周严格宗法制的约束下，当时祖先祭祀主要限于男性，而且这些男性都是对本部族发展壮大做出重大贡献

---

① 侯外庐、赵纪彬、杜国庠：《中国思想通史》，人民出版社 1957 年版，第 63、69 页。

的。正如《国语·鲁语上》所讲"夫圣王之制祀也,法施于民则祀之,以死勤事则祀之,以劳定国则祀之,能御大灾则祀之,能扞大患则祀之。非是族也,不在祀典。"同时,周人祭祀时将上天与祖先分离,但"周人的'天'更多的是一种超出一切之上的神秘力量和一种普遍的道德法则,是一种哲学意义上的概念,而不是一种具体化的宗教崇拜对象——人格神"①。

商周时代祖先祭祀盛行,主要与宗法制度有关。宗法制度以血缘关系为纽带,联结起了一个具有共同祖先的群体,在这个群体中以嫡长子为中心,其他各色人等按照血缘关系区分亲疏尊卑。冯天瑜先生指出宗法伦理的核心是"法祖"②,因而商周时代祖先祭祀的盛行本质上说是与宗法制度的要求相吻合的。

随着春秋战国社会变迁,西周时期的祖先祭祀制度遭到破坏,出现了"跻僖公"这样的"逆祀"事件(见《左传·文公二年》)和晋平公有疾祭祀鲧(见《国语·晋语八》)这样的"淫祀"事件。《左传·僖公十年》曰:"神不歆非类,民不祀非族",《论语·为政》亦曰:"非其鬼而祭,谄也。"晋平公作为周王室后裔,为消除疾病居然去祭祀夏人的祖先鲧,这种违背祭祀制度的做法被视为"淫祀","淫祀"是不会得到神灵福佑的。《礼记·曲礼下》云:"非其所祭而祭之,名曰淫祀。淫祀无福。"同时,祖先祭祀礼仪在春秋战国时代也发生了明显变化,西周祖先祭祀非常重要的尸祭礼仪渐渐淹没在礼坏乐崩的变革浪潮中,时至战国,尸祭礼仪终于从社会上层彻底销声匿迹。顾炎武曾在《日知录》中指出:"尸礼废而像事兴,盖在战国之时也。"③

秦汉以后,社会上层祖先祭祀稍显沉闷,民间祖先祭祀则日渐活跃,名目愈来愈多。林惠祥说:"祖先崇拜在中国最为繁细,而且也

---

① 徐良高:《中国民族文化源新探》(第二版),社会科学文献出版社2002年版,第247页。
② 冯天瑜:《宗法文化刍议》,《中原文化研究》2013年第6期。
③ 黄汝成:《日知录集释》,上海古籍出版社1985年版,第1733页。

很特别。对于祖先的崇敬可谓达于极点。食物、冥钞及别物的祭献,木主的供奉,忌辰的举行,祠堂的设立,每年的扫墓,春秋的大祭,以及此外许多事件合成一个中国式的祖先崇拜的系统,其中有些与野蛮人相同的,但其繁细的程度终非别地方所能及。"①

总之,祖先崇拜在中国延绵不断几千年,它以灵魂观念为存在基础,以祖先祭祀为表现形式,最终超越了万物有灵和图腾崇拜的认识局限,使古代思想信仰由自然崇拜上升为人文崇拜。

---

① 林惠祥:《文化人类学》,商务印书馆1991年版,第246页。

# 第三章

# "五礼"中周代祖先祭祀梳解

中国古代礼仪制度按传统观点分为吉、凶、宾、军、嘉五种类型,作为重中之重的祖先祭祀礼仪则散见于全部五礼之中。刘师培曾指出:"古代礼制悉赅于祭礼之中,舍祭礼而外,固无所谓礼制。"① 其言虽有夸大成分,但也有一定道理。现从"五礼"角度对周代祖先祭祀作一梳解。

## 第一节 吉礼中的祖先祭祀

吉礼为祭祀之礼,包括对天神、地祇、人鬼的祭祀礼仪。《周礼·春官·大宗伯》曰:"大宗伯之职,掌建邦之天神、人鬼、地示之礼。"吉礼中宗庙祖先祭祀礼仪仅《周礼·春官·大宗伯》中提到的就有六种,"以吉礼事邦国之鬼神示……以肆献裸享先王,以馈食享先王,以祠春享先王,以礿夏享先王,以尝秋享先王,以烝冬享先王。"汉郑玄、唐贾公彦将肆献裸释为祫礼、馈食释为禘礼,再加上四时祭礼即成"宗庙六礼"。郑注曰"肆献裸、馈食,在四时之上,则是祫也,禘也……祫言肆献裸,禘言馈食者,著有黍稷,互相备也"。贾疏曰:"此一经陈享宗庙之六礼也。此经若细而言之,即有六

---

① 刘师培:《刘申叔遗书》,江苏古籍出版社1997年版,第678页。

礼，总而言之，则亦有三等之差。肆献祼是祫之大祭，以馈食是禘之次祭，以春享以下是时祭之小祭。"① 其实，肆献祼、馈食并不能直接等同于祫、禘祭礼。钱玄指出："此《大宗伯》六句，并非言六种祭，而均言四时祭。前两句说四时祭的方式，后四句说四时祭的名称。从天子、诸侯四时祭的礼节说，肆献祼礼在前，馈食礼在后。"② 此说甚有见地，故下文分别述之。

**一 肆献祼祭**

《礼记·祭统》："夫祭有三重焉：献之属莫重于祼"，祼礼重要性可见一斑。祼礼分两种，一为祼祭祖先属吉礼，另一为祼飨宾客属嘉礼。所谓"肆者，进所解牲体，谓荐孰时也。献，献醴，谓荐血腥也。祼之言灌，灌以郁鬯。谓始献尸求神时也……祭必先灌，乃后荐腥荐孰。"③ 祼祭主要目的在于降神，其具体做法是国君在肆师协助下用玉珪瓒从彝器中将郁鬯（黑黍酿成的酒和郁金香草汁液的混合物）盛出授尸（代替祖先享用祭品的人，下文专有论述），尸接过郁鬯，将部分浇灌于地，因郁鬯气味芬芳，以此吸引神灵前来享用。《礼记·郊特牲》曰："周人尚臭，灌用鬯臭。郁合鬯，臭阴达于渊泉。"孙希旦云："臭，香气也，鬯，秬鬯也。酿黑秬黍为酒，芬芳鬯达，故谓之鬯。灌用鬯臭，言灌地降神，用秬鬯之香气也。郁，郁金，香草也。郁合鬯，言秬鬯之酒，煮郁金草以和合之也。曰'臭阴'者，酒体之质下润也。达于渊泉，言其所达之深，而足以感于死者之体魄也。"④ 剩余郁鬯尸先代表祖先尝一口，然后将其余陈于供桌，此为一灌。接着，夫人在内宰协助下用玉璋瓒盛郁鬯授尸，尸礼仪动作与前同，是为二灌。二灌结束后，演奏降神乐舞，唱《九德》之歌，舞《大韶》，反复演奏九遍，意味着祖先神灵全部到来。

---

① （清）阮元校刻：《十三经注疏》，中华书局1980年版，第758页。
② 钱玄：《三礼通论》，南京师范大学出版社1996年版，第628页。
③ （清）阮元校刻：《十三经注疏》，中华书局1980年版，第758页。
④ （清）孙希旦：《礼记集解》，中华书局1989年版，第713页。

"既灌然后迎牲"（《礼记·郊特牲》），国君出庙门，亲自牵牲而入，至院中将牲系于石碑之上，卿大夫从牲耳上扯下一撮毛，报告神灵毛色纯正，符合用牲标准，之后准备杀牲。杀牲前国君要以箭射牲，《国语·楚语下》曰："诸侯宗庙之事，必自射牛、刲羊、击豕。"射牲之后开始杀牲，《礼记·礼器》载："大庙之内敬矣……君亲割牲"；《礼记·礼运》孔颖达疏曰："王亲执鸾刀，启其毛，而祝以血毛告于室"①；《诗经·小雅·信南山》则曰："执其鸾刀，以启其毛，取其毛膋。"

杀牲一般经过两道程序，一为豚解，先将牲分为七大块；次为体解，把豚解的肉煮熟分成二十一块。献祭过程中，以豚解之肉祭神谓"荐腥"，以体解之肉祭神谓"荐熟"。荐腥时君王取出牲肠上脂肪，将其放在艾蒿上和黍稷一起焚烧，以冉冉升起的香气感应神灵。君王将牲体豚解为七块，后用豆、笾盛之，君王又亲自将牲肺以郁鬯清洗并献于尸前，是为"荐腥"。《礼记·明堂位》曰："夏后氏祭心，殷祭肝，周祭肺"。之后，君王以玉爵酌泛齐酒、王后以瑶爵酌醴齐，依次献尸，是为"朝践"。郑玄曰："朝践，谓荐血腥酌醴，始行祭事。"②

文献记载祼祭祖先的有《诗经》《尚书》《论语》等。如《诗经·大雅·文王》载："殷士肤敏，祼将于京。厥作祼将，常服黼冔。"王先谦引《白虎通·三正》言，认为周文王行祼礼祭祖时，"微子服殷之冠，助祭于周也。"③《尚书·洛诰》记载洛邑建成后，成王在新邑举行祼礼，祭告文王、武王，周公留守洛邑，自己镇守镐京。"王在新邑，烝祭岁，文王骍牛一，武王骍牛一。王命作册逸祝册，惟告周公其后。王宾杀禋咸格，王入太室祼。"《论语·八佾》载："子曰：禘，自既灌而往者，吾不欲观之矣。"皇侃曰："灌者，

---

① （清）阮元校刻：《十三经注疏》，中华书局1980年版，第1417页。
② （清）阮元校刻：《十三经注疏》，中华书局1980年版，第773页。
③ （清）王先谦：《诗三家义集疏》，中华书局1987年版，第826页。

## 第三章 "五礼"中周代祖先祭祀梳解

献也,酌郁鬯酒献尸,尸灌地以求神也。"①

青铜铭文中亦有祼祭祖先的记述,如:

(1) 德方鼎:"唯三月,王在成周延武王,祼自镐,咸,王赐德贝廿朋,用作宝尊彝。"(《集成》2661)②

"祼自镐","应是说成王从镐京来到成周,继续在这里祼祭武王。可见,在镐京已举行过祭祀。当时,虽都邑仍在镐京,但'成周'、'岐周'都有宗庙,周王举行祭祀,不仅在镐京,往往延续到岐周、成周等地的宗庙。"③

(2) 不栺方鼎:"唯八月既望庚辰,王在上侯应,祓祼,不栺赐贝十朋,不栺拜稽首,敢扬王休,用作宝鼒彝。"(《集成》2735)

(3) 庚嬴鼎:"唯廿又二年四月既望乙酉,王格㝬宫,衣事。丁巳,王蔑庚嬴曆,赐祼璋、贝十朋,对王休,用作宝鼎。"(《集成》2748)

(4) 我方鼎④:"唯十月又一月丁亥,我作禦恤祖乙、妣乙、祖己、妣癸。延祣叔二母,咸與,遣祼,二🀆、贝五朋,用作父己宝尊彝。亚若。"(《集成》2763)

---

① (南朝梁)皇侃:《论语集解义疏》,商务印书馆1937年版,第33页。
② 中国社会科学院考古研究所编:《殷周金文集成》(修订增补本),中华书局2007年版。本书引用此书者版本皆同,简称《集成》。
③ 贾连敏:《古文字中的"祼"和"瓒"及相关问题》,《华夏考古》1998年第3期。
④ 该器时代尚有争议,罗振玉:《贞松堂集古遗文补遗》,北京图书馆出版社2003年版,第13—14页;贾连敏:《古文字中的"祼"和"瓒"及相关问题》,《华夏考古》1998年第3期,第106页;叶正渤:《我方鼎铭文今释》,《故宫博物院刊》2001年第3期,第64页皆认为属商代晚期器物。(清)容庚编著:《善斋彝器图录》,哈佛燕京学社1936年版,第14页;李学勤:《中国古代文明研究》,华东师范大学出版社2005年版,第40页;中国社会科学院考古研究所编:《殷周金文集成》第5册,中华书局1985年版,第30页将该器断代为西周早期,今从后说。

我方鼎祭祀行为的主动者是王，我在祭祀中担任陪祭角色为。①

（5）小盂鼎："禘周王、[武]王、成王……有逸。王祼祼，逐赞邦宾……王令赏盂……弓一、矢百、画晜一、贝胄一、金千一、戈二……"（《集成》2839）

小盂鼎一般认为是康王时期器物，原器不存，仅一张铭文拓片传世，且铭文残缺较多，大意为盂两次伐鬼方皆大获全胜，归来向康王汇报战功，康王于宗庙举行献俘典礼告知先王，王向尸裸酒结束后又献酒于邦宾，并对盂进行赏赐。

（6）毛公鼎："（王）赐汝秬鬯一卣、祼圭瓒宝"（《集成》2841）

（7）何尊："唯王初迁宅于成周，复禀武王礼，祼自天……何赐贝卅朋，用作□公宝尊彝。唯王五祀。"（《集成》6014）

天指天室，"天室即大室，也就是太室……奴隶主王朝把他们祭祀祖先的宗庙中央最大的一间，叫做太室。由于他们胡说他们的祖先都在天上，所以也叫做天室。"②何尊一般认为是西周成王时代器物，但铭末"唯王五祀"使得铭文所记与文献《召诰》《洛诰》多有不合。李学勤先生从器物形制、纹饰、字体分析，将何尊定为康王时期的标准器③，暂从其说。迁，移也；宅，《尔雅·释言》曰："居也"，迁宅意为移居，非迁都之意。因为从整个西周历史看，镐京一直是当时的政治中心，没有一位周王常住成周，成周仅处于陪都角色。

（8）鲜簋："唯王卅又四祀，唯五月既望戊午，王在蒡京，

---

① 叶正渤：《我方鼎铭文今释》，《故宫博物院院刊》2001年第3期。
② 唐兰：《西周青铜器铭文分代史征》，中华书局1986年版，第12页。
③ 李学勤：《何尊新释》，《中原文物》1981年第1期。

禘于昭王。鲜蔑曆，祼，王璋祼玉三品、贝廿朋，对王休，用作子孙其永宝。"（《集成》10166）

由上述八器中可知，祼祭祖先结束后还有赐器活动，除小盂鼎所记为献俘庆功典礼，赏赐之物与军事有关外，其余赏赐之物基本为祭祀用物。这种赏赐祭物的做法和祖先祭祀馂余礼后向臣属分赐祭肉的功能应该相同，得到赏赐的"这些人往往以此为荣而作器纪念"[①]。

## 二 馈食祭

郑玄曰："祭祀自熟始曰馈食。"[②] 馈食礼和上述祼礼是祖先祭祀时前后相贯的两个不同环节。馈食礼的主要活动有荐熟、馈食和馈献。

祼礼结束后，将烹饪过的牲肉盛在鼎、簋之中供于堂上，称"设馔"。此时继续焚烧艾蒿和黍、稷，"萧合黍、稷，臭阳达于墙屋，故既奠，然后焫萧合膻、芗"（《礼记·郊特牲》），让香气充盈屋内。而祝则以斝酌酒，奠祭神灵于馔食右方，是为荐熟。

祝告神完毕，于屋内西边设尸席，同时将堂上的祭品搬入室内尸之席位前，之后迎尸入内落座，表示馈享神灵，是为馈食礼。

之后，祝引导王向尸行拜礼，表示已安妥尸，礼毕，祝将奠祭馔食的斝交予尸，尸接过后将部分酒洒在一束青茅竹上，让其慢慢渗下，是为"缩酒"。经过包茅过滤的酒更加清纯，神灵更乐于接受。《左传·僖公四年》载齐桓公讨伐楚国时，指责其"尔贡包茅不入，王祭不共，无以缩酒，寡人是征"。即不按时进贡包茅，导致周王祭祀时无法缩酒。楚人也自觉理亏，对曰："贡之不入，寡君之罪也。"可见，缩酒是祭祀祖先时相当重要的环节。张正明先生说："直到现在，鄂西仍有缩酒的遗风，由巫师主持。办法是在地上先铺一层茅，

---

[①] 张秀华：《西周金文礼制六种研究》，博士学位论文，吉林大学，2010年。
[②] （清）阮元校刻：《十三经注疏》，中华书局1980年版，第1178页。

在茅上加铺一层沙，把酒泼在上面，让它经沙和茅的过滤下沥，也算是'象神歆之'。"① 馈食期间，君王以爵盛盎齐酒、王后以玉爵盛醴齐分别献尸，是为馈献。

馈食礼亦见于楚简之中，于成龙先生对战国天星观一号楚墓、新蔡葛陵楚墓、包山二号楚墓与望山一号楚墓出土的卜筮祈祷简文进行了细致地研究，认为战国时代南方的楚国也存在馈食礼，其中大牢馈食礼、特牲馈食礼可与《仪礼》相关记载相互参证。②

### 三　四时祭

四时祭是分春夏秋冬不同季节对祖先进行祭祀。文献记载中四时祭名并不统一，大致可分为两种说法：一说为春礿、夏禘、秋尝、冬烝；另一说为春祠、夏礿（又可写作禴）、秋尝、冬烝。

《礼记·王制》《礼记·祭统》主第一说。

>《礼记·王制》："天子诸侯宗庙之祭，春曰礿，夏曰禘，秋曰尝，冬曰烝。"
>
>《礼记·祭统》："凡祭有四时：春祭曰礿，夏祭曰禘，秋祭曰尝，冬祭曰烝。"

《周礼·春官·大宗伯》《尔雅·释天》《诗经·小雅·天保》毛传、《礼记·明堂位》《公羊传·桓公八年》《春秋繁露·四祭》《白虎通·宗庙》主第二说。

>《周礼·春官·大宗伯》："以祠春享先王，以礿夏享先王，以尝秋享先王，以烝冬享先王。"
>
>《尔雅·释天》："春祭曰祠，夏祭曰礿，秋祭曰尝，冬祭

---

① 张正明：《楚文化史》，上海人民出版社1987年版，第19页。
② 于成龙：《上得兼下，下不得僭上——战国楚卜筮祈祷简中的"馈食礼"》，《中国历史文物》2007年第6期。

## 第三章 "五礼"中周代祖先祭祀梳解

日烝。"

《诗经·小雅·天保》:"禴祠烝尝,于公先王",毛亨传云:"春祭曰祠,夏祭曰禴,秋祭曰尝,冬祭曰烝"①。

《礼记·明堂位》:"是故夏礿、秋尝、冬烝……天子之祭也。"

《公羊传·桓公八年》:"春曰祠、夏曰礿、秋曰尝、冬曰烝。"

《春秋繁露·四祭》:"古者岁四祭。四祭者,因四时之生孰而祭其先祖父母也。故春曰祠、夏曰礿、秋曰尝、冬曰烝。"

《白虎通·宗庙》:"宗庙所以岁四祭何?春曰祠者,物微,故祠名之。夏曰礿者,麦熟进之。秋曰尝者,新谷熟尝之。冬曰烝者,烝之为言众也,冬之物成者众。"

以上两种不同四时祭名,郑玄认为春礿、夏禘、秋尝、冬烝乃夏、商四时祭名,而春祠、夏礿、秋尝、冬烝则为周公改制后周代四时祭名。② 至于周人为何要改变四时祭名?清儒孙希旦解释说:"礿、禘、尝、烝,夏、殷四时之祭名也。天子别有大禘之祭,故周改春夏祭名以避之:春曰祠,夏曰礿。而诸侯之祭,其名不改,故《春秋》鲁有禘祭,而晋人亦曰'寡君之未禘祀',是也。"③ 因周代天子有专门禘祭,为与四时禘祭相区别,故对夏、商四时祭名进行了改变。

祠、礿、尝、烝四时祭名除祠外,其他祭名在西周金文中也曾出现。如:

(1) 我方鼎:"唯十月又一月丁亥,我作禦恤祖乙、妣乙、祖己、妣癸。延礿叔二母……"(《集成》2763)

(2) 士上卣(臣辰卣):"唯王大礿于宗周……在五月既望

---

① (清)阮元校刻:《十三经注疏》,中华书局1980年版,第412页。
② (清)阮元校刻:《十三经注疏》,中华书局1980年版,第1335页。
③ (清)孙希旦:《礼记集解》,中华书局1989年版,第1249页。

辛酉，王令士上眔史寅殷于成周……"（《集成》5421）

（3）六年召伯虎簋（六年琱生簋）："唯六年四月甲子，王在莽……用作朕烈祖召公尝簋……"（《集成》4293）

（4）大盂鼎："唯九月，王在宗周……有柴烝祀……"（《集成》2837）

（5）段簋："唯王十又四祀，十又一月丁卯，王贞毕，烝……"（《集成》4208）

（6）高卣："唯十有又二月，王初饔旁，唯还，在周，辰才庚申，王饮西宫，烝……"（《集成》5431）

以上六器皆西周时代器物，其中（1）（2）器祠祭时间分别在十一月、五月，并不完全在夏季；（3）器中尝祭在四月，明显不在秋季；（4）（5）（6）器烝祭分别在九月、十一月、十二月，同样也不完全在冬季进行。可见，西周祠、礿、尝、烝等祭祀与四季之间没有必然联系。刘雨先生曾说西周尚不存在四季定时祭祀祖先的制度，①此说可信。

既然西周尚未形成四时祭祀，那么春秋时期是否形成了这一制度呢？我们先对相关材料作以分析，记载春秋历史的主要文献《春秋》及《左传》中均未发现祠祭、礿祭，而尝祭、烝祭各记有三次。

《左传·桓公五年》："凡祀，启蛰而郊，龙见而雩，始杀而尝，闭蛰而烝。"

"始杀而尝"，杨伯峻认为尝祭在孟秋建申之月②，即周历九月。

《左传·桓公十四年》："秋八月壬申，御廪灾。乙亥，尝。"
《左传·襄公二十八年》："十一月乙亥，尝于大公之庙，庆

---

① 刘雨：《西周金文中的祭祖礼》，《考古学报》1989年第4期。
② 杨伯峻：《春秋左传注》，中华书局1981年版，第107页。

舍茲事。"

上述三则材料为尝祭,前两条尝祭时间分别在九月、八月,与文献所记秋尝相合,但最后一条材料尝祭却在十一月,显然不是秋祭。

> 《春秋·桓公八年》:"八年春正月己卯,烝……夏五月丁丑,烝。"
> 《左传·襄公十六年》:"十六年春,葬晋悼公。平公即位……改服修官,烝于曲沃。"
> 《左传·昭公元年》:"十二月,晋既烝,赵孟适南阳,将会孟子余。"

上述三则材料为烝祭,祭祀时间有正月、五月、十二月,分属春季、夏季、冬季不同季节,并未完全固定在冬季。

综上来看,春秋时期亦未形成规范的四时祭祀,祠、礿、尝、烝祭祀的区别应该是由于仪式或祭品的差异而导致,① 而与时间季节的变化无关。《周礼》《礼记》将祠、礿、尝、烝与春、夏、秋、冬四季联系起来,是战国时代祭祀观念的反映,因而四时祭祀可能形成于此时。

### 四 禘祭

禘是周代非常重要的祭祀大典,也是古代争论最为激烈的话题之一。金文中记载的禘祭虽然不多,但却弥足珍贵,为我们提供了有力的史料支撑。

> 剌鼎:"唯五月,王在衣,辰在丁卯,王禘,用牡于大室,禘昭王。剌御,王赐剌贝三十朋……"(《集成》2776)

---

① 丁山:《中国古代宗教与神话考》,龙门联合书局1961年版,第523页。

剌鼎为西周中期穆王时代器物，铭文是说穆王在大室（即宗庙）用牲禘祭其父昭王，祭毕赐贝于剌，剌遂作此器以示纪念。

小盂鼎："唯八月既望辰在甲申……王格庙……用牲，禘周王、□王、成王……王令赏盂……弓一、矢百、画臬一、贝冑一、金千一、戈二……唯王廿又五祀。"（《集成》2839）

小盂鼎一般认为是西周早期康王时代器物，铭中周王指周文王，□王应是武王。盂因讨伐鬼方大获全胜，归来后康王在宗庙举行了隆重的献俘典礼祭告先王，同时对盂进行赏赐。

大簋："唯六月初吉丁巳，王在郑，蔑大历。赐刍骍㹔，曰'用禘于乃考'。大拜稽首，对扬王休，用作朕皇考大仲尊簋。"（《集成》4165）

大簋为西周中晚期器物，其中的周王难以确指，意为周王赏赐臣子大刍养的红色公牛，让其禘祭其父大仲，大感怀王恩作器纪念。周王赏赐"大"红色公牛为祭品，和周人用牲崇尚红色的记载相吻合，《礼记·明堂位》曰"夏后氏牲尚黑，殷白牡，周骍刚"。

繁卣："唯九月初吉癸丑，公彭祀。越旬又一日辛亥，公禘彭辛公……公蔑繁历，赐宗彝一，肆车马两……"（《集成》5430）

繁卣为西周中期器物，大意为公禘祭其先祖辛公（辛公应该为其父），之后对繁进行赏赐，繁作此器。需要注意的是，此器禘祭时间并非九月，铭文言九月初吉癸丑公先进行了彭祀，至辛亥方进行禘祭，二祭之间间隔有五十九天。究竟此次禘祭是在哪一个月呢？这就需要弄清楚"初吉"一词的含义。张汝舟先生认为初吉是初一的异名①，这样的话铭中禘祭应在十月底。但李学勤先生认为初吉不一定是朔日，但包括朔日，必在一月之初。② 王国维先生更是明确指出一日至八日均可谓之初吉。③ 照此推理，铭中禘祭在十一月初，今从后说。

  鲜簋："唯王卅又四祀，唯五月既望戊午，王在䣊京，禘于昭王。鲜蔑曆，祼，王璋祼玉三品、贝廿朋，对王休，用作子孙其永宝。"（《集成》10166）

  鲜簋为西周中期穆王时代器物，穆王于䣊京禘祭其父昭王，鲜可能因助祭有功而得到周王赏赐。

  文献中反映西周禘祭的只有《诗经·周颂·雍》篇。孔颖达曰："《雍》者，禘大祖之乐歌也。谓周公、成王太平之时，禘祭大祖之庙。"大祖，毛传"谓文王"④。从诗中"相维辟公，天子穆穆"来看，主祭者应为成王；祭祀地点在文王庙；祭祀对象除文王外，还应包括武王，因诗中有"假哉皇考"句。

  根据以上记载，我们对西周禘祭有如下几点认识：

  第一，从禘祭的主祭者来看，剌鼎、鲜鼎的主祭者为穆王，小盂鼎主祭者为康王，《雍》篇为成王，大簋和繁卣主祭者为贵族大和公，也就是说，主祭者既有周王又有贵族，这与《礼记·丧服小记》"礼，不王不禘"的记载相矛盾，说明西周时代并未形成只有王才有资格禘祭的严格祭祀制度。

  第二，从禘祭的对象来看，剌鼎、鲜鼎禘祭昭王，小盂鼎禘祭文王、武王、成王，《雍》篇禘祭文王、武王，大簋和繁卣禘祭父考大

---

① 张汝舟：《二毋室古代天文历法论丛》，浙江古籍出版社1987年版，第191页。
② 李学勤：《由蔡侯墓青铜器看"初吉"和"吉日"》，《中国社会科学院研究生院学报》1998年第5期。
③ 王国维：《观堂集林》，中华书局1959年版，第23页。
④ （清）阮元校刻：《十三经注疏》，中华书局1980年版，第595页。

仲和辛公，所祭皆祖先，不见禘祭天、地的记载，说明郑玄三禘（禘天于圜丘、禘地于方丘、禘人鬼于宗庙）之说不可信。另外，周王禘祭的也只有近祖，而《礼记·丧服小记》云："王者禘其祖之所自出，以其祖配之"，但金文中未见禘祭时以始祖配祭的情况。

第三，从禘祭的方式来看，禘分祌祫。祌即单独祭祀，祫即合祭。剌鼎、鲜簋单祭昭王，大簋、繁卣单祭父考，而小盂鼎则是合祭文、武、成三王。《雍》篇合祭文、武二王。

第四，从禘祭的地点来看，应该行于宗庙之内。剌鼎中的太室即宗庙（前已引唐兰先生所论），小盂鼎明确指出在周庙。鲜簋中的菳京日本学者白川静直言："是作为祭祀先祖场所的祭祀都市。"①

麦方尊铭："王令辟邢侯出坏，侯于邢，雩若二月，侯见于宗周。亡尤，会王饗菳京，酌祀。雩若翌日，在辟雍，王乘于舟，为大礼……"（《集成》6015）

可知，菳京建有辟雍，而辟雍性质王玉哲先生认为同于"明堂""大室"和"太庙"，是朝诸侯、献俘馘和祀祖考之处所。② 综合来看，菳京也有祭祖场所。

第五，从禘祭的时间来看，剌鼎、鲜簋于五月禘祭，小盂鼎于八月禘祭，繁卣则在十一月禘祭，从周历角度讲，分属夏、秋、冬三个不同季节，未发现固定于某一季节举行禘祭。

第六，从禘祭的行为来看，禘祭需用牲，祭后有赏赐活动。剌鼎中有"用牡"（应该为公牛）、小盂鼎铭"用牲"、大簋中则有周王赐予的红色公牛。关于赏赐，剌鼎穆王赐贝于剌，小盂鼎康王赐盂弓、矢等战争用物，繁卣公赐繁宗彝、车马，鲜簋穆王则赐予鲜玉和贝。

第七，从禘祭的分类来看，郑玄曾将禘祭分为时禘和吉禘，前已

---

① ［日］白川静：《西周史略》，袁林译，三秦出版社1992年版，第50页。
② 王玉哲：《西周菳京地望的再探讨》，《历史研究》1994年第1期。

说明金文中禘祭非时禘,那么是否为吉禘呢?所谓吉禘,是三年丧毕将死者神主入于宗庙而举行的祭祀。但从小盂鼎"唯王廿又五祀"、鲜簋"唯王卅又四祀"看,显然已经远远超出了三年丧除的范围,因而金文中的禘祭亦非吉禘。愚者认为,禘祭是西周宗庙祭祀祖先的一种常规祭礼。

西周举行禘祭究竟有何用意?我们从禘字本身入手进行分析。禘,《说文》曰:"禘祭也。从示,帝声。"其实,帝不仅为禘字的声符,更兼有表意功能,帝在甲骨文中已出现,多作"帝",犹如花蒂之状,意为最初的、根本的,故而禘字的初始意义指追本求源的神事活动,祭祀祖先恰好符合这一内涵。西周最初的禘祭就是单纯地追念与缅怀去世祖先,宗法制确立后,禘祭多了一层区分大宗、小宗,强化大宗祭祀权力的意义,至西周中晚期,禘祭则又增加了审定昭穆之序的意义。西周王位虽有嫡长子继承的宗法规定,但也有兄弟相及的现象,懿王与孝王王位传承就是如此。所以,西周中晚期以后的禘祭更需辨明亡主与先王及在位之王之间的血缘关系,从而调整宗庙中的昭穆次序,使其合乎礼制规定。故《礼记·中庸》曰:"宗庙之礼,所以序昭穆也。"从总体讲,西周禘祭主要目的在于区分大宗、小宗,彰显大宗的绝对权威。可知,西周禘祭并非一成不变,而是随着时代发展内涵不断丰富。

对西周禘祭有所了解后,我们再来认识一下春秋时代的禘祭,这一时期的禘祭主要见于《春秋》经传记载,《论语》等文献也有零星涉及。

(1)《春秋·闵公二年》:"夏五月乙酉,吉禘于庄公。"

经文中这条记载是闵公禘祭其父庄公,并明确指出为吉禘。三传对此有详细解释,《左传》曰:"夏,吉禘于庄公,速也。"为何言此次吉禘速也?杨伯峻先生说:"此所以名吉禘者,盖古者三年之丧二十五月而毕,致新死者之主于庙,因是大祭以审昭穆,禫而即吉也。

庄公卒于三十二年八月，当于闵二年八月吉禘，而禘于五月，故《传》云'速也'。①其他二传也有相同意思。《公羊传》载："吉禘于庄公何以书讥？何讥尔？讥始不三年也。"《谷梁传》云：吉禘者，不吉者也。丧事未毕而举吉，故非之也。据此可知，《春秋》本意乃是讥讽闵公未满三年而除丧服行吉禘，不合礼制。

（2）《春秋·僖公八年》："秋七月，禘于太庙，用致夫人。"

夫人指哀姜，齐女，为鲁庄公夫人。庄公去世后，其弟庆父欲继为鲁君，与哀姜私通，二人合谋杀死闵公，但因国人暴动强烈反对，哀姜出奔邾国。僖公元年（前659），齐国将其引渡回国杀死，以其尸归还鲁国，鲁国为哀姜举行了葬礼，并在僖公八年（前652）举行禘祭时将哀姜神主入于太庙之中。对此，《左传》记曰："秋，禘而致哀姜焉，非礼也。凡夫人不薨于寝，不殡于庙，不赴于同，不祔于姑，则弗致也。"也就是说，凡是夫人没有死在寝宫，没有停棺于祖庙，没有向同盟国发讣告，也没有陪祀祖姑，就不能把神主入太庙。如前所言，哀姜死于齐国，却仍将神主入于太庙，显然不合礼制规定。此次禘祭非为哀姜举行的专祭，应是僖公禘祭其父庄公时顺便将哀姜神主列于鲁国宗庙。

（3）《左传·襄公十六年》："冬，穆叔如晋聘，且言齐故。晋人曰：'以寡君之未禘祀，与民之未息。不然不敢忘。'"

杨伯峻指出此次禘祀为"致晋悼公之主于太庙之吉禘"②。

（4）《春秋·昭公十五年》："二月癸酉，有事于武宫。"

---

① 杨伯峻：《春秋左传注》，中华书局1981年版，第262页。
② 杨伯峻：《春秋左传注》，中华书局1981年版，第1028页。

## 第三章 "五礼"中周代祖先祭祀梳解

"有事于武宫",即禘祭于武公庙。《左传》载:"十五年春,将禘于武公,戒百官……二月癸酉,禘。"武公为伯禽玄孙,是鲁国第九任国君,昭公为何要禘于武公之庙呢?孔颖达疏云:"武宫者,鲁武公庙,毁已久矣。成六年夏立之,遂即不毁。《明堂位》云:'鲁公之庙,文世室也。武公之庙,武世室也。'郑玄云:'此二庙象周有文武之庙也。世室者,不毁之名。'是鲁以武公为不毁之庙,故禘于其宫,不于太庙,亦非常也。"[①] 可知,此禘乃于武公庙举行的大型合祭。

(5)《左传·昭公二十五年》:"将禘于襄公,万者二人,其众万于季氏。"

此次禘祭虽未言明时间,但结合上下文可知必在周历秋季,此为昭公禘祭其父襄公。

(6)《左传·定公八年》:"冬十月,顺祀先公而祈焉。辛卯,禘于僖公。"

杨伯峻说:"禘为合祭群先公之礼,宜于太庙行之,此于僖公庙行之者,杜注谓因顺祀'当退僖公,惧于僖神,故于僖庙行顺祀也'。"[②] 此禘祭源于《左传·文公二年》"秋八月丁卯,大事于大庙,跻僖公,逆祀也",杜预注曰:"僖是闵兄,不得为父子。尝为臣,位应在下,今居闵上,故曰逆祀。"[③] 看来,文公二年曾将僖公神主升于闵公之上,因不合礼制被称为"逆祀",那么定公八年的"顺祀"自然而然地就应该将闵公神主还原于僖公之上。

---

① (清)阮元校刻:《十三经注疏》,中华书局1980年版,第2077页。
② 杨伯峻:《春秋左传注》,中华书局1981年版,第1568页。
③ (晋)杜预:《春秋左传集解》,上海人民出版社1977年版,第430页。

（7）《论语·八佾》："子曰：'禘自既灌而往者，吾不欲观之矣'。"

何晏注云："孔曰：'禘祫之礼，为序昭穆，故毁庙之主及群庙之主皆合食于太祖……既灌之后，列尊卑，序昭穆。而鲁逆祀，跻僖公，乱昭穆，故不欲观之矣。'"①

《论语·八佾》："或问禘之说，子曰：'不知也'。"

邢昺疏曰："答以不知者，为鲁讳。讳国恶，礼也。若其说之，当云'禘之礼，序昭穆'。时鲁跻僖公，乱昭穆，说之则彰国之恶，故但言不知也。"②

通过以上材料来看，春秋时期的禘祭与西周禘祭既有相同点又有不同点。相同点在于主祭者王和诸侯皆有资格，虽然上述材料只是鲁国和晋国国君举行的禘祭，但如此祭祀大礼既然诸侯仍旧行之，那周天子自不用说；禘祭的对象仍然仅限于祖先；地点仍在宗庙；禘祭方式（1）（2）（3）（5）为专祭，（4）（6）为合祭；祭祀时间（4）在春二月、（1）在夏五月、（2）在秋七月、（6）在冬十月，也没有固定在某一季节。不同点在于禘祭此时可能已经有了分类，（1）（3）为吉禘，其余仍为宗庙常规禘祭；禘祭主要目的由西周时期辨大宗、小宗逐渐转向辨血缘关系、重新审定昭穆之序。转化原因应与春秋社会礼坏乐崩的现实有关，社会激烈变革，礼制肆意僭越，使西周时代的大宗不再成为特权阶层，以嫡长子继承为核心的宗法制也遭到破坏。以春秋时代的鲁国为例，十二位国君中，首位国君隐公是以庶子身份入统，且隐公与桓公、闵公与僖公、昭公与定公六位国君是通过兄弟相传实现君位继承，在这种相对紊乱的君位继承时代背景下，昭穆失序已成常态，材料（7）《论语》的记述便很能说明问题。因此，

---

① （清）阮元校刻：《十三经注疏》，中华书局1980年版，第2466页。
② （清）阮元校刻：《十三经注疏》，中华书局1980年版，第2467页。

春秋时期禘祭辨明血统、弄清在位之君与去世之君的血缘关系就显得尤为重要。

战国时期禘祭见于史料记载较少，不过《国语·鲁语上》中的相关描述应为此时的祭祀观念。"有虞氏禘黄帝而祖颛顼，郊尧而宗舜；夏后氏禘黄帝而祖颛顼，郊鲧而宗禹；商人禘舜而祖契，郊冥而宗汤；周人禘喾而郊稷，祖文王而宗武王。"此时禘祭过程中出现了各族始祖之名，如商之始祖契、周之始祖后稷，并且在各族始祖之上还衍生出一位古帝王，如商人之舜、周人之喾。在禘祭帝舜、帝喾时，商、周分别以始祖契和稷配享，这或许就是《礼记·丧服小记》中所讲的"禘其祖之所自出"。那么，商族、周族一定源于舜、喾这些古帝王吗？事实恐怕并非如此，《国语·鲁语上》又云："夫圣王之制祀也，法施于民则祀之；以死勤事则祀之；以劳定国则祀之；能御大灾则祀之；能捍大患则祀之。"据《国语》记述可知，舜为国事勤劳奔波死于苍梧之野，帝喾按日、月、星辰运行观测季节变化规律，使百姓安心于生产，他们受到祭祀是因为"皆有功烈于民"（《礼记·祭法》），而非真正商、周"其祖之所自出"。同时，我们还注意到一个现象，有虞氏、夏后氏禘祭黄帝；商人禘祭舜；周人禘祭喾，这些禘祭对象之间有明显的内在关系，舜为黄帝八世孙，喾为黄帝曾孙，他们皆出自黄帝一系。选择以黄帝子孙作为禘祭对象绝非偶然，与战国诸子推崇黄帝，将其视为华夏族祖先以及中华民族精神象征有关，是黄帝文化认同下的产物。因此，带有浓厚禘祭黄帝一系的祭祀观念应该产生于战国。

西周金文禘祭祖先不超过三代，春秋时代昭公禘祭武公等众多远祖，战国则禘祭始祖及之上衍生出的古帝王喾，单从禘祭对象讲，明显经历了由近祖至远祖，再到始祖及古帝王的"层累"造成过程。因而，研究周代禘祭应以动态眼光对史料层层剥离，方能得出真实可信的结论。

**五　祫祭**

祫为周代宗庙祭祀大礼。何为祫？《说文解字》曰："祫，大合祭先祖亲疏远近也。"《春秋·文公二年》载："八月丁卯,大事于大庙。"《公羊传》对经文中的"大事"进行了阐发。"大事者何?大袷也。大袷者何?合祭也。其合祭奈何?毁庙之主陈于大祖,未毁庙之主皆升,合食于大祖。"范宁为《谷梁传》作注时说："袷祭者,皆合祭诸庙已毁未毁者之主于太祖庙中,以昭穆为次序,父为昭,子为穆,昭南向,穆北向,孙从王父坐也,祭毕则复还其庙。"① 《白虎通·宗庙》亦云："袷者,合也。毁庙之主,皆合食于大祖也。"可知,袷是集毁庙与未毁庙之主于太庙的大型合祭活动。

袷祭每三年举行一次,一般行于天子、诸侯之间,因举行袷祭时供品丰富多样,故又称"大飨之祭"。周天子举行袷祭,四方诸侯均需奉献供品前来助祭。《礼记·礼器》"大飨其王事与?三牲鱼腊,四海九州之美味也,笾豆之荐,四时之和气也。内金,示和也。束帛加璧,尊德也。龟为前列,先知也。金次之,见情也。丹漆丝纩竹箭,与众共财也。其余无常货,各以其国之所有,则致远物也。"从以上描述看,这些供品不仅有肉类、瓜果、玉帛,还有丹砂、油漆、蚕丝以及各国进献的土特产等等,可谓琳琅满目、应有尽有。此外,袷祭的礼仪也是相当隆重,仅迎接神主一个简单环节就让我们领略到一种庄严肃穆的氛围。《礼记·曾子问》载："袷祭于祖,则祝迎四庙之主,主出庙入庙,必跸。"此处所叙是诸侯袷祭迎神主的情况,由祝将高祖、曾祖、祖父、父亲四庙神主迎于太庙内合而祭之,天子袷祭时需迎六亲庙之主于太庙之内。

大夫、士有时也可举行袷祭,不过必须得到天子、诸侯的许可,此时举行的袷祭称"干袷",以和天子、诸侯袷祭相区分。孙希旦云："袷本诸侯以上之礼,而大夫、士用之,故曰干袷。大夫三庙,士一庙,虽并得祭高祖以下,然每时但牲祭一祖,而不得合祭。唯有大功而为其君之所省录,命之大袷,然后得合祭高祖以下也。"②

周代袷祭与非洲卢格巴拉族祭祀祖先比较相似。卢格巴拉族将祖

---

① (清)阮元校刻:《十三经注疏》,中华书局1980年版,第2405页。
② (清)孙希旦:《礼记集解》,中华书局1989年版,第903页。

灵分为两类：一类称"阿比"，包括所有没有姓名的远祖灵魂，并且将"阿比"集中在一个庙宇中祭祀；另一类称"奥里"，是最近死去人的灵魂，"奥里"拥有各自的祠庙进行个别祭祀。①

## 六　告朔祭

周族以农业著称，而农业生产的顺利进行又离不开历法。周代国家非常重视历法制定，专门设太史一职，负责观测天象，根据观测结果制成历法，然后由天子颁布于诸侯，诸侯将其藏于祖庙之中。每月初一天子、诸侯分别至明堂、祖庙祭祖，向王室各部门及邦国各长官宣布当月重要月令，是为"告朔"。《周礼·春官·大史》载："正岁年以序事，颁之于官府及都鄙，颁告朔于邦国。"郑玄注曰："天子颁朔于诸侯，诸侯藏之祖庙。至朔朝于庙，告而受行之。"《谷梁传·文公十六年》亦载："天子告朔于诸侯，诸侯受乎祢庙，礼也。"范宁注曰："每月天子以朔政班于诸侯，诸侯受而纳之祢庙。"告朔之后，由大夫向国君报告这个月应当处理的事务，是为"听朔"。《毛诗正义》孔颖达疏云："《玉藻》注云：'凡听朔，必以特牲告其帝及神，配以文王、武王。'《论语》注云：'诸侯告朔以羊，则天子特牛焉'。"② 天子告朔礼用一头牛为牲，诸侯告朔礼用一只羊为牲。《论语·八佾》篇曰："子贡欲去告朔之饩羊，子曰：'赐也，尔爱其羊，我爱其礼。'"何晏注："郑曰：'礼，人君每月告朔于庙，有祭，谓之朝享。'鲁自文公始不视朔，子贡见其礼废，故欲去其羊。"③ 由《论语》记载可以看出，告朔礼在春秋社会有周礼之嫡传的鲁国也已经荒废。不过，从孔子反对学生取消告朔礼宰杀牲羊来看，周代天子、诸侯在告朔用牲上确实存在差异。

孔疏云："然则天子告朔于明堂，朝享于五庙。诸侯告朔于太庙，

---

① ［日］石川荣吉主编：《现代文化人类学》，周星等译，中国国际广播出版社1988年版，第147页。
② （清）阮元校刻：《十三经注疏》，中华书局1980年版，第588、817、2410页。
③ （清）阮元校刻：《十三经注疏》，中华书局1980年版，第2467页。

朝享自皇考以下三庙耳，皆先告朔，后朝庙。"告朔礼中又有朝庙之礼。《公羊传·文公六年》曰："闰月不告月，犹朝于庙。"文公为何不行告朔之礼而要朝于宗庙呢？主要在于告朔行祭礼、朝庙行荐礼，二者礼仪繁琐程度相差甚大，文公礼仪从简、敷衍了事。《公羊传·桓公八年》何休注曰："无牲而祭谓之荐。"① 金鹗在《求古录礼说》中更是对祭礼与荐礼的区别作了详细说明："祭必卜日，荐不卜日；祭有尸，荐则无尸；祭有牲，荐则无牲；祭有乐，荐则无乐。"

至于闰月不告朔恐非不实之词。《左传·文公六年》："闰月不告朔，非礼也。闰以正时，时以作事，事以厚生，生民之道于是乎在矣。不告闰朔，弃时政也，何以为民？"杜注曰："诸侯每月必告朔听政，因朝宗庙。文公以闰非常月，故阙不告朔，怠慢政事，虽朝于庙，则如勿朝。故曰犹，犹者可止之辞。"② 杜预认为文公以闰月为托词不行告朔礼，乃是懈怠于政事。《文献通考·宗庙考》曰："鲁文公不行告朔之礼，但身至庙拜谒而已，故《春秋》讥之。"在此，马端临认为文公闰月不行朔礼仍朝庙乃讥讽之辞，其中隐含意思说闰月行告朔礼应为正常之举。元代程端学在《春秋或问》一书中质疑道："闰月晦朔日月未尝不合，日月之合既同常月，闰月之事既不可废。天子既以闰月颁之诸侯，诸侯安得不以闰月告其祖庙哉？"田家溧也认为"春秋二百四十二年闰月不知有多少，仅此一处记载闰月不告朔，说明此次行为异常。闰月告朔则是常事。"③ 可见，《公羊传·文公六年》《谷梁传·文公六年》所记闰月不告朔并不可信。

## 第二节　凶礼中的祖先祭祀

《周礼·春官·大宗伯》将古代凶礼分为丧礼、荒礼、吊礼、襘

---

① （清）阮元校刻：《十三经注疏》，中华书局1980年版，第1843、2218页。
② （清）阮元校刻：《十三经注疏》，中华书局1980年版，第1843页。
③ 田家溧：《〈论语〉礼征研究》，硕士学位论文，郑州大学，2012年。

第三章 "五礼"中周代祖先祭祀梳解

礼和恤礼五种，作为凶礼之一的丧礼，其中包含有诸多祖先祭祀的内容。祖先去世后，在安葬前后都要举行一系列祭祀活动，前后祭祀的名称也有所差别，安葬之前举行的祭祀称"奠"，安葬之后举行的祭祀方可称"祭"。奠与祭的主要区别有二：其一，奠的礼仪相对简单；其二，奠不设尸，因为此时死者遗体尚在。

## 一 葬前奠

《礼记·檀弓下》载："奠以素器，以生者有哀素之心也。"孔颖达疏云："奠，谓始死至葬时之祭名。以其时无尸，奠置于地，故谓之奠也。"① 为何葬前要奠呢？彭林先生认为出于三方面考虑：第一，供奉酒食吸引死者灵魂前来享用，使其有所依托。第二，主家突遭亲人离世，悲痛欲绝，诸事难以仓促之间准备齐全，只好采取比较简单的祭祀仪式。第三，在古人观念中，死者去世后魂魄化为鬼神，而祭祀鬼神需立"尸"作为神灵的象征，但死者家属一时之间无法接受亲人离世的现实，向死者进献酒食，含有如同平常继续服侍其用餐的意思。② 其间主要礼仪程式有小殓奠、大殓奠和朝夕奠等。

殓古代多写作敛，有小殓与大殓之分，《释名·释丧制》曰："衣尸棺曰敛。殓者，敛也，敛藏不复见也。"小殓以衣衾加于尸身，大殓将尸身盛入棺内。

小殓奠。即小殓之后举行的奠，以酒醴、肉脯在尸体东侧奠，主妇、主人依次顿足而哭，之后主人拜送前来吊唁的宾客，其他亲人轮流哭泣。

大殓奠。大殓于小殓的第二天举行，主人、主妇凭尸而哭，后"主人奉尸敛于棺"（《仪礼·士丧礼》），顿足而哭，与死者作最后告别，最后加棺盖礼毕。

朝夕奠。死者五服之内的亲属穿上丧服，每天在日出及日落前哭奠两次。

---

① （清）阮元校刻：《十三经注疏》，中华书局1980年版，第1301页。
② 彭林：《中国古代礼仪文明》，中华书局2004年版，第216—217页。

## 二 葬后祭

《礼记·祭统》："孝子之事亲也，有三道焉：生则养，没则丧，丧毕则祭。"是说丧事完毕后，对去世祖先进行祭祀。葬后举行的祭祀一般要用"尸"，"尸"指代替祖先接受祭祀、享用祭品的人，一般由从嫡孙中选择。《礼记·曾子问》"尸必以孙，孙幼则使人抱之；无孙，则取于同姓可也。"祭祀之所以用尸，郑玄注曰："孝子之祭，不见亲之形象，心无所系，立尸而主意焉。"① 古代守丧三年，在此期间进行的祭祀名目繁多，主要有虞祭、卒哭祭、祔祭、小祥祭、大祥祭、禫祭等等。

虞祭。郑玄曰："虞，安也。骨肉归于土，精气无所不之，孝子为其彷徨，三祭以安之。朝葬，日中而虞，不忍一日离。"② 举行虞祭目的在于使死者游离不定的灵魂有所依托，所以虞祭其实为安魂之祭。虞祭次数因等级身份不同而有所差异。《宋会要辑稿》引吕夏卿言，"古者天子九虞十六日，诸侯七虞十二日，大夫五虞八日，士三虞四日"。因周代天子、诸侯、大夫虞祭不见文献记载，难以确知，现仅根据《仪礼·士虞礼》对士阶层的虞祭情况作以说明。士虞祭需进行三次，初虞在安葬当天中午举行，因古人安葬选用柔日（干支记日时天干为乙、丁、己、辛、癸者），故初虞必是柔日。再虞隔一天进行，亦是柔日。三虞在再虞次日举行，变为刚日（干支记日时天干为甲、丙、戊、庚、壬者）。

卒哭祭。卒哭于三虞隔日举行，用刚日。卒有停止之义，但并非停止哭泣，而是停止"哀则至哭"的无时之哭，仅朝夕哭而已，使服丧者悲哀有所节制。卒哭祭为节哀之祭，自此，丧祭改为吉祭。《礼记·檀弓下》言："卒哭曰成事，是日也，以吉祭易丧祭。"

祔祭。《仪礼·既夕礼》载："卒哭，明日以其班祔。"祔祭在卒哭次日举行，用柔日，郑玄注曰："班，次也……祔，犹属也。祭昭

---

① （清）阮元校刻：《十三经注疏》，中华书局1980年版，第1168页。
② （清）阮元校刻：《十三经注疏》，中华书局1980年版，第1157页。

穆之次而属之。"① 此时新死者尚未有独立的宗庙以供祭祀，只能依附在祖庙中与自己昭穆班次相同的地方接受祭祀，故祔祭为明班次之祭。

小祥祭。《仪礼·士虞礼》载："期而小祥"，小祥为一周年之祭。郑玄注曰："小祥，祭名。祥，吉也。"为何将小祥祭视为吉事？因为此祭之后服丧者可以逐渐除去丧服，换上吉服。比如男子可以除去首绖，换上练冠、练衣，故小祥祭又称"练祭"。孔颖达疏云："练，小祥也。小祥而著练冠、练中衣，故曰练也。"②

大祥祭。《仪礼·士虞礼》："又期而大祥"，大祥为两周年之祭。《释名·释丧制》："大祥，亦祭名也。孝子除縗服，服朝服缟冠，加大善之饰也。"即祭后孝子脱下縗服，改服朝服、著缟冠，所着衣冠也可以带有较多装饰品。

禫祭。《仪礼·士虞礼》言："中月而禫"，郑玄注："中犹间也……与大祥间一月。自丧至此，凡二十七月，禫之言，澹澹然平安意也。"③ 禫祭是守丧结束的标志，孝子除去丧服，衣食不再有任何禁忌，生活完全恢复正常。

## 第三节　宾礼中的祖先祭祀

《周礼·春官·大宗伯》载："以宾礼亲邦国。春见曰朝，夏见曰宗，秋见曰觐，冬见曰遇，时见曰会，殷见曰同，时聘曰问，殷覜曰视。"在此，宾礼被分为将朝、宗、觐、遇、会、同、问、视八类，前四类属于定期朝见，后四类属于不定期朝见。定期朝见的四礼，郑玄曾指出"名殊礼异"，并说："朝，犹朝也，欲其来之早。宗，尊也，欲其尊王。觐之言勤也，欲其勤王之事。遇，偶也，欲其不期而

---

① （清）阮元校刻：《十三经注疏》，中华书局1980年版，第1157页。
② （清）阮元校刻：《十三经注疏》，中华书局1980年版，第1176、1293页。
③ （清）阮元校刻：《十三经注疏》，中华书局1980年版，第1176页。

俱至。"① 此外，《周礼·秋官·大行人》亦载："春朝诸侯而图天下之事，秋觐以比邦国之功，夏宗以陈天下之谟，冬遇以协诸侯之虑。"由此推断，此四礼仪式和内容应该存在不同。不定期朝见的四礼中，会指天子合诸侯征讨不从王命者；同指天子未外出巡狩，四方诸侯齐聚京师朝王；问指天子有事，诸侯派使臣聘问；视指众诸侯派遣卿大夫聘问天子。

其实，周代宾礼亲睦各国通过纵横两个层面来实现，从纵的意义讲，主要表现为天子巡狩诸侯、诸侯朝觐天子。从横的意义讲，各诸侯国通过相互朝聘、会盟加强他们之间的联系。在巡狩、朝觐、朝聘及会盟这些重大活动中，常常伴随有祖先祭祀。

## 一 巡狩祭祖

《孟子·梁惠王下》云："天子适诸侯，曰巡狩。巡狩者，巡所守也。"即天子巡视诸侯为其所守疆土之行为称为巡狩。《礼记·王制》载："天子五年一巡守②，岁二月，东巡守至于岱宗……五月，'南巡'守至于南岳……八月，西巡守至于西岳……十有一月，北巡守至于北岳。"天子出巡前要"类乎上帝，宜乎社，造乎祢"，"归，假于祖、祢，用特"，即巡狩前天子要告祭天、地、祖先，归来则要以一头牛为牲于祖庙、父庙告祭。天子巡狩祭祖亦见于晋侯苏编钟铭文：

> 唯王卅又三年，王亲遹省东国、南国……二月既望癸卯，王入格成周……六月初吉戊寅，旦，王格太室，即位。王呼膳夫曰："召晋侯苏"。入门立中廷。王亲赐驹四匹……庚寅，旦，王格太室，司工扬父入右晋侯苏，王亲侪晋侯苏秬鬯一卣、弓

---

① （清）阮元校刻：《十三经注疏》，中华书局1980年版，第759页。
② 郑玄认为"五年者，虞、夏之制也。周则十二岁一巡守"。其说见阮元《十三经注疏》，中华书局1980年版，第1327页。另《周礼·秋官·大行人》载，"十有二岁，王巡守殷国"，可作为郑说之依据。

矢百、马四匹……（《商周青铜器铭文暨图像集成》15298—15313）①

晋侯苏编钟共16件，计有铭文355字，主要记述了晋侯苏协同周王征伐宿夷的战争，此器一般认为属西周晚期厉王时代器物。铭文开头有"遹省"一词，遹，《尔雅·释诂》曰："循也。"颜师古为《汉书·东方朔传》作注时又说："循，行视也。"② 省，《说文》曰："视也。"高诱为《淮南子·精神训》作注指出："巡守为省，省视四方也。"③ 遹省乃同义连用，"王亲遹省东国、南国"，即周王亲自视察东方、南方疆土，这正是周代天子巡狩活动的反映。古代巡狩与武力征伐往往结合在一起。《诗经·大雅·常武》载："王谓尹氏，命程伯休父，左右陈行。戒我师旅，率彼淮浦，省此徐土。"这里的"省"不仅仅是单纯的巡狩，更包含有对淮夷武力讨伐之意，铭文中巡狩亦是如此。周王与晋侯苏分头包抄宿夷，晋侯苏首战即"折首百又廿，执讯廿又三夫"。周王"亲远省师"，晋侯又"折百首，执讯十又一夫"。周王下令继续追捕，"晋侯苏帅大室、小臣、车仆从，遹逐之。晋侯折首百又一十，执讯廿夫；大室、小臣、车仆折首百又五十，执讯六十夫"，晋侯苏大获全胜。巡狩归来，周王在太室分别于六月初吉戊寅、庚寅对晋侯苏进行了两次隆重赏赐。既然赏赐活动是在宗庙进行，再加上对宿夷的战争又取得了重大胜利，那么，在宗庙举行祭祀、告知祖先捷讯的礼仪活动定必不可少。所以，晋侯苏编钟铭文所记巡狩是存在祖先祭祀活动的。

## 二 朝觐祭祖

天子巡狩诸侯，诸侯也需朝觐天子。《礼记·王制》："诸侯之于

---

① 吴镇烽编著：《商周青铜器铭文暨图像集成》第27卷，上海古籍出版社2012年版，第347—369页。
② （汉）班固：《汉书》，中华书局1962年版，第2848页。
③ 何宁：《淮南子集释》，中华书局1998年版，第533页。

天子也，比年一小聘，三年一大聘，五年一朝"，郑玄注："比年，每岁也。小聘使大夫，大聘使卿，朝则君自行。"① 如若诸侯亲自朝见天子，出行前必"宜乎社，造乎祢"（《礼记·王制》），即举行祭地、祭祖仪式。《礼记·曾子问》："诸侯适天子，必告于祖，奠于祢……凡告用牲币，反亦如之。"

朝与觐虽均有朝见之义，但在具体细节上还是有所差别。李无未先生从适用对象、行礼形式、行礼地点、行礼目的四方面对二者作了区分，指出觐礼只适用于诸侯对天子，且述职是其重要内容。② 述职就是陈述职守，《孟子·梁惠王下》："诸侯朝于天子曰述职。述职者，述所职也。"今本《仪礼·觐礼》篇就是记载诸侯朝觐天子的礼节。朝觐之日，"侯氏裨冕，释币于祢"，即诸侯身穿裨衣，头戴冕冠，用束帛先在父庙祭祀，而后携圭面见天子，届时诸侯需上堂亲自将圭呈上。《礼记·郊特牲》："觐礼，天子不下堂而见诸侯，下堂而见诸侯，天子之失礼也。"诸侯向天子行享礼三次，"乃右肉袒于庙门之东"。此时诸侯述职完毕，天子尚未评判，内心诚惶诚恐，故袒而待罪，以表示对天子的敬畏。之所以袒右臂，孔颖达认为："右是用事之便，又是阴，阴主刑，以不能用事，故刑袒于右也。"③

从上述《仪礼·觐礼》记载诸侯述职完毕立于庙门之东等候评判结果来看，之前诸侯述职活动无疑是在宗庙之内进行的。按常理说，天子考评诸侯治绩，是当时重大的政治活动，为什么不在宫廷处理，而选择在宗庙呢？这恐怕有深层用意，笔者推断可能出于两方面考虑：其一，周代分封的诸侯绝大多数为姬姓同宗，在宗庙述职不仅仅向当时的周天子汇报治绩，同时也是向列祖列宗汇报治绩。其二，在宗庙列祖列宗神灵监督下，诸侯述职时肆意浮夸、虚报功绩的想法可能会有所收敛，使述职内容更加客观、实际，最终有利于天子作出公正、合理的评判。在周代极为重视祭祀的社会环境下，如此重大的活

---

① （清）阮元校刻：《十三经注疏》，中华书局1980年版，第1327页。
② 李无未：《周代朝聘制度研究》，吉林人民出版社2005年版，第85—86页。
③ （清）阮元校刻：《十三经注疏》，中华书局1980年版，第1091页。

第三章 "五礼"中周代祖先祭祀梳解　　57

动又是于宗庙举行，那么届时祖先祭祀活动定必不可少。

**三　朝聘祭祖**

周代诸侯国之间如果长时间没有会盟，往往通过相互朝聘来联络感情、加强联系。《周礼·秋官·大行人》载："凡诸侯之邦，交岁相问也，殷相聘也，世相朝也。"郑玄注曰："小聘曰问。殷，中也。久无事又于殷朝者及而相聘也。父死子立曰世，凡君即位，大国朝焉，小国聘焉。"聘，郑玄在《仪礼·聘礼》目录中云："大问曰聘。诸侯相于久无事，使卿相问之礼。"① 据上述记载可知，诸侯国相交，每年派大夫相问，若干年（也有学者认为三年一聘②）派卿相聘，新君即位择机而朝。

春秋时代，诸侯国之间相互朝聘非常频繁。凡诸侯出行前后均需祭祀祖先。《左传·桓公二年》曰："凡公行，告于宗庙；反，行饮至、舍爵、策勋焉。"《左传·襄公十二年》载晋悼公派士鲂聘问鲁国，答谢鲁国出兵助晋伐郑，作为礼尚往来之回应，鲁襄公于同年冬天前往晋国朝聘，同时拜谢士鲂的聘问。第二年春，"公至自晋，孟献子书劳于庙"。书劳即策勋，孟献子在宗庙书写鲁君此次出访的功劳，显然是鲁襄公回国告庙环节中的一部分，与《左传·桓公二年》所载完全吻合。

除了诸侯亲自前往他国朝聘外，亦可指定卿或大夫为使者代为出聘，届时正、副使者临行前均需举行告庙仪式。《仪礼·聘礼》载："宾朝服释币于祢，有司筵几于室中。祝先入，主人从入。主人在右，再拜；祝告，又再拜。释币，制玄纁束，奠于几下，出……上介释币亦如之。"文中之宾为正使、上介为副使，二者祭祖礼仪相同。使者出访归来再次举行告庙仪式，宾"释币于门，乃至于祢，筵几于室，荐脯醢。觞酒陈，席于阼，荐脯醢，三献……上介至，亦如之"。

---

①　（清）阮元校刻：《十三经注疏》，中华书局1980年版，第893、1046页。
②　"殷相聘"是虚指，而"三年大聘"是实数。其说见徐杰令《春秋聘问考》，《北方论丛》2003年第1期。

### 四 会盟祭祖

《左传·昭公四年》载"夏启有钧台之享,商汤有景亳之命,周武有孟津之誓,成有岐阳之蒐,康有酆宫之朝,穆有涂山之会,齐桓有召陵之师,晋文有践土之盟",这些都是不同历史时期的重要会盟。会盟在我国起源甚早,徐杰令认为"会盟作为一种零星的社会现象或许出现得很早,但作为一种政治制度,势必形成于国家形成之后"①,的确如此。

会盟在周代已经发展成为各诸侯国加强联系的一种重要政治制度,但会与盟并不相同。《礼记·曲礼下》云诸侯"相见于邻地曰会……莅牲曰盟。"孔颖达疏云:"莅牲而盟者,亦诸侯事也。莅,临也。临牲者,盟所用也。盟者,杀牲歃血,誓于神也。"②《释名·释言语》云:"盟,明也,告其事于神明也。"又《左传·昭公三年》载:"有事而会,不协而盟。"据上述记载可以得出:会不用牲,盟需用牲;会因有事而见,盟因不协调而聚;会不一定要盟,但盟前一定有会。《左传·隐公二年》"公会戎于潜,修惠公之好也。戎请盟,公辞"即为明证。而且盟更加突出神灵的地位与作用。陈成国先生指出:"盟作为一种礼仪,就是共同向天神地祇人鬼(包括先民之神)发誓,通过某种共同的方式取信于神祇,以期获得有效的约束力而采取共同的步骤。"③

《左传》中记载诸侯"有事而会"的事例很多。如隐公九年"冬,公会齐侯于防,谋伐宋也"、隐公十一年"夏,公会郑伯于郲,谋伐许也"、桓公二年"蔡侯、郑伯会于邓,始惧楚也"、桓公三年"会于嬴,成昏于齐也……公会杞侯于欢,杞求成也"、桓公六年"夏,会于成,纪来咨谋齐难也"、桓公十五年"公会齐侯于艾,谋定许也……冬,会于袲,谋伐郑,将纳厉公也"、桓公十六年"春正

---

① 徐杰令:《春秋会盟礼考》,《求是学刊》2004 年第 2 期。
② (清)阮元校刻:《十三经注疏》,中华书局 1980 年版,第 1266 页。
③ 陈成国:《先秦礼制研究》,湖南教育出版社 1991 年版,第 329 页。

第三章 "五礼"中周代祖先祭祀梳解

月，会于曹，谋伐郑也"等等。诸如此类的会面主角皆为各国诸侯，这种情形下两君相见，祭祀祖先也是必不可少。《礼记·曾子问》曰："诸侯相见，必告于祢，朝服而出视朝，命祝史告于五庙，所过山川；亦命国家五官，道而出。反必亲告于祖祢，乃命祝史告至于前所告者，而后听朝而入。"

盟是因为要协调不同诸侯国之间的矛盾而进行聚会，在当事各方协商妥当后订立盟约，然后举行一系列仪式歃血而盟。《礼记·曲礼下》孔疏载："盟之为法，先凿地为方坎，杀牲于坎上，割牲左耳，盛以珠盘，又取血，盛以玉敦，用血为盟，书成，乃歃血而读书。"① 这一过程中，各国参盟代表要面对神灵发誓遵守盟约，因而"盟"又常常与"誓"连接在一起。《说文解字·言部》曰："誓，约束也。从言，折声。"古代盟誓祭祀祖先的现象也非常多见。《左传·桓公二年》载鲁桓公与戎在唐地结盟，回来后"告于庙"，被认为是合乎礼制的表现。《左传·成公十三年》载秦国向楚国寻求结盟时就曾"昭告昊天上帝、秦三公（穆公、康公、共公）、楚三王（成王、穆王、庄王）"，分别祭告两国三位先祖盟约之事。又《左传·襄公十一年》载鲁、晋、宋、卫、曹、齐等国在亳地结盟，盟书载曰："司慎司盟，名山名川，群神群祀，先王先公，七姓十二国之祖，明神殛之，俾失其民，队命亡氏，踣其国家。"盟辞言明请求包括祖先在内的众多神灵对盟约进行监督，如有违约，各路神灵便会降灾，使其失去国家和人民。

除了国与国之间的结盟需祭告祖先外，春秋时代各诸侯国内部不同集团之间为了达成某种共识亦进行结盟，而结盟时又往往于各国宗庙举行，其祭告祖先、祈求祖先神灵福佑的目的不言而喻。《左传·宣公三年》载逃亡晋国的郑公子兰为大夫孔将鉏、侯宣多迎接回国，"盟于大宫而立之"，杜预曰："大宫，郑祖庙"②，即在祖庙订立盟约然后拥立公子兰为国君。之所以选择在祖庙进行，很可能是当着祖先

---

① （清）阮元校刻：《十三经注疏》，中华书局1980年版，第1266页。
② （晋）杜预：《春秋左传集解》，上海人民出版社1977年版，第550页。

神灵对新任国君宣誓效忠的一种方式，因有祖先神灵作为监督，所以盟约不可能被轻易毁坏。这样，缔结盟约的各方关系会更加牢靠。《左传·成公十三年》载郑公子班从訾地要求进入祖庙，未能获得许可，公子班便杀死了子印、子羽，"子驷帅国人盟于大宫"，齐心协力杀死了公子班及其弟子骄、其子孙叔和孙知。《左传·襄公二十五年》载齐崔杼弑杀齐庄公，立景公为国君，自己任右相，庆封为左相，"盟国人于大宫"，杜预曰："大宫，大公庙。"① 崔杼、庆封企图通过在宗庙订立盟约来拉拢各方势力，培育党羽，这种失德行为下的结盟在春秋时人看来是不会得到神灵福佑的。晋大夫知武子曾对献子说："我实不德，而要人以盟，岂礼也哉！非礼，何以主盟？"（《左传·襄公九年》）后来崔杼专权，庆封乘其家族内乱将之铲除，庆封掌权后耽于酒色，遭到陈氏、鲍氏、栾氏、高氏联合反对而出奔，最终客死他乡。《左传·襄公三十年》载郑国伯有、子晳发生内斗，伯有失败逃到雍梁，"郑伯及大夫盟于大宫"，后伯有潜回国内阴谋作乱，被驷带率领国人杀死。

春秋时代各诸侯国会盟祭祖虽含有祖先神灵监督的色彩，但由于国际关系复杂多变，致使大多盟约成为一纸空文。不管盟约最终效果如何，作为当时国家事务非常重要活动的会盟需祭告祖先却是毋庸置疑的，因而国家之间的会盟祭祀重在告知祖先。反观诸侯国内部不同集团之间的结盟，其主要目的是加强缔约各方之间的关系，以共同应对困难，因而诸侯国内部结盟祭祖重在以祖先神灵监督各方之行为。

## 第四节 军礼中的祖先祭祀

《周礼·春官·大宗伯》曰："以军礼同邦国。大师之礼，用众也；大均之礼，恤众也；大田之礼，简众也；大役之礼，任众也；大

---

① （晋）杜预：《春秋左传集解》，上海人民出版社1977年版，第1028页。

封之礼,合众也。"大师之礼是天子或诸侯的征伐活动,诸如宗庙谋议、命将出师、载主远征、凯旋献俘皆属此类。大均之礼是天子在畿内、诸侯于封国检校户口、征收赋税。大田之礼是天子、诸侯四时田猎活动,借以习兵。大役之礼是国家兴办的筑城邑、建宫殿、开河、造堤等大型土木工程。大封之礼是武力勘定封地疆界的活动。五大军礼中,大师之礼和大田之礼属于纯粹的军事战争,这些军事战争中常伴有祖先祭祀活动。傅亚庶先生说祭祀和战争一张一弛、一文一武,是古代君主的治国之道,二者联系非常紧密。① 诚然如此,周代战争中随处可见祭祖行为,军队出征前治兵、谋议、受命、命将、授兵、誓师等都要祭祖,战争中因载主而行,亦可以随时祭告祖先战争具体情况,战争获胜归来则要在宗庙举行隆重的献俘仪式,即使战争失利也要到宗庙反省悔过。毫不夸张地说,祖先祭祀渗透于周代战争的每一个环节。

**一 战前祖先祭祀**

治兵祭祖。治兵就是战前演习作战的各种口令和动作。《左传·庄公八年》载鲁国和齐国谋划于此年夏天讨伐郕国,鲁国于春天先行举行治兵之礼。"八年,春,治兵于庙,礼也。"杜预曰:"治兵于庙,习号令,将以围郕。"② 之所以选择在宗庙治兵,主要是借助祖先神灵的尊崇和威严,督促士卒努力训练,严格遵守所行军令。孔颖达云:"此治兵于庙,欲就尊严之处,使之畏威用命耳。但军旅之众非庙内所容,止应告于宗庙,出在门巷习之。"③

谋议祭祖。谋议即庙算,是战前在庙堂用算筹来比较敌我双方的各种因素,以预测战争的胜负。④《礼记·王制》曰:"天子将出征……受成于学。"郑玄注:"定兵谋也。"⑤ 战前谋议庙算非常重要,只要

---

① 傅亚庶:《中国上古祭祀文化》,高等教育出版社2007年版,第247页。
② (晋)杜预:《春秋左传集解》,上海人民出版社1977年版,第142页。
③ (清)阮元校刻:《十三经注疏》,中华书局1980年版,第1765页。
④ 田旭东:《古代兵学文化探论》,中国社会科学出版社2010年版,第67—68页。
⑤ (清)阮元校刻:《十三经注疏》,中华书局1980年版,第1333页。

谋划精当，不管统军将领是否贤能，均可取得战争胜利，故《商君书·战法》云："若其政出庙算者，将贤亦胜，将不如亦胜。"谋议妥当后，还需祭祀征得祖先同意。青铜器禽簋铭："王伐蓋侯，周公谋，禽祝……"（《集成》4041）蓋侯即奄侯，意为成王征伐奄侯前，周公定兵谋，谋成伯禽祝祷。赖益荣认为："对于征伐之类的大事，君主虽自有谋定，然而却不得恣意妄为，必须将征伐之事的谋定向祖先禀明，并求得祖先的允许才可以出兵。"①

受命祭祖。如若天子、诸侯亲自出征，则需前往宗庙受命于祖。《礼记·王制》曰："天子将出征，类乎上帝，宜乎社，造乎祢，祃于所征之地，受命于祖。"郑玄注曰："告祖也。"受命、告祖乃一事。孔颖达云："'受命于祖'，谓出时告祖，是不敢自专，有所禀承，故言受命。祖祢皆告，以祖为尊，故特言祖。此受命于祖，则前文造乎祢也。但前文据告行，故云'造乎祢'。此据以征伐之事，故云'受命于祖'，所以重起其文也。"《周礼·春官·大祝》曰："大师，宜于社，造于祖，设军设，类上帝。"贾公彦疏曰："言大师者，王出六军观行征伐，故曰大师。"②《国语·晋语五》亦载："受命于庙，受脤于社，甲胄而效死，戎之政也。"又《左传·闵公二年》云："帅师者受命于庙。"由此看来，战前受命必在宗庙无疑。金文受命告祖记载见于保员簋铭："唯王既燎，厥伐东夷……"③刘雨先生认为此燎祭乃"昭告祖先神灵，燎柴烟腾于上，在天之先祖必有知觉，出征必然受到他们的保佑"④。

命将祭祖。如若天子、诸侯无法亲自出征，则需册命将领以行征伐之事，册命将领礼仪一般行于宗庙之中。《诗经·大雅·常武》曰："赫赫明明，王命卿士，南仲大祖，大师皇父：'整我六师，以修我戎。既敬既戒，惠此南国。'"此诗为周宣王出兵征伐徐国时在南仲的

---

① 赖益荣：《周代战争中的神灵崇拜研究》，硕士学位论文，静宜大学，2003年。
② （清）阮元校刻：《十三经注疏》，中华书局1980年版，第811、1333页。
③ 吴镇烽编著：《商周青铜器铭文暨图像集成》第11卷，上海古籍出版社2012年版，第225页。
④ 刘雨：《金文论集》，紫禁城出版社2008年版，第95页。

## 第三章 "五礼"中周代祖先祭祀梳解

宗庙册封皇父为太师作为统兵将领。郑玄笺云:"南仲,文王时武臣也。显著乎,昭察乎,宣王之命卿士为大将也。乃用其以南仲为大祖者,今大师皇父是也。使之整齐六军之众,治其兵甲之事。命将必本其祖者,因有世功,于是尤显。"[①] 言下之意,由于皇父的先祖南仲武功卓著,故宣王选择在南仲宗庙册命其为将领,意在以祖辈功绩激励皇父。

授兵祭祖。授兵包含两层含义,一是授士卒兵器;二是授将领兵权。授士卒兵器见于《左传·隐公十一年》记载,"郑伯将伐许,五月甲辰,授兵于大宫。"杨伯峻曰:"兵,武器。大同太。太宫,郑国祖庙。"[②] 因为古代锻造金属工具比较困难,因而兵器平时由国家集中管理,临战时在祖庙向士卒统一分发。授将领兵权可从后世文献《淮南子·兵略训》中略窥一二。"凡国有难,君自宫召将,诏之曰:'社稷之命在将军,即今国有难,愿请子将而应之。'将军受命,乃令祝史太卜斋宿三日,之太庙,钻灵龟,卜吉日,以受鼓旗。君入庙门,西面而立;将入庙门,趋至堂下,北面而立。主亲操钺,持头,授将军其柄,曰:'从此上至天者,将军制之。'复操斧,持头,授将军其柄,曰:'从此下至渊者,将军制之。'将已受斧钺,答曰:'国不可从外治也,军不可从中御也。二心不可以事君,疑志不可以应敌。臣既以受制于前矣,鼓旗斧钺之威,臣无还请,愿君亦以垂一言之命于臣也。君若不许,臣不敢将。君若许之,臣辞而行。'乃爪剪,设明衣,凿凶门而出。"国君授将领以斧钺,实际上是授予其指挥军队的最高权力,因战争受诸多因素影响,随时会出现一些突发情况,将领只有手握大权才能灵活应对,化被动为主动。那么,天子为何要在祖庙命将授兵呢?《白虎通·三军》云:"示不敢自专也。独于祖庙何?制法度者,祖也。《王制》曰:'受命于祖,受成于学。'言于祖庙命遣之义也。"

誓师祭祖。誓师一般为出征前的动员仪式。有关周代的誓师之辞

---

① (清)阮元校刻:《十三经注疏》,中华书局1980年版,第576页。
② 杨伯峻:《春秋左传注》,中华书局1981年版,第72页。

见于《尚书》的有《牧誓》《费誓》《秦誓》三篇，《牧师》言明于商郊牧野誓师，其余二篇皆未谈及誓师的具体地点，不过从晚出的文献《墨子·迎敌祠》来看，誓师也有可能在宗庙进行。"祝、史告于四望、山川、社稷。先于戎，乃退。公素服誓于太庙，曰：'其人为不道，不修义祥，唯乃是王，曰：予必怀亡尔社稷，灭尔百姓。二参子尚夜自厦（清毕沅考证应为"厉"），以勤寡人，和心比力兼左右，各死而守。'既誓，公乃退食，舍于中太庙之右，祝、史舍于社。"

战争是无情的，战争中的死伤在所难免，因此临战前也有祭祀祖先向其祈福让自己免于战争重伤的。《国语·晋语九》记载铁之战前，赵简子的车右卫庄公就曾向列祖祈祷，"曾孙蒯聩以諄赵鞅之故，敢昭告于皇祖文王、烈祖康叔、文祖襄公、昭考灵公，夷请无筋无骨、无面伤、无败用、无陨惧，死不敢请。"

## 二 战中祖先祭祀

周代战争有载主而行或主命而出的做法，载主而行即将祖先神主载于斋车同行，主命而出是在宗庙祭祀祖先后请神主的命令随军以行。不论采取哪种形式，都出于对祖先神灵的尊崇，也便于在战争中随时向祖先汇报战况及有疑难时卜问于祖先神灵。

《史记·周本纪》："九年，武王上祭于毕。东观兵，至于盟津。为文王木主，载以车中军……言奉文王以伐，不敢自专。"《史记·伯夷列传》云："西伯卒，武王载木主，号为文王，东伐纣。"上述材料记述武王伐纣时载文王木主而行。但根据《礼记》相关记载来看，载主应为迁庙之主，因周初尚未形成毁庙制度，故载迁庙之主应为西周中晚期以后逐渐形成的制度，而且所迁之主应为新迁庙之主。《左传·成公十六年》记载晋楚大战时，晋人张幕"虔卜于先君"的情形，杨伯峻先生解释说："古代行军，必将先代君主位载于车上同行。此乃在先君主位前诚心问卜。所载主位，《礼记·曾子问》谓'迁庙主'，孙诒让《周礼·小宗伯·正义》释为国君高祖之父与祖之主。但以春秋考之，鲁国并无毁庙之制，故哀三年尚有桓宫与僖宫。晋国于此一战役,所载先君之主究竟为谁,不详。"① 载主而行表面上出于对祖先神灵的尊崇与敬畏,实则借助神灵整顿军纪,明以赏罚。即《孔丛子·问军礼》所云:"其用命者,则加爵受赐于祖奠之前;其奔北犯令者,则加刑罚戮于社主之前。"

如果出征无迁庙之主可载,必主命而行。孙希旦曰:"举兵,以迁庙主行,无则主命。"《礼记·曾子问》亦载:"曾子问曰:'古者师行无迁主,则何主?'孔子曰:'主命。'问曰:'何谓也?'孔子曰:'天子、诸侯将出,必以币帛皮圭告于祖祢,遂奉以出,载于齐车以行。每舍奠焉,而后就舍。'"孙希旦曰:"主命者,受命而出,而遂以为主,但主其命而无主也。"②

另《左传·昭公二十一年》记载晋国出兵助宋平叛,公子城身先士卒,遇华豹挑战,公子城欲拉弓上箭,华豹抢先一步已拉满弓,在此危急时刻,公子城祈福于父亲神灵,说:"平公之灵,尚辅相余!"结果华豹一箭射空,最后公子城趁机射杀华豹。此次战斗中,公子城祈求父灵如愿保全了自己性命。

### 三 战后祖先祭祀

战争无非胜、败两种结果,胜则献俘、赐爵于庙,败则反省悔过于庙,都少不了祭告祖先这一环节。

周代战胜一方为了第一时间向祖先禀告得胜讯息,往往于战地举行祭祖仪式。《礼记·大传》载:"牧之野,武王之大事也。既事而退,柴于上帝,祈于社,设奠于牧室。"郑玄注曰:"柴、祈、奠,告天、地及先祖也。牧室,牧野之室也。古者郊关皆有馆焉。先祖者,行主也。"另《左传·宣公十二年》载晋楚邲之战,楚国取胜,楚庄王"祀于河,作先君宫,告成事而还"。杨伯峻注曰:"祭祀河神。作楚武诸王之庙。"③

---

① 杨伯峻:《春秋左传注》,中华书局1981年版,第884页。
② (清)孙希旦:《礼记集解》,中华书局1989年版,第522页。
③ (清)阮元校刻:《十三经注疏》,中华书局1980年版,第747、1506页。

相比战地祭祖，归来后的宗庙祭祖仪式更加隆重。得胜之师进入国都之前首先要整顿军队、整理军容，奏恺乐，以昂扬的士气入城，是为"振旅"。《左传·僖公二十八年》载晋楚城濮之战，晋军得胜"振旅，恺以入于晋。"进入国都后，需将所载迁庙之主送还宗庙，所请神主之命也需送回宗庙，以示尊敬。《礼记·曾子问》言天子、诸侯"反必告，设奠卒，敛币玉，藏诸两阶之间，乃出。盖贵命也"。在安顿好神主、主命之后，就可以在宗庙祭祀祖先了。

战胜归来在宗庙祭祖最重要的仪式莫过于献俘。《左传·僖公二十八年》载晋城濮之战得胜归来"献俘授馘，饮至大赏"。饮至，杨伯峻先生认为于宗庙"告祭后，合群臣饮酒，谓之饮至"。由此推断晋国此次献俘仪式定在宗庙无疑。新出清华简《耆夜》篇明确指出饮至大典行于宗庙，简文云："武王八年，征伐耆，大勘之。还，乃饮至于文太室……"①简文讲述武王八年伐黎大胜之后，在文王太室举行饮至典礼，武王君臣饮酒作歌的场景。《左传·襄公十年》载晋悼公"以偪阳子归，献于武宫，谓之夷俘"。杨伯峻曰："武宫，晋武公庙，晋以为太祖庙，故晋之大事必于武宫举行。"又《左传·昭公十七年》载晋国灭陆浑，俘获许多戎人，韩宣子梦见文公拉着荀吴把陆浑交给他，于是"使穆子（即荀吴）帅师，献俘于文宫"。杨伯峻曰："文宫，即晋文公庙。"②《逸周书·世俘》篇描写武王伐纣归来的献俘场面更是规模空前。

> 武王狩，禽虎二十有二、猫二、麋五千二百三十有五、犀十有二、氂七百二十有一、熊百五十有一、罴百一十有八、豕三百五十有二、貉十有八、麈十有六、麝五十、麇三十、鹿三千五百有八。
>
> 武王遂征四方，凡憝国九十有九国，馘魔亿有十万七千七百

---

① 李学勤：《清华大学藏战国竹简·壹》，中西书局2010年版，第150页。
② 杨伯峻：《春秋左传注》，中华书局1981年版，第91、977、1390页。

## 第三章 "五礼"中周代祖先祭祀梳解

七十有九,俘人三亿万有二百三十,凡服国六百五十有二。

凡武王俘商旧玉亿有百万。

此次献俘不仅数量庞大,而且种类繁多,包括各种珍禽异兽、俘虏、战场上割下的敌人左耳以及玉器等等。献俘仪式开始后,"武王在祀,太师负商王纣悬首白旗、妻二首赤旗,乃以先馘入,燎于周庙",后武王又"告于周庙曰:古联闻文考修商人典。以斩纣身",祭告祖先伐纣成功的喜讯。

以上为文献中记载的献俘。此外,金文中也有战胜归来祭告祖先或献俘于庙的记载。

> 塱方鼎铭:"唯周公于征伐东夷,丰伯、薄姑,咸戈。公归,禀于周庙。戊辰,饮秦饮。公赏塱贝百朋。用作尊鼎。"(《集成》2739)

此铭叙周公征伐东夷归来于周庙举行祭祀,其中的"禀"字,刘雨先生认为"像两手倒持隹于示前,可能是敬献俘获于神前之意"①。饮秦饮即饮至礼。②

> 小盂鼎铭:"盂以多旗佩鬼方……入三门,告曰:'王令盂以……伐鬼方……执酋三人,获馘四千八百[又]二馘,俘人万三千八十一人,俘马……匹,俘车卅辆,俘牛三百五十五牛,羊卅八羊。'盂或告曰:'……乎蔑?我征,执酋一人,获馘二百卅七馘,俘人……人,俘马百四匹,俘车百……辆。'……以……入,燎周[庙]……用牲,禘周王、[武]王、成王……王格庙……王令赏盂……弓一、矢百、画矟一、贝胄一、金千一、戈二……"(《集成》2839)

---

① 刘雨:《金文论集》,紫禁城出版社2008年版,第95页。
② 谭戒甫:《西周〈禀鼎铭〉研究》,《考古》1963年第12期。

铭文谈到盂伐鬼方归来，向康王报告两次战役俘获情况，既有酋首、俘虏，又有割掉的敌人左耳及马、牛、羊、车等。之后康王于周庙祭祖，铭中出现两次祭祖仪式，一是燎祭于周庙。刘雨先生认为小盂鼎之燎"使用了新折之鬼方酋首，盖将鬼方酋之首置于柴上燎之"①。二是用牲禘祭文、武、成三王。

敔簋铭："唯王十月，王在成周。南淮夷遷殳，入伐諴昴、参泉、裕敏、阴阳洛。王令敔追御于上洛㥄谷，至于伊、班，长榜截首百，执讯四十，夺俘人四百。献于荣伯之所，于㥄衣肆，复付厥君。唯王十又一月，王格于成周太庙。武公入佑敔，告擒：馘百，讯四十。王蔑敔历，使尹氏授赉敔圭瓒、虘贝五十朋。赐田：于敍五十田，于早五十田。敔敢对扬天子休，用作尊簋，敔其万年子子孙孙永宝用。"（《集成》4323）

铭文记载敔征伐南淮夷大获全胜，获馘过百，俘虏四十，夺回被俘之人四百，后又在宗庙献俘"馘百，讯四十"。刘雨先生认为献俘"不及俘人之数。大概在这种典礼上，只报告和献出战斗人员的斩获，而一般平民与奴隶的俘获不计在内。"此说明显不妥，铭中"执讯四十"就是俘获的人数，"夺俘人四百"不是说敔俘获了敌方四百人，而是南淮夷主动进攻，俘获了周四百人，敔奋勇作战，最终夺回被俘之人。此四百人并非俘虏，而是周朝子民，故宗庙献俘未提及"俘人四百"也就在情理之中了。周"复付厥君"，即将南淮夷首领释放，"这可能是要利用他进一步招抚其他部族。这种攻心战术的运用，说明此时周人已脱离了一味蛮杀的原始战争方式，而初步掌握了讲求谋略的战争艺术"②。

虢季子白盘铭："唯十又二年，正月初吉丁亥，虢季子白作

---

① 刘雨：《金文论集》，紫禁城出版社2008年版，第95页。
② 刘雨：《金文论集》，紫禁城出版社2008年版，第97页。

第三章 "五礼"中周代祖先祭祀梳解

宝盘。丕显子白，壮武于戎功，经维四方，搏伐猃狁于洛之阳。折首五百，执讯五十，是以先行，桓桓子白，献馘于王，孔嘉子白义。王格周庙宣廒，爰飨。王曰：'白父！孔景有光。'王赐乘马，是用佐王；赐用弓，彤矢其央；赐用钺，用征蛮方。子子孙孙万年无疆。"（《集成》10173）

铭文讲述子白和猃狁激战获胜，获馘五百，俘虏五十，献俘于王，王在周庙宴飨子白并对其进行赏赐。陈梦家认为铭中"折首"即折馘，"爰飨"乃于宣廒行饮至之礼。① 此说可从。

献俘仪式结束后，在宗庙论功行赏，对有功人员赐爵赐物也是极为重要的活动。《礼记·祭统》曰"古者明君必赐爵禄于太庙，示不敢专也"。《礼记·祭义》云："爵禄庆赏，成诸宗庙，所以示顺也。"《墨子·明鬼》称："赏于祖何者也？言分命之均也。"《白虎通·爵》亦载："爵人于庙者，示不私人以官，与聚共之义也。"前述塑方鼎献俘饮至典礼结束后，周公对跟随其东征的塑赐予贝；小盂鼎康王赐盂弓、矢、画㡀、贝胄、青铜千、戈等武器；敔簋周王赐敔圭瓒、贝和田地；虢季子白盘周王赐子白马、弓、矢、钺。

庸伯𣪘簋铭：唯王伐迷鱼，遂伐淖黑。至，燎于宗周。赐庸伯𣪘贝十朋。（《集成》4169）

铭文讲𣪘跟随周王征伐迷鱼、淖黑，归来燎祭周庙后王赐其贝。

如若战争失败，犹国有大丧，军队入城无需"振旅"。《国语·晋语六》载鄢之战晋国落败，"三军不振旅"即为明证。军队战败回国，国君要在宗庙以丧礼接待败军之师。《礼记·檀弓上》云："国亡大县邑，公、卿、大夫、士皆厌冠，哭于大庙三日，君不举。"郑玄注曰："军败失地，以丧归也。"又《礼记·檀弓下》

---

① 陈梦家：《西周铜器断代》，中华书局2004年版，第329—330页。

云："军有忧，则素服哭于库门之外，赴车不载櫜鞬。"郑玄注曰："忧，谓为敌所败也。素服者，缟冠也。兵不载，示当报也。以告丧之辞言之，谓还告于国。櫜，甲衣。鞬，弓衣。"①《左传·襄公三十三年》载秦晋殽之战，秦全军覆没，三名统帅孟明视、西乞术、白乙丙被俘，后在文嬴（晋襄公之母、秦穆公之女）请求下，晋襄公才同意将被俘三将释放回国，秦穆公"素服郊次，向师而哭"。但《吕氏春秋·先识览·悔过》的记载与此稍有差异，"先轸遇秦师于殽而击之，大败之。获其三将以归。穆公闻之，素服庙临。"其实二者记载并不矛盾，《吕氏春秋》载秦穆公闻知全军覆没，三将被俘的消息，悔恨当初未听蹇叔之言而致此大败，故准备在宗庙以丧礼祭告祖先。不料，峰回路转，三将被释放回国，穆公闻讯喜出望外，亲自到郊外迎接他们回国，之后又必定在宗庙对此次战事失利的原因进行反省，故《尚书·秦誓》中穆公的自悔之言极有可能出于此时。

周代贵族在军事活动中随时都会举行祭告祖先的仪式，"因为宗主不仅是宗族之长，而且是政治上的君主和军事上的统帅。这样在宗庙举行典礼和请示报告，无非表示听命于祖先，尊敬祖先，并希望得到祖先的保佑，得到神力的支持。其目的，就在于借此巩固宗族的团结，巩固君臣的关系，统一贵族的行动，从而加强贵族的战斗力量和统治力量"②。这种祭祀与军事活动紧密结合的做法，在如今的侗族中仍然能够看到其痕迹。侗族祭祀活动往往伴随有军事演习的性质。该族每年祭祀祖母神"萨岁"后，全寨青年由长者带领身着戎装，手持兵器，列队鸣炮，耍枪舞剑，全村男女一起呐喊助威。待这种象征性的军事演习结束后，队伍回到神灵牌位前，将草扎人头挂在墙上示众，以示得胜而归祭告祖灵之意。③

尽管古今人们在军事活动中祭祖礼仪繁简有异，但祭祖的初衷应

---

① （清）阮元校刻：《十三经注疏》，中华书局1980年版，第1294、1313页。
② 杨宽：《西周史》，上海人民出版社2003年版，第433页。
③ 《中国各民族宗教与神话大词典》，学苑出版社1993年版，第103页。

该是相同的,即祈求祖先神灵保佑自己在战争中获胜。

## 第五节 嘉礼中的祖先祭祀

《周礼·春官·大宗伯》曰:"以嘉礼亲万民。以饮食之礼,亲宗族兄弟;以婚冠之礼,亲成男女;以宾射之礼,亲故旧朋友;以飨燕之礼,亲四方之宾客;以脤膰之礼,亲兄弟之国;以贺庆之礼,亲异姓之国。"嘉礼六大类中,以婚冠之礼最为重要。加冠是成人的标志,被誉为"礼之始"(《礼记·冠义》),历来受到古代圣王的重视。婚姻是构成家庭的第一要素,关乎家族和整个人类自身的繁衍,被认为"礼之本"(《礼记·昏义》)、"万物之始"(《礼记·郊特牲》),如此重要礼仪祭祖更是理所当然。

### 一 加冠祭祖

冠礼是古代男子的成年礼,由原始社会时期的成丁礼演化而来。周代贵族因等级身份不同,加冠次数亦有差异。《仪礼·士冠礼》曰:"三加弥尊,谕其志也。"《大戴礼记·公符》则曰:"公冠四加玄冕",王聘珍说:"缁布冠、皮弁、爵弁,士冠礼之三加也。孔氏《冠义》疏云:'士礼,故三加也。若诸侯之礼,其加则四加,而有玄冕也……诸侯尚四加,则天子亦当五加衮冕也'。"[①] 古代行冠礼士三加、诸侯四加、天子五加。

冠礼是成人的标志,故《礼记·冠义》曰:"已冠而字之,成人之道也。见于母,母拜之;见于兄弟,兄弟拜之,成人而与为礼也。玄冠玄端奠挚于君,遂以挚见于乡大夫、乡先生,以成人见也。"所以,男子加冠后意味着获得了参与社会公共活动的权利,比如出仕做官、参加祭祀、娶妻生子等,同时也必须履行相应的社会义务,如服

---

① (清)王聘珍:《大戴礼记解诂》,中华书局1983年版,第248页。

兵役、侍奉父母等。

　　冠礼作为"礼之始",在古代备受重视。《礼记·冠义》载:"是故古者重冠。重冠故行之于庙,行之于庙者,所以尊重事。尊重事而不敢擅重事,不敢擅重事,所以自卑而尊先祖也。"《礼记·文王世子》亦云:"冠、取妻必告。"因此,行冠礼要郑重其事地在宗庙进行,以示对祖先的尊敬。行冠礼前,先要筮选加冠日期及嘉宾。《礼记·冠义》云:"古者冠礼筮日筮宾,所以敬冠事。敬冠事所以重礼,重礼所以为国本也。"冠礼筮日、筮宾是在庙门前进行。《仪礼·士冠礼》曰:"筮于庙门",郑玄注曰:"冠必筮日于庙门者,重以成人之礼成子孙也。庙,谓祢庙。不于堂者,嫌著之灵由庙神。"《仪礼·士冠礼》又载:"前期三日,筮宾,如求日之仪",贾公彦疏云:"筮宾者,谓于僚友众士之中,筮取吉者为加冠之宾也。云'如求日之仪'者,亦于庙门外,下至告事毕,唯命筮别,其余威仪并同,故云如求日之仪也。"① 举行冠礼前一天下午,主人需到庙门外再次确认第二天正礼的具体时间,称作"为期"。"厥明夕为期,于庙门之外"(《仪礼·士冠礼》)。第二天,冠礼于宗庙正式举行,士依次加布冠、皮弁、爵弁。冠礼之所以选择在宗庙进行,吕大临认为:"冠礼行于庙,有二义:一则尊重事,一则不敢擅重事。尊重事者,所以明成人之礼之重,所以厚责其子;不敢擅重事,以明重礼必成于祢,又所以尊敬其父也。"②

　　文献中记载冠礼的事例不多,鲁襄公冠礼的相关表述让我们感受到行此礼确需祭祀祖先。《左传·襄公九年》载曰:

　　　　公送晋侯。晋侯以公宴于河上,问公年,季武子对曰:"会于沙随之岁,寡君以生。"晋侯曰:"十二年矣!是谓一终,一星终也。国君十五而生子。冠而生子,礼也,君可以冠矣!大夫何为冠具?"武子对曰:"君冠,必以祼享之礼行之,以金石之乐节

---

① (清)阮元校刻:《十三经注疏》,中华书局1980年版,第945、947页。
② (清)孙希旦:《礼记集解》,中华书局1989年版,第1415页。

之，以先君之祧处之。今寡君在行，未可具也。请及兄弟之国而假备焉！"晋侯曰："诺。"公还，及卫，冠于成公之庙，假钟磬焉，礼也。

文中说国君加冠要在先君之祧行祼享之礼。祧，杜预解曰："诸侯以始祖之庙为祧"；祼，"谓灌鬯酒也"；享，"祭先君也"①，即行冠礼时要在宗庙以祼礼祭祀祖先。但是鲁襄公行冠礼却不在本国宗庙，而是行之于卫成公之庙，因为此时襄公跟随以晋悼公为盟主的诸侯伐郑未归，此次行冠礼乃遵晋悼公之命而为之。鲁、卫虽同为姬姓兄弟之国，但如此大礼行于他国宗庙为何还说合乎礼制呢？郭守信先生分析说："鲁襄公与卫成公乃是同世兄弟，都是周文王十五世孙，按昭穆来说乃是同一等级辈分的昭穆。因此可识鲁襄公冠于卫成公之庙，其实质含义在于：是向社会表示他是以文王为核心的血缘纽带维系着的文子文孙。虽然其时卫成公已死，但'庙者，貌也'，庙即象征其人，通过借用其庙，表达他与文王的关系同卫成公与文王的关系一样，从而向社会宣告他的社会身份、地位、权力和义务。"② 鲁襄公冠礼是在特殊背景下行于特殊场合，《左传》虽再无下文记述，但可以推测出，襄公回国后定会在鲁国宗庙祭告祖先其冠礼已成之事。

在春秋"礼坏乐崩"的大变革时代，冀求完全恪守礼制已不太现实，冠礼受时代影响在实施过程中难免出现一些异常。《左传·成公二年》载：

公即位，受盟于晋，会晋伐齐。卫人不行使于楚，而亦受盟于晋，从于伐齐。故楚令尹子重为阳桥之役以救齐……彭名御戎，蔡景公为左，许灵公为右。二君弱，皆强冠之。

从"强冠之"一词可以看出，蔡景公、许灵公定未达到礼制所规

---

① （晋）杜预：《春秋左传集解》，上海人民出版社1977年版，第859页。
② 郭守信：《鲁襄公冠于卫成公庙发微》，《社会科学辑刊》1990年第6期。

定的年龄就已举行了冠礼。另《国语·晋语六》所记赵武冠礼研究者认为在其十五岁左右。那么，古代法定冠龄究竟为多大呢？孔颖达为《礼记·冠义》作疏时指出："天子、诸侯十二而冠"①；高诱为《淮南子·泛论训》作注时也云："国君十二岁而冠"②，而前述鲁襄公行冠礼就是十二岁，这是否就是法定冠龄呢？杨伯峻先生认为国君"十二而冠"来源于《左传·襄公九年》的记载。③ 而《礼记·曲礼上》载："男子二十冠而字"；《礼记·内则》言："二十而冠"；《谷梁传·文公十二年》曰："男子二十而冠，冠而列丈夫"；《荀子·大略篇》载行冠年龄与上述材料比较接近，云："天子、诸侯子，十九而冠"。考虑到鲁襄公、蔡景公、许灵公、赵武冠礼是在特殊情况下而举行，故二十而冠可能为正礼。冠礼是古代男子成人的标志，加冠以后方能参加社会公共活动。文献记载表明：鲁襄公行冠正值诸侯共同伐郑，蔡景公、许灵公行冠则在楚救齐战争前夕，他们的冠礼实际上是晋、楚为了让其名正言顺地参加这些活动而令之违礼举办。至于"赵武之冠礼提前举行，反映了赵氏急于获得政治代言人的迫切心情；它标志着赵氏宗主的成年，意味着从此之后赵氏家族又以一支独立政治势力的姿态登上了晋国的政治舞台"④。

## 二　婚姻祭祖

《礼记·昏义》开篇即云："昏礼者，将合二姓之好，上以事宗庙，而下以继后世也，故君子重之。"这种对婚姻的重视，使周代女子在出嫁前三个月就要由女师在宗庙进行婚前教育，教成之后，祭告祖先。《礼记·昏义》云："是以古者妇人先嫁三月，祖庙未毁，教于公室；祖庙既毁，教于宗室；教以妇德、妇言、妇容、妇功。教成祭之，牲用鱼，芼之以𬞟藻，所以成妇顺出。"待嫁之女若是国君五

---

① （清）阮元校刻：《十三经注疏》，中华书局1980年版，第1679页。
② 何宁：《淮南子集释》，中华书局1998年版，第917页。
③ 杨伯峻：《春秋左传注》，中华书局1981年版，第970页。
④ 白国红：《赵武"冠礼"解析》，《晋阳学刊》2006第4期。

服内亲属，于国君祖庙接受婚前教育；如出五服，则于大宗子家接受教育，教育内容为女性"四德"。教成之后，用鱼、苹、藻"祭其所出之祖……宗子之家，若其祖庙已毁，则为坛而告焉"①。如此，婚前教育方告结束。《诗经·召南·采苹》就反映了女子婚前教育结束后祭告祖先的情形。

> 于以采苹，南涧之滨。于以采藻？于彼行潦。
> 于以盛之？维筐及筥。于以湘之？维锜及釜。
> 于以奠之？宗室牖下。谁其尸之？有齐季女。

从诗中女子采苹、藻，斋戒祭于宗室窗户下的一系列举动来看，当为祭祀祖先。陈子展明确指出此诗乃"季女在家，于时教成，将嫁，用为辞庙之祭"②。

其实，古代婚姻的每一个环节都要祭告祖先。《礼记·昏义》载："是以昏礼纳采、问名、纳吉、纳征、请期，皆主人筵几于庙，而拜迎于门外，入，揖让而升，听命于庙，所以敬慎重正昏礼也。"在婚姻纳采、问名、纳吉、纳征、请期这五个步骤中，每当男方使者到来，女方均需在宗庙铺设筵几拜迎使者，后在庙堂聆听使者转达婿家的意见，以表示对婚姻的慎重。亲迎前夕，男女双方均需郑重祭告祖先，《礼记·曲礼上》曰："男女非有行媒，不相知名；非受币，不交不亲。故日月以告君，齐戒以告鬼神。"郑玄注曰："婚礼，凡受女之礼，皆于庙为神席以告鬼神，谓此也。"③《礼记·文王世子》亦云："五庙之孙，祖庙未毁，虽为庶人，冠、取妻必告。"

《白虎通·嫁娶》记载有女子出嫁前祭告祖先的情形，"遣女于祢庙者，重先人之遗体，不敢自专，故告祢也"，因"将以先祖之遗体

---

① （清）阮元校刻：《十三经注疏》，中华书局1980年版，第1681页。
② 陈子展：《诗经直解》，复旦大学出版社1983年版，第42页。
③ （清）阮元校刻：《十三经注疏》，中华书局1980年版，第1241页。

许人，故受其礼于庙也"①。女子出嫁，即便父母也不能擅作主张，需要告祭祖先女子即将离开的讯息，同时祈求祖先神灵福佑女子婚后生活。金文中还有女家祭祀夫家已逝祖先的情况，1978年陕西武功任北村出土窖藏青铜器，其中3件伯媿簋器、盖同铭：

㦰叔㦰姬簋铭："㦰叔㦰姬作伯媿媵簋，用享孝于其姑公，子子孙孙其万年永宝用。"（《集成》4062—4064）

铭文中㦰叔㦰姬夫妇为女儿伯媿作媵簋，用以祭祀公公和婆婆。

《诗经·齐风·南山》篇则有男子娶妻祭告祖先的记载，诗云："取妻如之何？必告父母。"毛亨传曰："必告父母庙"；郑玄笺云："取妻之礼，议于生者，卜于死者，此之谓告。"②男子娶妻祭告祖先亦见于金文。武功任北村窖藏青铜器还出土有3件芮叔㒰父簋，器、盖铭文不同，盖铭与前述伯媿簋器、盖铭文相同，应为伯媿与芮叔㒰父联姻所致，器铭为：

"芮叔㒰父作宝簋，用享用孝，用赐眉寿，子子孙孙永宝用。"（《集成》4065—4067）

芮叔㒰父为伯媿之夫，作此器可能为婚姻祭告祖先之用。

婚礼亲迎前，男子除在自己家祭告祖先外，还需到女家之庙祭告。《礼记·昏义》曰："子承命以迎，主人筵几于庙而拜迎于门外。婿执雁入，揖让升堂，再拜奠雁，盖亲受之于父母也。"《左传·昭公元年》公子围迎娶公孙段女亦可为证。

元年春，楚公子围聘于郑，且娶于公孙段氏。伍举为介。将入馆，郑人恶之，使行人子羽与之言，乃馆于外。既聘，将以众

---

① 陈立：《白虎通疏证》，中华书局1994年版，第461—462页。
② （清）阮元校刻：《十三经注疏》，中华书局1980年版，第352页。

## 第三章 "五礼"中周代祖先祭祀梳解

逆。子产患之，使子羽辞，曰："以敝邑褊小，不足以容从者，请墠听命！"令尹命大宰伯州犁对曰："君辱贶寡大夫围，"谓围："将使丰氏抚有而室。"围布几筵，告于庄、共之庙而来。若野赐之，是委君贶于草莽也！是寡大夫不得列于诸卿也！不宁唯是，又使围蒙其先君，将不得为寡君老，其蔑以复矣。唯大夫图之……伍举知其有备也，请垂櫜而入。许之。正月乙未，入，逆而出，遂会于虢，寻宋之盟也。

楚公子围前往郑国迎娶公孙段之女，郑人担心楚国趁机偷袭，阻止其率众入城祭告，要求在城外除地为墠以代庙祭。楚国使者应答说他们是在庄王、共王宗庙举行祭祀才来迎亲的，如若在野外行庙见之礼，不仅对郑国是一种失礼行为，而且也欺骗了自己的祖先。最后楚人请求倒转弓袋入城得到许可，公子围这才得以迎娶新娘而归。可见，庙祭在亲迎过程中至关重要。

周代娶妻归来仍需先行告庙。《国语·鲁语上》云："庄公丹桓宫之楹，而刻其桷。"鲁庄公为何要把桓公庙柱子漆成红色，并在方椽上雕刻花纹呢？徐元诰说："庄公娶于齐曰哀姜，哀姜将至，当见于庙，故丹柱刻榱以夸之也。"① 原来庄公新娶之妇哀姜即将庙见，故庄公不惜违背礼制②，也要大张旗鼓修饰桓公庙，以作为向新妇炫耀的资本。看来，娶妻归来告庙应是礼制所规定。春秋时代也有无视礼制规定而我行我素的。《左传·隐公八年》载：

> 四月甲辰，郑公子忽如陈逆妇妫。辛亥，以妫氏归。甲寅，入于郑，陈鍼子送女。先配而后祖。鍼子曰："是不为夫妇，诬其祖矣，非礼也，何以能育？"

---

① （清）徐元诰：《国语集解》，中华书局2002年版，第146页。
② 《春秋·庄公二十三年》载："秋，丹桓宫楹。"《春秋·庄公二十四年》载："王三月，刻桓宫桷。"丹楹、刻桷皆非礼，杨伯峻说："自天子以至大夫士，皆不雕刻桷，亦不红漆柱。"（见杨伯峻《春秋左传注》，中华书局1981年版，第229页）。

郑公子忽前往陈国迎娶妫氏回国后，居然先同居再行告祖之礼，公然违背礼制。陈铖子批评其欺罔祖先，不能称作真正意义上的夫妻，并预言其子孙不会兴旺，而"郑公子忽果不终享郑国，则其纵有子孙，亦难以存于郑"①。公子忽已将妫氏亲迎回国，为什么陈铖子仍说他们不是真正的夫妻呢？礼制规定，女子入国三月庙见后才能成婚称妇。《公羊传·成公九年》何休言："古者妇人三月而后庙见，称妇，择日而祭于祢。成妇之义，父母使大夫操礼而致之。必三月者，取一时足以别贞信，贞信著然后成妇礼。"《仪礼·士昏礼》也提到三月庙见之礼，曰："若舅姑既没，则妇入三月，乃奠菜。"贾公彦疏云："庙见之事必三月者，三月一时天气变，妇道可以成之故也。"②《礼记·曾子问》载："三月而庙见，称来妇也。择日而祭于祢，成妇之义也。"《白虎通·嫁娶》亦曰："妇入三月然后祭行，舅姑既殁，亦妇入三月奠采于庙。三月一时，物有成者，人之善恶可得知也。然后可得事宗庙之礼。"可见，只有三个月庙见之后，新妇在夫家的身份才能正式确定，至此，婚姻双方的夫妻关系宣告生效。

中国为礼仪之邦，在传统吉、凶、宾、军、嘉五礼中随处可见祖先祭祀行为，折射出中国古代对祖先祭祀的极度重视。综观五礼中的祖先祭祀，其目的均是相通的，其一将这些重大活动祭告祖先，示不敢自专以尊敬祖先；其二祈求祖先神灵福佑自身及子孙后代。

---

① 杨伯峻：《春秋左传注》，中华书局1981年版，第59页。
② （清）阮元校刻：《十三经注疏》，中华书局1980年版，第970、2293页。

# 第四章

# 周代祖先祭祀目的

周代祭祀祖先时不仅要供奉牺牲、蔬菜、瓜果、酒水等丰厚祭品,还要辅之以赏心悦目的乐舞,主祭者更要提前斋戒静心养性,如此庄重虔诚的举动,不单单出于对祖先的崇拜,更多地包含着主祭者的祈求和愿望。在周人看来,祖先灵魂永远不灭,可以福佑子孙后代,只要通过祭祀取悦祖先神灵,自己的祈求和愿望便可满足和实现。因此,周人祭祀祖先时除了表达恭敬之情外,还有现实目的,即《礼记·郊特牲》所言"祭有祈焉,有报焉,有由辟焉"。祈即祈求福祥;报即告知神灵;由辟即祛疾免灾。即周人祭祀祖先有三大目的:求福、告祖、禳灾。

## 第一节 为求福而祭祀

《礼记·礼器》引孔子言曰:"我战则克,祭则受福";《国语·周语上》亦曰:"匮神乏祀,而困民之财,将何以求福用民?"可见,祭祀被视为求福的手段和方式。但是,这并不意味着祭祀愈勤福佑就会愈多,因为祭祀是有一定原则和要求的,"祭不欲数,数则烦,烦则不敬"(《礼记·祭义》),祭祀过于频繁则显得不够恭敬。同时,也不能为了一味求福而祭其非所祭者,这样的祭祀被视为"淫祀",同样不会得到神灵福佑,"非其所祭而祭之,名曰淫祀。淫祀无福"

(《礼记·曲礼下》)。

周人祭祀祖先所求之福内涵较为宽泛，大凡生活中一切吉祥美好之事皆可称之为福，从文献及金文记载来看，周人所求之福主要为福禄寿、丰收和邦祚。

**一　求福禄寿**

文献记载祭祖求福的多见于《诗经》。如《诗经·小雅·天保》：

> 天保定尔，亦孔之固。俾尔单厚，何福不除？俾尔多益，以莫不庶。
> 
> 天保定尔，俾尔戬穀。罄无不宜，受天百禄。降尔遐福，维日不足。
> 
> 天保定尔，以莫不兴。如山如阜，如冈如陵，如川之方至，以莫不增。
> 
> 吉蠲为饎，是用孝享。禴祠烝尝，于公先王。君曰卜尔，万寿无疆。
> 
> 神之吊矣，诒尔多福……

毛序曰："《天保》，下报上也。君能下下以成其政，臣能归美以报其上焉。"① 从全诗主旨来看，此说大致不误，但不够清晰明了。诗言"吉蠲为饎，是用孝享。禴祠烝尝，于公先王。君曰卜尔，万寿无疆"，饎，酒食；孝享，献祭。献酒食所祭祀的对象为公和先王。朱熹说："公，先公也，谓后稷以下至公叔祖类也。先王，大王以下也。君，通谓先公先王也。"② 此诗篇祭祀对象为周王祖先，祭祖完毕后将求福结果告知于周王。那么，会是谁来担当这一重任呢？祭祀仪式中能够传达神灵之意的恐怕只有"尸"了。因此，全诗应是"尸传神意以嘏主人之词"。从"何福不除""降尔遐福""诒尔多福""受天

---

① （清）阮元校刻：《十三经注疏》，中华书局1980年版，第412页。
② （宋）朱熹：《诗集传》，中华书局1958年版，第105页。

百禄""万寿无疆"等表述看,此次祭祖求福如愿以偿,神灵将福禄寿俱赐予周王。诗中"受天百禄"刘源认为正是通过祭祖实现的,子孙向祖先所祈之福有此内容。① 另外,其他诗篇还有"天被尔禄""受禄于天"等词,皆是同理。《诗经·小雅·楚茨》:

> 楚楚者茨,言抽其棘,自昔何为?我艺黍稷。我黍与与,我稷翼翼。我仓既盈,我庾维亿。以为酒食,以享以祀,以妥以侑,以介景福。
> 
> 济济跄跄,絜尔牛羊,以往烝尝。或剥或亨,或肆或将。祝祭于祊,祀事孔明。先祖是皇,神保是飨。孝孙有庆,报以介福,万寿无疆!
> 
> 执爨踖踖,为俎孔硕,或燔或炙。君妇莫莫,为豆孔庶。为宾为客,献酬交错。礼仪卒度,笑语卒获。神保是格,报以介福,万寿攸酢!
> 
> 我孔熯矣,式礼莫愆。工祝致告,徂赉孝孙。苾芬孝祀,神嗜饮食。卜尔百福,如几如式。既齐既稷,既匡既敕。永锡尔极,时万时亿!
> 
> 礼仪既备,钟鼓既戒,孝孙徂位,工祝致告,神具醉止,皇尸载起。鼓钟送尸,神保聿归。诸宰君妇,废彻不迟。诸父兄弟,备言燕私。
> 
> 乐具入奏,以绥后禄。尔肴既将,莫怨具庆。既醉既饱,小大稽首。神嗜饮食,使君寿考。孔惠孔时,维其尽之。子子孙孙,勿替引之!

《毛诗序》曰:"《楚茨》,刺幽王也。政烦赋重,田莱多荒,饥馑降丧,民卒流亡,祭祀不飨,故君子思古焉。"② 今人多认为此篇为

---

① 刘源:《商周祭祖礼研究》,商务印书馆2004年版,第298页。
② (清)阮元校刻:《十三经注疏》,中华书局1980年版,第467页。

祭祖之诗，方玉润指出"《楚茨》，王者尝烝以祭宗庙也"[1]；程俊英认为乃"周王祭祀祖先的乐歌"[2]。诗中祭祖色彩明显，现从今说。全诗分为六章，第一章"我黍与与，我稷翼翼。我仓既盈，我庾维亿"意在告知祖先丰收的喜讯，同时通过祭祀希望来年可以得到更大福佑，即"以介景福"。第二章"济济跄跄，絜尔牛羊，以往烝尝。或剥或亨，或肆或将"描写加工牲体，然后初献于庙门，向祖先祈求福寿。第三章叙王后亚献、宾客三献，祈求福寿。第四章应是周王亲自祭祀然后祈福。第五章祭祀结束恭送尸，准备宴饮。第六章为祭后的宴饮场面，祈求福祉能够惠及子孙后代。每一个祭祖环节中都包含有向祖先祈福的言辞。

《诗经·小雅·信南山》：

  信彼南山，维禹甸之。畇畇原隰，曾孙田之。我疆我理，南东其亩。

  上天同云，雨雪雰雰，益之以霡霂。既优既渥，既霑既足。生我百谷。

  疆埸翼翼，黍稷彧彧。曾孙之穑，以为酒食。畀我尸宾，寿考万年。

  中田有庐，疆埸有瓜。是剥是菹，献之皇祖。曾孙寿考，受天之祜。

  祭以清酒，从以骍牡，享于祖考。执其鸾刀，以启其毛，取其血膋。

  是烝是享，苾苾芬芬。祀事孔明，先祖是皇。报以介福，万寿无疆！

《毛诗序》曰："《信南山》，刺幽王也。不能修成王之业，疆理

---

[1] （清）方玉润：《诗经原始》，中华书局1986年版，第430页。
[2] 程俊英等：《诗经注析》，中华书局1991年版，第655页。

天下，以奉禹功，故君子思古焉。"① 方玉润认为"《信南山》，王者烝祭也"②；程俊英认为是"周王祭祖祈福的乐歌"③，今人所说甚是。此诗重在后四章，以谷物、瓜果、清酒、牲肉祭祀祖先，祈求福寿。

《诗经·大雅·旱麓》：

> 瞻彼旱麓，榛楛济济。岂弟君子，干禄岂弟。
> 瑟彼玉瓒，黄流在中。岂弟君子，福禄攸降。
> 鸢飞戾天，鱼跃于渊。岂弟君子，遐不作人？
> 清酒既载，骍牡既备。以享以祀，以介景福……

《毛诗序》曰："《旱麓》，受祖也。周之先祖世修后稷、公刘之业，大王、王季申以百福干禄焉。"④ 程俊英则明确指出此乃"歌颂周文王祭祀祖先而得福的诗"⑤，其说可从。诗言"瑟彼玉瓒，黄流在中"，这是以玉瓒盛酒灌地降神的裸祭之礼，是整个祭祀礼仪的开端，后以清酒和红色公牛为祭品向祖先祈求福禄。

《诗经·大雅·既醉》：

> 既醉以酒，既饱以德。君子万年，介尔景福。
> 既醉以酒，尔殽既将。君子万年，介尔昭明……
> 其类维何？室家之壶。君子万年，永锡祚胤。
> 其胤维何？天被尔禄。君子万年，景命有仆。
> 其仆维何？厘尔女士。厘尔女士，从以孙子。

《毛诗序》曰："《既醉》，太平也。醉酒饱德，人有士君子之行焉。"郑玄笺云："成王祭宗庙，旅酬下遍群臣，至于无算爵，故云醉

---

① （清）阮元校刻：《十三经注疏》，中华书局1980年版，第470页。
② （清）方玉润：《诗经原始》，中华书局1986年版，第434页。
③ 程俊英等：《诗经注析》，中华书局1991年版，第664页。
④ （清）阮元校刻：《十三经注疏》，中华书局1980年版，第515页。
⑤ 程俊英等：《诗经注析》，中华书局1991年版，第769页。

焉。乃见十伦之义，志意充满，是谓之'饱德'。"① 程俊英认为该诗篇为"祭祀祖先时，工祝代表神尸对主祭者周王所致的祝词"②。"永锡祚胤"，祚，福禄；胤，子孙，诗篇希望祖先神灵能够永久赐福禄于子孙。

《诗经·周颂·执竞》：

> 执竞武王，无竞维烈。丕显成康，上帝是皇。自彼成康，奄有四方，斤斤其明。钟鼓喤喤，磬筦将将，降福穰穰。降福简简，威仪反反。既醉既饱，福禄来反。

《毛诗序》曰："《执竞》，祀武王也。"③ 程俊英则认为是"一首祭祀武王、成王、康王的乐歌"④，程说甚是。诗篇赞美了武王克商，成王、康王定四方的功业，配乐祭祀三王。"穰穰，多也。言今作乐以祭而受福也；简简，大也。反反，谨重也。反，覆也。言受福之多而愈益谨重，是以既醉既饱，而福禄之来反覆而不厌也。"⑤

《诗经·周颂·潜》：

> 猗与漆沮，潜有多鱼。有鳣有鲔，鲦鲿鰋鲤。以享以祀，以介景福。

这是"周王献鱼求福、祭祀于宗庙时所唱的乐歌"⑥，以鱼献祭求福。

《诗经·周颂·雍》：

> 有来雍雍，至止肃肃。相维辟公，天子穆穆。于荐广牡，相

---

① （清）阮元校刻：《十三经注疏》，中华书局1980年版，第535页。
② 程俊英等：《诗经注析》，中华书局1991年版，第812页。
③ （清）阮元校刻：《十三经注疏》，中华书局1980年版，第589页。
④ 程俊英等：《诗经注析》，中华书局1991年版，第949页。
⑤ （宋）朱熹：《诗集传》，中华书局1958年版，第227页。
⑥ 程俊英等：《诗经注析》，中华书局1991年版，第963页。

予肆祀。假哉皇考！绥予孝子。宣哲维人，文武维后。燕及皇天，克昌厥后。绥我眉寿，介以繁祉，既右烈考，亦右文母。

这是"武王祭祀文王在祭毕撤去祭品时唱的乐歌"①。此诗武王主祭，诸侯助祭，以硕大的公牛为祭品，希望先父先母神灵多多享用，赐予福寿，使后世子孙永保昌盛。

《诗经·周颂·载见》：

载见辟王，曰求厥章。龙旗阳阳，和铃央央。鞗革有鸧，休有烈光。率见昭考，以孝以享。以介眉寿，永言保之，思皇多祜。烈文辟公，绥以多福，俾缉熙于纯嘏。

这是"一首周成王率领诸侯拜谒武王庙，祭祀求福的乐歌"②。成王希望祖先多赐福寿，永远保有天下。

另外《仪礼·少牢馈食礼》记载卿大夫祭祀祖先礼仪，尸令祝代传神意并赐福于主人："承致多福无疆于女孝孙，来女孝孙，使女受禄于天，宜稼于田，眉寿万年，勿替引之。"神灵赐予主人福禄寿。

除上述《诗经》《仪礼》文献记载的求福史料外，金文中也有大量有关祭祖求福的记述。

师器父鼎："师器父作尊鼎，用享孝于宗室，用祈眉寿、黄耇、吉康，师器父其万年，子子孙孙永宝用。"(《集成》2727)

毕鲜簋："毕鲜作皇祖益公尊簋，用祈眉寿、鲁休，鲜其万年，子子孙孙永宝用。"(《集成》4061)

对罍："对作文考日癸宝尊罍，子子孙孙其万年永宝，用介眉寿，敬终，冉。"(《集成》9826)

---

① 程俊英等：《诗经注析》，中华书局1991年版，第964页。
② 程俊英等：《诗经注析》，中华书局1991年版，第976页。

史墙盘："烈祖文考，式贮授墙：尔贮福，怀䊾录、黄耇、弥生，堪事厥辟，其万年永宝用。"(《集成》10175)

以上四器属西周中期，前一器乃师器父作鼎祭祀祖先，祈求长寿、吉祥平安，其中的黄耇与眉寿含义相同，都带有长寿之意。《诗经·大雅·行苇》曰："曾孙维主，酒醴维醹，酌以大斗，以祈黄耇。"朱熹注曰："黄耇，老人之称。以祈黄耇，犹曰'以介眉寿'云耳。"① 中间两器分别为毕鲜祭祀祖先和对祭祀先父日癸祈求长寿。最后一器史墙盘，贮，世代福荫；䊾，美好；䊾录，福禄；龛，任也。② 铭文言墙向祖先祈求福寿和禄位，希望自己能够胜任事君之事。

师㝨钟："师㝨肇作朕烈祖虢季、兖公、幽叔、联皇考德叔大林钟，用喜侃前文人，用祈纯鲁永命，用介眉寿无疆，师㝨其万年，永保用享。"(《集成》141)

谌鼎："谌肇作其皇考、皇母告比君䵼鼎，谌其万年眉寿，子子孙孙永保用享。"(《集成》2680)

姬鼎："姬䵼彝，用烝用尝，用孝用享，用介眉寿无疆，其万年，子子孙孙永宝用。"(《集成》2681)

上述三器当属西周晚期，纯鲁，有厚福、大福、全福之意；永命即长受天祐。③ 师㝨钟铭文大意为师㝨祭祀虢季、兖公、幽叔、德叔四位祖先，祈求福寿。李学勤先生指出师㝨为齐太公后裔，为太公五世孙，当生活于厉王时期。④ 谌鼎为谌祭祀先父、先母，祈求长寿。姬鼎虽未言明祭祀对象，但据铭文可以推测出姬祭祀的就是其祖先，因为铭中的尝、烝、享都是祭祀祖先的专用名称。《周礼·春官·大

---

① （宋）朱熹：《诗集传》，中华书局1958年版，第193页。
② 徐中舒：《西周墙盘铭文笺释》，《考古学报》1978年第2期。
③ 徐中舒：《徐中舒历史论文选辑》，中华书局1998年版，第530、545页。
④ 李学勤：《论西周王朝中的齐太公后裔》，《烟台大学学报》2010年第4期。

## 第四章 周代祖先祭祀目的

宗伯》载:"以尝秋享先王,以烝冬享先王。"孔颖达为《左传》作疏时说:"《周礼》,祭人鬼曰享。"①

仲师父鼎:"仲师父作季妃始宝尊鼎,其用享用孝于皇祖帝考,用赐眉寿无疆,其子子孙孙万年永宝用享。"(《集成》2743)

敔叔鼎:"唯王正月初吉乙丑,敔叔、信姬作宝鼎,其用享于文祖考,敔叔眔信姬其寿考、多宗、永命,敔叔、信姬其万年,子子孙永宝。"(《集成》2767)

梁其鼎:"唯五月初吉壬申,梁其作尊鼎,用享孝于皇祖考,用祈多福,眉寿无疆,畯臣天[子],其百子千孙,其万年无疆,其子子孙孙永宝用。"(《集成》2768)

史伯硕父鼎:"唯六年八月初吉己巳,史伯硕父追孝于朕皇考厘仲、皇母泉母,尊鼎用祈介百禄、眉寿、绾绰、永命,万年无疆,子子孙孙永宝用享。"(《集成》2777)

小克鼎:"唯王廿又三年九月,王在宗周,王命膳夫克舍命于成周,遹正八师之年,克作朕皇祖厘季宝宗彝。克其日用䉁,朕辟鲁休,用介康勋,纯佑眉寿,永命灵终,万年无疆,克其子子孙孙永宝用。"(《集成》2802)

以上五器属西周晚期,前一器是仲师父祭祀祖先祈求长寿。敔叔鼎是敔叔和信姬祭祀祖先祈求长寿、多子多孙。梁其鼎是梁其祭祀祖先祈求福寿和禄位,希望能长久侍奉天子。史伯硕父鼎中百禄言禄之多,犹百福也;绾绰有延长不绝之意。铭文意为史伯硕父祭祀先父、先母,祈求长久福寿。小克鼎铭"日用䉁朕辟鲁休",言日用奉行吾君之鲁休命也;康勋,意为长嗣;纯佑,有厚福、大福、全福之意;灵终即为善终②。器主克因祖父师华父辅佐王室有功,在周孝王时被

---

① (清)阮元校刻:《十三经注疏》,中华书局1980年版,第1832页。
② 徐中舒:《徐中舒历史论文选辑》,中华书局1998年版,第534、546、547、550、555、557页。

提拔担任重要职务膳夫，负责下传王命，克为感谢祖父对家族的荫庇，遂作器祭祀，祈求子孙绵延不绝，福寿万年。

尌仲簋盖："尌仲作朕皇考桓仲䵼彝尊簋，用享用孝，祈介眉寿，其万年无疆，子子孙孙永宝用。"（《集成》4124）

大簋盖："唯十又五年六月，大作尊簋，用享于高祖、皇考，用赐眉寿，其子子孙孙万年永宝用。"（《集成》4125）

椒季簋："唯王四年八月初吉丁亥，椒季肇作朕王母叔姜宝簋，椒季其万年，子子孙孙永宝。"（《集成》4126）

□叔买簋："□叔买自作尊簋，其用追孝于朕皇祖、帝考，用赐黄耉、眉寿，买其子子孙孙永宝用享。"（《集成》4129）

伯家父簋："唯伯家父䣙䢃用吉金，自作宝簋，用享于其皇祖、文考，用赐介眉寿、黄耉，灵终万年，子孙永宝用享。"（《集成》4156）

䵼兑簋："唯正月初吉壬午，䵼兑作朕文祖乙公、皇考季氏尊簋，用祈眉寿，万年无疆，多福，兑其万年，子子孙孙永宝用享。"（《集成》4168）

乘父士杉盨："乘父士杉其肇作其皇考伯明父宝簋，其万年眉寿，永宝用享。"（《集成》4437）

仲师父盨："仲师父作季娣□宝尊盨，其用享用孝于皇祖文考，介眉寿无疆，其子子孙万年，永宝用享。"（《集成》4453）

上述八器皆属西周晚期，铭意大致雷同，分别是尌仲祭祀先父桓仲、大祭祀祖先、椒季祭祀先母叔姜、□叔买祭祀祖先、伯家父祭祀祖先、䵼兑祭祀祖父乙公和父亲季氏、乘父士杉祭祀先父伯明父、仲师父祭祀祖先，目的均为祈求长寿。

虢姜簋盖："虢姜作宝尊簋，用祈追孝于皇考惠仲，祈介康䰩、纯祐、通禄、永命，虢姜其万年眉寿，受福无疆，子子孙孙

永宝用享。"(《集成》4182)

此器属西周晚期，铭中康虩当读为康睿，康，长也；睿，深明也、圣也、智也；通禄即显禄，以今语释之，则高级薪俸也。① 铭文是虢姜祭祀其父惠仲，祈求睿智、福祐、显禄、长寿之词。

䣙公諴鼎："唯十又四月既死霸壬午，下䣙雍公諴作尊鼎，用追享孝于皇祖考，用乞眉寿，万年无疆，子子孙孙永宝用。"(《集成》2753)

卓林父簋盖："卓林父作宝簋，用享用孝，祈眉寿，其子子孙孙永宝用。鼎"(《集成》4018)

上䣙公孜人簋盖："唯䣙正二月初吉乙丑，上䣙公孜人作尊簋，用享孝于厥皇祖、于厥皇考，用赐眉寿，万年无疆，子子孙孙永宝用享。"(《集成》4183)

上述三器属春秋早期，分别为䣙公諴、卓林父、上䣙公孜人作器祭祀祖先祈求赐予长寿。由䣙公諴鼎和上䣙公孜人簋可知，䣙国分为上䣙和下䣙。有学者推测，上、下䣙之分上限在西周中期，且不晚于夷、厉王时期，下䣙其地应在河南淅川县丹江北岸，② 而上䣙地望则在河南西峡县城以西十五公里丁河边。③

王子午鼎："唯正月初吉丁亥，王子午择其吉金，自作䤾彝鈇鼎，用享以孝于我皇祖文考，用祈眉寿……"(《集成》2811)

此器属春秋中晚期，王子午即子庚，楚庄王之子、楚共王之弟，曾担任令尹，铭文说王子午祭祀祖先祈求长寿。

---

① 徐中舒：《徐中舒历史论文选辑》，中华书局1998年版，第547、550页。
② 陈朝霞：《从近出简文再析䣙国历史地望》，《江汉考古》2012年第4期。
③ 徐少华：《䣙国铜器及其历史地理研究》，《江汉考古》1987年第3期。

王孙遗者钟："唯正月初吉丁亥，王孙遗者择其吉金，自作和钟、中翰且扬，元鸣孔皇，用享以孝于我皇祖文考，用祈眉寿……"（《集成》261）

此器属春秋晚期楚国器物，王孙遗者作钟祭祀祖先祈求长寿。学者们认为王孙遗者为楚庄王的儿子子南，又称公子追舒，楚康王时曾任楚国令尹。①

**二 求丰收**

民以食为天，粮食是人们赖以生存的根本。《管子·牧民》曰："仓廪实则知礼节，衣食足则知荣辱。"《尚书·洪范》更是将"食"作为"八政"之首。粮食又成为关乎政权稳定的关键因素，于私于公，粮食都有着举足轻重的作用。周代祭祀社稷祈求农业丰收的非常多见，但也不乏祭祀祖先祈求农业丰收的记载。

如《诗经·周颂·噫嘻》：

噫嘻成王，既昭假尔。率时农夫，播厥百谷。骏发尔私，终三十里。亦服尔耕，十千维耦。

这是"一首祈谷的诗，诗中叙康王祭祀成王"②。诗言播种伊始，康王即祭祀成王，祈求福佑粮食丰收。

《左传·襄公七年》载孟献子言"郊祀后稷，以祈农事也"，杜预曰："郊，祀后稷以配天。"③ 后稷既是农神，又为周族始祖，在祭天之礼时以后稷配祭，说明祭祀祖先神灵亦可保粮食丰收。

又《礼记·月令》载：

---

① 孙启康：《楚器〈王孙遗者钟〉考辨》，《江汉考古》1983 年第 4 期；刘翔：《王孙遗者钟新释》，《江汉论坛》1983 年第 8 期。
② 程俊英等：《诗经注析》，中华书局 1991 年版，第 956 页。
③ （晋）杜预：《春秋左传集解》，上海人民出版社 1977 年版，第 834 页。

## 第四章 周代祖先祭祀目的

孟夏之月……驱兽毋害五谷，毋大田猎。农乃登麦，天子乃以彘尝麦，先荐寝庙。

仲夏之月……乃命百县雩祀百辟卿士有益于民者，以祈谷实。农乃登黍。是月也，天子乃以雏尝黍，羞以含桃，先荐寝庙。

季夏之月……令民无不咸出其力，以共皇天上帝、名山大川、四方之神，以祠宗庙社稷之灵，以为民祈福。

孟秋之月……农乃登谷。天子尝新。先荐寝庙。

仲秋之月……以犬尝麻，先荐寝庙。

季秋之月……尝，牺牲告备于天子……天子乃以犬尝稻，先荐寝庙。

孟冬之月……腊先祖五祀，劳农以休息之。

季冬之月……凡在天下九州之民者，无不咸献其力，以共皇天上帝、社稷寝庙、山林名川之祀。

《月令》篇核心是力求节气与所推行政令相合，顺利安排农业生产和社会生活。据上述材料看，夏、秋每个月都有献祭祖先谷物的仪式，即荐，荐是一种简单、非正规的祭祀仪式，和正规的祭祀相比，不需要提前卜日，不需要供奉牺牲，也不需要配乐。孟夏之月驱赶野兽使其不妨害谷物，同时于寝庙"荐麦"。仲夏之月祭祀于民有功的前代国君、公卿，祈求谷粒饱满，同时于寝庙"荐黍"。季夏之月祭祀祖先等神灵为民祈福，此处之福实质上就是祈求丰收。孟秋之月于寝庙"荐谷"、仲秋之月于寝庙"荐麻"、季秋之月举行秋祭祭祀祖先，同时于寝庙"荐稻"，这些献祭谷物行为也是为了取悦神灵保佑丰收。孟冬之月以田猎所获野兽祭祀祖先及门、户、中霤、灶、行五祀。季冬之月祭祀祖先等众多神灵，此时谷物虽已收获，但祭祀不可废绝，以期来年继续福佑风调雨顺、五谷丰登。

### 三 求邦祚

周人认为祖先神灵无所不能，每当国家危难之际，祭祀祖先祈求保其继续享有国祚也就成了家常便饭。如：

> 叔向父禹簋："叔向父禹曰：'余小子嗣朕皇考，肇帅型先文祖，恭明德，秉威仪，用申恪，莫保我邦、我家，作朕皇祖幽大叔尊簋，其［严在］上，降余多福，繁釐，广启禹身，擢于永命，禹其万年永宝用'。"（《集成》4242）

此器属西周晚期厉王时代，叔向禹父与禹鼎中之禹为同一人。结合禹鼎铭文"丕显桓皇祖穆公克夹绍先王，奠四方，肆武公亦弗叚忘朕圣祖考幽大叔、懿叔，命禹肖朕祖考政于井邦"（《集成》2833），叔向父禹是穆公的后裔，武公的僚属，受武公之命继续治理井邦，井，文献多作邢。徐中舒认为井是周公之后，邢侯大宗出坯就封于邢，其次子当仍留居王朝，食采于畿内的井邑①，皇祖穆公应为畿内井氏宗祖。西周中期穆王至共王时，畿内井氏显赫一时，活跃于王朝的政治舞台，懿王之后，井氏失去王朝要臣地位，大概从禹之祖幽大叔起沦为了贵族武公的臣属，此时井邦法权虽已归武公控制，但治理权仍在井氏家族手中。② 簋铭言叔向父禹向祖先祈求"保我邦我家"，其实就是希望井氏家族能够永远享有井邦的治理权。

> 默钟："王对作宗周宝钟，仓仓恩恩，雍雍雍雍，用邵格丕显祖考先王，先王其严在上，叀叀歔歔，降余多福，福余顺孙，参寿唯利，默其万年，畯保四国。"（《集成》260）

> 默簋："默作鬻彝宝簋，用康惠朕皇文烈祖考，其格前文人，其濒在帝廷，陟降申恪皇［帝］大鲁命，用令保我家、朕位、默身，陀陀降余多福，宪蒸宇、慕远猷，默其万年鬻，实朕多御，用被寿，介永命，畯在位，作疐在下，唯王十又二祀。"（《集成》4317）

---

① 徐中舒：《禹鼎的年代及其相关问题》，《考古学报》1959年第3期。
② 朱凤瀚：《商周家族形态研究》，天津古籍出版社1990年版，第350页。

此二器属西周晚期，獣即胡，胡为周厉王之名。獣簋铭末注明作于厉王十二年。作器之前，周厉王统治面临内忧外患，已经岌岌可危。《今本竹书纪年》载："三年，淮夷侵洛，王命虢公长父征之，不克。八年，初监谤。十一年，西戎入于犬丘。"此时周厉王可能已经意识到了统治危机，故作器祭祀祖先祈求赐予福寿，希望祖先神灵"畯保四国"（畯，长也；四国，四境之内，即天下）、"保我家、朕位、獣身"，意为保佑他继续执掌西周政权。

> 郜公敄人钟："唯郜正二月□，郜公敄［人作其和钟］，［用］追［孝于厥］皇祖哀公、皇考晨公，用祈眉寿，万年无疆，子子孙孙永宝用之。"（《集成》59）

此器属春秋早期，郜公应为上郜国国君，上郜在大国夹缝中生存，被迫周旋于大国之间，是朝秦暮楚的典型代表。《左传·文公四年》载："初，郜叛楚即秦，又贰于楚。夏，秦人入郜。"约春秋中期，上郜为楚国所灭。①郜公祭祀祖父哀公、父亲晨公，表面上是祈求祖先神灵赐予长寿，实则是希望祖先神灵保佑他能够永远统治上郜。

> 邾公华钟："唯王正月初吉乙亥，邾公华择厥吉金，玄镠赤铝，用铸厥和钟，以作其皇祖皇考，曰：'余毕恭畏忌，淑穆不坠于厥身，铸其和钟，以恤其祭祀盟祀，以乐大夫，以宴士庶子，慎为之铭，元器其旧，载公眉寿，邾邦是保，其万年无疆，子子孙孙永保用享'。"（《集成》245）

此器属春秋晚期，器主邾公华为邾国国君邾悼公。邾封于周初，《世本·邾世家》曰："邾，曹姓，子爵。颛顼之后有陆终，产六子，

---

① 刘彬徽：《上郜府簠及楚灭郜问题简论》，《中原文物》1988年第3期。

其第五子曰安，邾即安之后。周武王封其苗裔邾侠为附庸，自安至仪父十二世，进爵称子，是为邾子克。"邾被封之初为鲁国附庸，直至春秋齐桓公称霸邾仪父才进为子爵，邾取得了独立国家身份。孔颖达疏云："齐桓行霸，仪父附从，进爵称子。"① 邾悼公为邾国十五世君，在位时间相当于鲁襄公中后期。襄公十八年邾国会同诸侯围齐；次年邾悼公为晋人所俘，鲁国还占有了邾国自漷水的领土；二十年邾国和诸侯会盟于澶渊，同年出兵伐鲁，但遭到了仲孙速领兵报复；二十一年邾大夫庶其以漆、闾丘投奔鲁国，邾国在商任和诸侯会盟；二十二年又和诸侯会于沙随；二十三年邾畀我投靠鲁国；二十四年、二十五年邾国和诸侯两次会于夷仪；三十年邾国和诸侯再次会于澶渊。从上述史料可以看出，邾悼公时代虽多次参与诸侯会盟，但国家安全却得不到丝毫保障，多次遭别国入侵而无国家出手相助，国内也经常有人叛逃，邾悼公治下的国家可谓多灾多难。铭文中邾悼公祭祀列祖祈求长寿、希望神灵监督会盟成果，使邾国少受大国欺辱与蹂躏。

十四年陈侯午敦："唯十又四年，陈侯午以群诸侯献金，作皇妣孝大妃祭器铸敦，以烝以尝，保有齐邦，永世毋忘。"（《集成》4647）

十年陈侯午敦："唯十年，陈侯午朝群邦诸侯于齐，诸侯享以吉金，用作乎寿适器敦，以烝以尝，保有齐邦，永世毋忘。"（《集成》4648）

陈侯因齐敦："用作孝武桓公祭器敦，以烝以尝，保有齐邦，世万子孙，永为典常。"（《集成》4649）

以上三器皆属战国晚期。前两器器主为陈侯午，陈侯午即田午、田齐桓公，是田氏齐国国君田和之子，因其祖上来自陈国，故有"陈侯午"之称。《史记·田敬仲完世家》载："魏文侯乃使使言周天子

---

① （清）阮元校刻：《十三经注疏》，中华书局1980年版，第1714页。

及诸侯，请立齐相田和为诸侯。周天子许之。康公之十九年，田和立为齐侯，列于周室，纪元年。齐侯太公和立二年，和卒，子桓公午立。"后一器器主为陈侯因齐，即田齐威王，为桓公之子。三器都是以诸侯所献吉金作器祭祀，十四年敦为陈侯午祭祀先母大妃、陈侯因齐敦是齐威王祭祀先父桓公，其目的都是祈求祖先神灵保佑田氏享有齐国国祚。

## 第二节　因告祖而祭祀

祭祀告祖一般分为两种情况，一是遇重大事情祭告祖先，言不可擅作主张，请求祖先神灵明示；二是获祖先神灵福祐后出于感恩而行祭祀。

### 一　要事告祖

在周代，凡遇重要事情都要祭告祖先，这些重要事情主要包括天子巡狩、诸侯朝聘、诸侯会盟、新王即位、营建都邑等政治活动以及率军出征、得胜献俘、立功受赏等军事活动和婚冠嫁娶等社会活动。

政治活动中的祭告祖先。《左传·桓公二年》曰："凡公行，告于宗庙，反行饮至，告爵策勋焉，礼也。"孔颖达疏云："凡公行者，或朝，或会，或盟，或伐皆是也。孝子之事亲也，出必告，反必面，事死如事生，故出必告庙，反必至。"[①] 天子巡狩、诸侯朝聘、诸侯会盟祭告祖先第三章已有说明，此不赘述。下面仅就新王即位、营建都邑中的祭告祖先活动作以论述。

《诗经·周颂·闵予小子》和《访落》就是成王即位之初祭告祖先，寻求治国谋略的诗篇。现将二诗原文照录如下：

---

① （清）阮元校刻：《十三经注疏》，中华书局1980年版，第1743页。

《诗经·周颂·闵予小子》曰：

> 闵予小子，遭家不造，嬛嬛在疚。于乎皇考，永世克孝。念兹皇祖，陟降庭止。维予小子，夙夜敬止。于乎皇王，继序思不忘。

《毛诗序》曰："《闵予小子》，嗣王朝于庙也。"郑玄笺云："'嗣王'者，谓成王也。除武王之丧，将始即政，朝于庙也。"① 诗言成王遭武王之丧，告祖于庙，思慕父亲、祖父功业，决心继承祖业、励精图治，此诗主在祭告新王即位。

《诗经·周颂·访落》曰：

> 访予落止，率时昭考。于乎悠哉，朕未有艾。将予就之，继犹判涣。维予小子，未堪家多难。绍庭上下，陟降厥家。休矣皇考，以保明其身。

《毛诗序》曰："《访落》，嗣王谋于庙也。"郑玄笺云："谋者，谋政事也。"② 诗歌描述了成王初掌政权，诚惶诚恐的心理。诗言成王欲选贤举能，以承父业，祭祀武王祈祷先父神灵福佑，此诗主在祭告治国方略。

《尚书·顾命》记载成王去世康王嗣立，详述康王庙见受命、继位典礼仪式，康王继位大典实际上也是祭告祖先新王即位。

营建都邑祭告祖先可见于《尚书·洛诰》一文：

> 戊辰，王在新邑，烝。祭岁，文王骍牛一，武王骍牛一。王命作册逸祝册，惟告周公其后。王宾，杀禋，咸格，王入太室裸。王命周公后，作册逸诰，在十有二月。惟周公诞保文武受

---

① （清）阮元校刻：《十三经注疏》，中华书局1980年版，第598页。
② （清）阮元校刻：《十三经注疏》，中华书局1980年版，第598页。

命，惟七年。

孙星衍认为"烝"可作为独立祭名，不必与祭相连，① 今从其说。如此，结合后文的"在十有二月"，知此烝为冬祭，祭祀地点在洛邑，祭祀目的在于告知祖先新宫落成。"祭岁者，谓岁朝、朝享也。《诗·烈文》序云：'成王即政，诸侯助祭也。'笺云：'新王即政，必以朝享之礼祭于祖考，告嗣位也。'"② 文末"惟七年"即周公摄政七年，《史记·鲁周公世家》载："周公之代成王治……及七年后，还政成王。"可知此时乃成王亲政之初，"祭岁"典礼正好符合当时的历史背景。"祭岁"典礼以骍牛祭祀文、武二王，除祭告祖先嗣位外，还有另一重目的，即"告周公其后"。"告周公其后"郑玄、孔颖达、孙星衍等人皆认为欲封周公之后伯禽为鲁侯，慕平先生则指出此乃告诉文王、武王以周公留守洛邑之事，③ 其说甚是。成王亲政伊始，新邑又刚落成，缺乏治国经验的成王此时无暇分身，安排周公留守洛邑，自己回到镐京主政不失为两全其美的万全之策，于情理皆合。因此"告周公其后"实际上就是祭告祖先周公留守洛邑这一重大决定。《洛诰》成王告周公曰："公！予小子其退，即辟于周，命公后"；《史记·鲁周公世家》载周公临终遗言曰："必葬我成周，以明吾不敢离成王"，这些材料足以说明周公确实奉成王之命驻守于成周，乃至临终遗言死后葬于成周，以示不敢违背成王之意。宾，助祭诸侯；杀，杀牲；禋，祭也；祼，以珪瓒盛酒献尸求神。此言"祭岁"典礼结束后，成王率领助祭诸侯亲至宗庙祭祀祖先，此次宗庙之祭应该重在告知祖先周公留守一事，因之前"祭岁"主在告嗣位，周公留守仅附带提及。总之，《洛诰》上述文字先叙成王祭告祖先新邑落成，后又祭告自己嗣位亲政及周公留守洛邑之决定，目的都是告知祖先神灵。

---

① （清）孙星衍：《尚书今古文注疏》，中华书局1986年版，第419页。
② （清）孙星衍：《尚书今古文注疏》，中华书局1986年版，第419页。
③ 慕平：《尚书译注》，中华书局2009年版，第221页。

军事活动中的祭告祖先。周代战争有载祖先神主而行的做法，大凡战争稍获优势，即随时祭告祖先战争喜讯，最后还要在宗庙举行盛大的献俘典礼。《逸周书·世俘》（原文次序错乱，现据《逸周书汇校集注》①一书将相关内容重新整理如下）曰：

> 太公望命御方来。丁卯，望至，告以馘、俘。戊辰，王遂御，循自祀文王。
>
> 时四月既旁生魄越六日庚戌……武王乃夹于南门用俘，皆施佩衣衣先馘入。武王在祀，太师负商王纣悬首白旗、妻二首赤旗，乃以先馘入，燎于周庙。
>
> 辛亥，荐俘殷王鼎。武王乃翼矢圭、矢宪……格于庙，秉语治庶国。篇人九终，王烈祖自太王、太伯、王季、虞公、文王、邑考以列升，维告殷罪。
>
> 癸酉，荐殷俘王士百人。篇人造，王矢琰，秉黄钺，执戈，王奏《庸大享》一终。
>
> 甲寅，谒我殷于牧野……王入，进《万》，献《明明》三终。
>
> 乙卯，武王乃以庶祀馘于国周庙……曰："古朕闻文考修商人典，以斩封身。"

太公望奉命抵御方来，丁卯（二月初八）获胜归来，向武王报告获馘及俘获之数，戊辰（二月初九），武王祭天，紧接着又祭告文王获胜讯息，此非宗庙之祭，乃"帷祭文王告以克纣之事"②。庚戌（四月二十一日），献俘于宗庙，俘虏、纣王及妻首级先行入庙，以燎法祭告祖先。辛亥（四月二十二日）进献俘获殷朝九鼎，九鼎为国家权力的象征。武王至宗庙祭祀太王、太伯、王季、虞公、文王、邑

---

① 黄怀信、张懋镕、田旭东：《逸周书汇校集注》，上海古籍出版社2007年版，第416—442页。

② 黄怀信、张懋镕、田旭东：《逸周书汇校集注》，上海古籍出版社2007年版，第418页。

考，报告已统御众邦，同时陈述殷人罪状。癸酉为癸丑之误，四月二十四日，进献俘获的殷朝士人，武王入宗庙，配乐《庸大享》祭告祖先。甲寅（四月二十五日），武王在宗庙祭告祖先伐殷经过，配乐《万》及《明明》。乙卯（四月二十六日），武王率邦国首领于宗庙祭祀，报告祖先斩杀纣王的消息，最后还献上俘获众多的珍禽异兽、数以亿计的馘、俘虏和玉。可见，克纣后的宗庙献俘不仅种类多，而且前后持续的时间也比较长。

金文记载获胜献俘祭告祖先的有塱方鼎、小盂鼎、敔簋、虢季子白盘等器物，可参考第三章相关内容。

周代贵族如在战争中建立功勋，会得到周王或上级贵族的赏赐，赏赐活动一般在宗庙进行。《礼记·祭统》："古者明君爵有德而禄有功，必赐爵禄于大庙，示不敢专也。"而受到赏赐的贵族也往往作器祭告祖先以示荣耀。另外，贵族在战争中俘获战利品也会作器祭告祖先，同时也让后世子孙铭记其功勋。

因立战功受到赏赐祭告祖先见于以下六器铭文：

(1) 利簋："武王征商，唯甲子朝，岁鼎，克闻夙有商。辛未，王在闌师，赐右史利金，用作檀公宝尊彝。"(《集成》4131)

铭文记载利跟随武王伐商有功，被赐予青铜，利作器祭告先祖檀公。

(2) 小臣单觯："王后坂克商，在成师，周公赐小臣单贝十朋，用作宝尊彝。"(《集成》6512)

陈梦家认为坂此处可假借为绌，有制服之意。因武王先已克商，故云成王克武庚事后也，作器者小臣单，受赐于周公，当是从周公东

## 99

征之人。① 铭文讲述成王平定商奄武庚叛乱，周公赏赐小臣单贝十朋，单作器祭告祖先。

（3）旅鼎："唯公大保来伐叛夷年，在十又一月庚申，公在盩师，公赐旅贝十朋，旅用作父丁尊彝，来。"（《集成》2728）

（4）刚劫尊："王征盖，赐刚劫贝朋，用作朕高祖宝尊彝。"（《集成》5977）

反夷即东夷，大保可能为周公之子明公。② 铭文言大保赐旅贝，旅作器祭告先父丁。盖即奄，铭文言成王伐奄，刚劫受赐贝作器祭告高祖。

（5）无㠱簋："唯十又三年正月初吉壬寅，王征南夷，王赐无㠱马四匹，无㠱拜手稽首曰：敢对扬天子鲁休命，无㠱用作朕皇祖厘季尊簋，无㠱其万年，子孙永宝用。"（《集成》4225）

铭文言无㠱从昭王南征，王赐予马，无㠱祭告祖先，祈求长寿。

（6）兮甲盘："唯五年三月既死霸庚寅，王初格伐玁狁于䛌䖒，兮甲从王，折首执讯，休亡愍，王赐兮甲马四匹、驹车……兮伯吉父作盘，其眉寿，万年无疆，子子孙孙永宝用。"（《集成》10174）

铭文记载兮甲跟从宣王征伐玁狁，战斗中既有斩首又有俘获，宣王赐予其马和车，兮甲遂作器祭告祖先，同时祈求长寿。

因俘获战利品祭告祖先亦见于以下六器铭文：

---

① 陈梦家：《西周铜器断代》，中华书局2004年版，第10—11页。
② 陈梦家：《西周铜器断代》，中华书局2004年版，第19页。

## 第四章　周代祖先祭祀目的

> 虘鼎："王命趞捷东叛夷，虘肈从趞征，攻䧹无敌，省于人身，俘戈，用作宝尊彝，子子孙其永宝。"（《集成》2731）

"捷"意同"截"，意为阻击。① 器物属西周早期，应该为成王时代，铭文说虘初次跟从趞伐东夷，作战勇敢，无人能敌，并俘获敌人的兵器戈，因周代兵器亦为青铜所做，故虘用所俘获青铜作器祭告祖先。

> 过伯簋："过伯从王伐叛荆，俘金，用作宗室宝尊彝。"（《集成》3907）
>
> 员卣："员从史旗伐鄶，员先入邑，员俘金，用作旅彝。"（《集成》5387）
>
> 吕行壶："唯四月，伯懋父北征，唯还，吕行捷，捋犀，用作宝尊彝。"（《集成》9689）

上述三器一般认为属昭王时代。过伯簋铭言过伯从王伐楚，用所俘获的青铜作器祭告祖先。会就是桧国，也作鄶，② 员卣讲员跟从史旗伐会，用俘获青铜作器祭告祖先。吕行壶是吕行跟从伯懋父北征，俘获了贝，为纪念战功作器，同时祭告祖先。

> 翏生盨："王征南淮夷，伐角淮、伐桐遹，翏生从，执讯折首，俘戎器，俘金，用作旅盨，用对烈翏生罙大妊，其百男、百女、千孙，其万年眉寿，永宝用。"（《集成》4459）

陈梦家将此器定为孝王时代，认为翏生与大妊当为夫妇。③ 铭文言翏生跟从周王征伐南淮夷，翏生除斩杀俘虏敌人外，还俘获了敌方

---

① 杨树达：《积微居金文说》，中华书局1997年版，第208页。
② 唐兰：《西周青铜器铭文分代史征》，中华书局1986年版，第222页。
③ 陈梦家：《西周铜器断代》，中华书局2004年版，第216页。

的兵器及青铜。烈,《尔雅·释诂》:"业也。"可见,翠生用所俘获青铜作器,旨在祭告祖先战功,同时祈求子孙昌盛。

  仲偶父鼎:"唯正五月初吉丁亥,周伯边及仲偶父伐南淮夷,俘金,用作宝鼎,其万年子子孙孙永宝用。"(《集成》2734)

有学者认为此器为西周宣王时代申国器物。① 铭文说偶父伐南淮夷俘获青铜,作器祭告祖先。

  婚冠嫁娶等社会活动中的祭告祖先。《礼记·冠义》曰:"是故古者重冠。重冠故行之于庙,行之于庙者,所以尊重事。尊重事而不敢擅重事,不敢擅重事,所以自卑而尊先祖也。"《礼记·昏义》云:"昏礼者,将合二姓之好,上以事宗庙,而下以继后世也,故君子重之。"《礼记·文王世子》则曰:"冠、取妻必告。"看来,加冠、婚姻必祭告祖先。冠礼祭告祖先见于《左传·襄公九年》,可参考第三章。缔结婚姻时,男、女除分别祭告自己的祖先外,还需祭告对方的祖先。《左传·昭公元年》公子围迎娶公孙段女的记载,公子围曾祭告女方祖先,而青铜器遲盨则为我们提供了女方祭祀男家祖先的材料。铭文曰:"遲作姜渼盨,用享孝于姑公,用祈眉寿纯鲁,子子孙永宝用。"(《集成》4436)姑公即婆婆和公公,铭文可能是遲作为女儿姜渼作盨,用来祭祀男家先父母,祈求福运。

  其实,当代中国人结婚前也有祭告祖先的行为,只不过礼节比较简单而已,可以说是古代婚姻告祭祖先的孑遗。除此之外,世界其他国家婚姻中亦有祭祀祖先的影子,比如越南克木族人每对新婚夫妇都必须举行仪式,请祖先回来看看家中新增加的成员。②

## 二 感恩告祖

《礼记·乐记》载:"礼也者,报也……礼,反其所自始……礼报

---

① 艾延丁:《仲偶父铜器及其相关的问题》,《南都学坛》1991年第3期。
② 段宝林、武振江主编:《世界民俗大观》,北京大学出版社1989年版,第663页。

情反始也。"意为礼讲求报答，而报答时则要追寻事情发生的起点，做到饮水思源。报的这一意义在祖先祭祀中表现尤为突出，《礼记·祭义》曰："君子反古复始，不忘其所由生也。是以致其敬，发其情，竭力从事以报其亲。"此言父母赋予儿女生命，作为儿女应该报答父母的养育之恩，那又如何做到这一点呢？《礼记·祭统》言："生则养，没则丧，丧毕则祭。"此处提及父母去世后通过祭祀来报恩。看来，这种报本反始的感恩情怀在祭祀已逝父母礼仪中是最基本的情感要求，倘若父母及祖先神灵福佑了后代子孙，那么此时的祭祀又增加了另一层感恩情怀。

《诗经》中因感恩祖先神灵福佑粮食丰收而举行的祭祀较为多见，如《诗经·小雅·楚茨》：

> 我黍与与，我稷翼翼。我仓既盈，我庾维亿。
> 以为酒食，以享以祀，以妥以侑，以介景福。

诗中"与与、翼翼，皆蕃盛貌。露积曰庾。十万曰亿"[①]。意为谷物生长茂盛，收获后不仅储满粮仓，而且露天堆积的也是数以万计。此篇为周代祭祀祖先的乐歌，为何要祭祀祖先呢？主要原因在于祖先神灵福佑使得粮食大获丰收，因此举行祭祀仪式感谢神灵，同时祈求来年再次赐福。

《诗经·周颂·丰年》：

> 丰年多黍多稌，亦有高廪，万亿及秭。为酒为醴，烝畀祖妣。以洽百礼，降福孔皆。

诗中"稌，稻也。黍宜高燥而寒、稌宜下瀛而暑，黍稌皆熟，则

---

① （宋）朱熹：《诗集传》，中华书局1958年版，第153页。

百谷无不熟矣。数万至万曰亿，数亿至亿曰秭。"① 此篇是"秋天丰收后祭祀祖先时所唱的乐歌"②。诗言粮食喜获丰收，遂以酒祭告先祖、先妣以示感谢，希望来年神灵再降福祐。

《诗经·周颂·载芟》：

> 载芟载柞，其耕泽泽。千耦其耘，徂隰徂畛……
> 有略其耜，俶载南亩，播厥百谷。
> 实函斯活，驿驿其达。有厌其杰，厌厌其苗，绵绵其麃。
> 载获济济，有实其积，万亿及秭。
> 为酒为醴，烝畀祖妣，以洽百礼……

为便于说明问题，暂将所引诗篇分为上述五节。"除草曰芟。除木曰柞，《秋官·柞氏》掌攻草木是也。泽泽，解散也……隰，为田之处也。畛，田畔也。"第一节叙去除杂草、疏松土地、整理田界，是为播种做好准备。略，锋利；俶，开始；南亩，向阳的土地，第二节写播种谷物。实，种子。"函，含也。活，生也。驿驿，苗生貌。达，出土也。厌，受气足也。杰，先长者也。绵绵，详密也。麃，耘也。"第三节言谷物发芽、生长状况，因种子饱满，幼苗破土而出便极具生气，再加上勤于耘草，谷物苗壮成长。"济济，人众貌。实，积之实也。积，露积也。"③ 亿和秭都是数量单位，十万为亿，十亿为秭，言数量之巨。第四节谈谷物收割盛况，谷物成熟，众人收获，产量甚丰。烝，本为秋祭名，在此可释为进献，第五节写丰收后的祭祀，以酒祭祀先祖、先妣，感谢祖先神灵福佑丰收。

《诗经·周颂·良耜》：

> 畟畟良耜，俶载南亩。播其百谷，实函斯活……

---

① （宋）朱熹：《诗集传》，中华书局1958年版，第229页。
② 程俊英等：《诗经注析》，中华书局1991年版，第959页。
③ （宋）朱熹：《诗集传》，中华书局1958年版，第233、234页。

## 第四章 周代祖先祭祀目的

其镈斯赵,以薅荼蓼。荼蓼朽止,黍稷茂止。

获之挃挃,积之栗栗。其崇如墉,其比如栉。以开百室,百室盈止。

妇子宁止。杀时犉牡,有捄其角。以似以续,续古之人。

为说明问题需要,将所引诗篇暂分为四节。畟畟,言利也。第一节言深耕土地,播种谷物,种子饱满而有生气。镈,生产工具,相当于锄头,"赵,刺。薅,去也。荼,陆草。蓼,水草。"第二节说田间管理,杂草被除,谷物生长茂盛。"挃挃,穫声也。栗栗,积之密也。栉,理发器,言密也。"① 墉,城墙。百室,众多粮仓。第三节写收获场景,露积的粮食高如城墙,粮垛密集犹如梳子,家家户户粮仓均已装满。犉,谓牛之大者;② 牡,雄性;捄,长而弯曲。第四节讲粮食丰收后以大公牛祭祀,此处虽未言明祭祀对象,但此篇与前篇《载芟》不管从内容还是从风格上来看,都极为相似,历来被认为是《载芟》的姊妹篇,而《载芟》篇已言明祭祀对象为祖先,因而据此可以推断《良耜》篇祭祀对象应与《载芟》篇相同,即也为祖先,祭祀缘由也是感谢祖先神灵福佑粮食喜获丰收。

金文记载因感恩而祭告祖先的事例见于彧簋铭文:

唯六月初吉乙酉,在㝬师,戎伐䥽,彧率有嗣、师氏奔追御戎于䫻林,搏戎訣。朕文母竞敏启行,休宕厥心,永袭厥身,俾克厥敌,获馘百,执讯二夫,俘戎兵盾、矛、戈、弓、箙、矢、裨胄,凡百又卅又五款,捋俘人百又十又四人。卒搏,无眈于彧身,乃子彧拜稽首,对扬文母福烈,用作文母日庚宝尊簋,俾乃子彧万年,用夙夜尊享孝于厥文母,其子子孙孙永宝。(《集成》4322)

---

① (宋)朱熹:《诗集传》,中华书局1958年版,第234页。
② 程俊英等:《诗经注析》,中华书局1991年版,第987页。

铭中之戎即淮夷、淮戎，是淮水流域的少数民族。① 大意是说淮戎来犯，彧奉命率兵追讨，在与戎兵交战过程中，先母神灵保护他战胜戎兵，自身却毫发无损，彧感激先母神灵福佑，遂作器祭祀其母日庚。

## 第三节　为禳灾而祭祀

### 一　禳灾异

灾指灾害，包括水灾、旱灾、虫灾、冰雹、地震等自然现象造成的损害；异指怪异，包括日食、月食、流星等天文现象及各种非正常的社会现象。

《诗经·大雅·云汉》有祭祖禳除旱灾的记载：

> 天降丧乱，饥馑荐臻。靡神不举，靡爱斯牲。圭璧既卒，宁莫我听？
>
> 旱既大甚，蕴隆虫虫。不殄禋祀，自郊徂宫。上下奠瘗，靡神不宗……
>
> 旱既大甚，则不可沮。赫赫炎炎，云我无所。大命近止，靡瞻靡顾。群公先正，则不我助。父母先祖，胡宁忍予？
>
> 旱既大甚，涤涤山川。旱魃为虐，如惔如焚。我心惮暑，忧心如熏。群公先正，则不我闻……

此为周宣王求神祈雨的诗篇，在所节选的四节中，均含有向祖先神灵祈求降雨的言辞。荐，重也；臻，至也，连而用之表示饥荒之甚。第一节言天降饥馑，以圭璧向各路神灵祈求消灾，其中自然包括祖先神灵。蕴，蓄；隆，盛也；虫虫，热气也；殄，绝也；郊，祀天

---

① 王辉：《商周金文》，文物出版社 2006 年版，第 111 页。

地也；宫，宗庙也；① 奠，陈列祭品；瘗，埋藏祭品。第二节明确指出饥馑产生的主要原因是干旱，为禳灾祭天、祭地、祭祖礼仪从未断绝，敬重所有神灵。沮，止也；赫赫，旱气也；炎炎，热气也；大命近止，死将至也；② 群公，指前代诸侯的神；先正，指前代贤达的神；父母，指死去父母的神；先祖，指祖先的神。第三节写干旱不可阻挡，热气令人无处栖身，恳求前代各位神灵大发慈心，救民于灾难之中。涤涤，言山无木、川无水，如涤而除之也；魃，旱神也；惔，燎之也；惮，劳也、畏也；熏，灼。③ 第四节说旱灾之甚，竟致山无木、河无水，旱魃肆虐，到处犹如火烤，面对旱情，既恐惧又忧虑，再次祈祷祖先神灵消除灾难。

金文及简文中还有祭祖禳除灾祸和怪异的记述，如：

  作册嗌卣："作册嗌作父辛尊，厥名宜，曰：子子孙宝。不禄嗌子，子延先壹死，亡子，子引有孙。不敢剢，叨贶铸彝，用作大御于厥祖妣、父母、多神。毋念哉，弋勿剥嗌鳏寡，遗祜祐宗不劓。"（《集成》5427）

不禄，意为早夭。《礼记·曲礼下》："寿考曰卒，短折曰不禄。"壹，《说文·血部》释为"伤痛也"。祐宗，又可写作宗祐，杜预曰："宗祐，宗庙中藏主石室。"④ 劓，《尔雅·释诂》："断也。"铭文大意是说作册嗌儿子早夭，致使其无子无孙，嗌难以安宁，作器祭祀祖先及各路神灵祈求后代，希望神灵保佑让他不要成为鳏寡之人，以免无嗣断绝祭祀。

另清华简《程寤》记述祭祖禳除怪异梦境：

---

① （宋）朱熹：《诗集传》，中华书局1958年版，第210、211页。
② （宋）朱熹：《诗集传》，中华书局1958年版，第211页。
③ 程俊英等：《诗经注析》，中华书局1991年版，第885页。
④ （晋）杜预：《春秋左传集解》，上海人民出版社1977年版，第162页。

惟王元祀正月既生魄,太姒梦见商廷惟棘,乃小子发取周廷梓树于厥间,化为松柏棫柞。寤惊,告王。王弗敢占,诏太子发,俾灵名凶,祓。祝忻祓王,巫率祓太姒,宗丁祓太子发。币告宗祊社稷,祈于六末山川,攻于商神,望、烝,占于明堂……①

简文言文王之妻太姒梦见商庭生棘,太子发取周廷梓树于其间,梓化为松柏棫柞,太姒梦惊告于文王,文王亦不敢轻易占卜吉凶。于是请巫师为文王、太姒、太子发进行除恶的祓祭,然后又祭祀祖先及天地四方各路神灵。经过一番禳祭怪异仪式后,最后认为梦境乃周将受天命代商之吉兆。

## 二 免兵祸

战争是周代国之大事之一,在战前祭祀祖先神灵祈求个人免于战争创伤或国家免于军事征讨的事例在文献及金文中均有记述。

《左传·哀公二年》:

卫大子祷曰:"曾孙蒯聩敢昭告皇祖文王、烈祖康叔、文祖襄公:郑胜乱从,晋午在难,不能治乱,使鞅讨之。蒯聩不敢自佚,备持矛焉。敢告无绝筋,无折骨,无面伤,以集大事,无作三祖羞。大命不敢请,佩玉不敢爱。"

卫太子蒯聩在战前向祖先祈祷,希望自己在战争中不要伤筋折骨,不要面部受伤而使祖先蒙羞。

《史记·田单列传》:

乐毅因归赵,燕人士卒忿。而田单乃令城中人食必祭其先祖于庭,飞鸟悉翔舞城中下食。燕人怪之。田单因宣言曰:"神来

---

① 李学勤主编:《清华大学藏战国竹简·壹》,中西书局2010年版,第136页。

下教我。"乃令城中人曰:"当有神人为我师。"有一卒曰:"臣可以为师乎?"因反走。田单乃起,引还,东向坐,师事之。卒曰:"臣欺君,诚无能也。"田单曰:"子勿言也。"因师之。每出约束,必称神师。

此事背景是燕国攻打齐国,除莒城、即墨外,齐国其他城池均被燕国占领,燕军在攻打莒城无望后,转而领兵围攻即墨,田单被推选为将军,担任守城重任。田单让城中人饭前祭祀祖先,宣称将有神灵帮助齐国。在此,田单以祖先神灵为旗号,凝聚人心,鼓舞士气,不仅避免了齐国亡国危险,而且完成了复国壮举。

### 三 祛病疾

通过祭祀祖先祛除疾病在古代非常多见,因为"中国古代有一种相当流行的观念,人生病、家受灾,是死去的亲人鬼魂作祟,他们或者因某一愿望未达到,或者因祭祀不周全而发脾气,让儿孙辈生病。巫也经常这样解释某人的病因。遇到这样的情况,病人的亲属往往无条件地答应死者通过巫表达的要求,额外举行各种祭祀,烧化衣物冥纸,安慰鬼魂,也许下愿心,待病好之后再去祭坟,年节请鬼魂回来吃喝等等"①。

如《尚书·金縢》载曰:

> 既克商二年,王有疾,弗豫。二公曰:"我其为王穆卜。"周公曰:"未可以戚我先王?"公乃自以为功,为三坛同墠。为坛于南方,北面,周公立焉。植璧秉珪,乃告太王、王季、文王。
> 
> 史乃册祝曰:"惟尔元孙某遘厉虐疾。若尔三王是有丕子之责于天,以旦代某之身。予仁若考,能多材多艺,能事鬼神。乃

---

① 刘晔原、郑惠坚:《中国古代的祭祀》,商务印书馆1996年版,第139页。

元孙不若旦多材多艺，不能事鬼神……今我即命于元龟，尔之许我，我其以璧与珪归俟尔命；尔不许我，我乃屏璧与珪。"……王翼日乃瘳。

武王克商后二年即患重疾，周公为坛、墠以璧、珪祭告三位先王，认为自己多才多艺，能够很好服侍先王，请求以己身代替武王前往侍奉，祭祀后第二天武王疾病痊愈。

《左传·昭公二十年》载：

齐侯疥，遂痁，期而不瘳，诸侯之宾问疾者多在。梁丘据与裔款言于公曰："吾事鬼神丰，于先君有加矣。今君疾病，为诸侯忧，是祝、史之罪也。诸侯不知，其谓我不敬。君盍诛于祝固、史嚚以辞宾？"

疥是疥癣虫寄生之传染性皮肤病，① 痁是疟疾，是说齐景公得了疥疮，又患上疟疾，一年都没有痊愈，各诸侯国派来问候疾病的宾客很多，梁丘据与裔款对景公说祭祀鬼神已很丰厚，但病情仍不见好转乃祝、史之过错，劝说景公诛杀祝固、史嚚二人以辞谢前来问疾的宾客，后因遭到晏婴的反对而作罢。齐景公患疾，齐国曾尝试通过祭祀祖先神灵以祛除疾病，但未奏效，晏婴认为根本原因在于齐景公缺乏德行，因而得不到神灵福佑而降下灾祸。

清华简《祭公》：

祭公拜手稽首，曰："天子，谋父朕疾惟不瘳。朕身尚在兹，朕魂在朕辟昭王之所，亡图不知命。"②

---

① 杨伯峻：《春秋左传注》，中华书局1981年版，第1415页。
② 李学勤主编：《清华大学藏战国竹简·壹》，中西书局2010年版，第174页。

此篇为穆王与祭公的对话，简文中的祭公为姬姓，乃周公之后裔，① 与周王室有血缘关系，祭公对穆王说自己患病，形体虽在，但魂魄已受昭王神灵召唤前去侍奉。按照周人思想观念，祖先神灵冥冥之中可以福佑后代子孙，因而只要祭祀取悦神灵，即可化凶为吉。循此思路，倘若对昭王神灵加以祭祀，那么在周人看来祭公是会得到福佑，疾病也会出现好转。

金文之例可见于否叔尊铭："否叔献彝，疾不已，为母宗彝，则备，用遣母灵。"（《集录》637）② 铭文言否叔患病不能痊愈，遂作器祭祀先母神灵。另战国时代的玉版也有祭祀神灵祛除疾病的记载。铭曰："有秦曾孙小子骊曰：孟冬十月，厥气败凋。余身遭病，为我感忧。辗转反侧，无间无瘳。众人弗知，余亦弗知……惴惴小子，欲事天地、四极、三光、山川、神祇、五祀、先祖，而不得厥方。牺牲既美，玉帛既精，余毓子厥惑，西东若惷……"铭文从李零先生释文。③ 李先生认为作铭者骊可能为秦庄襄王或秦始皇的同辈。铭文言初冬天气转冷、树木凋败，众人和骊皆染病不愈，估计患上瘟疫之类的流行病。骊忧虑不安，遂供奉牺牲玉帛，遍祭祖先在内的各方神灵，祈求驱除病魔。

总之，周人祭祀祖先并非出于对祖先神灵的盲从，而是有其鲜明的目的。求福祈求神灵福佑个人、家族吉祥平安，求长寿和求禄位在一定程度上是相通的，因为周代贵族世袭任官，长寿就等于长久保有禄位。当周人面临一些重大事情时，恭敬地祭祀祖先告知其事，显示出对祖先的尊崇，当然也希望神灵能够指点迷津或多降福佑，和殷人事无巨细皆祭祀卜问祖先形成鲜明对比。当灾难降临，周人也通过祭祀祖先祈求神灵帮助他们消灾弥难、远离祸患，最终达到化凶为吉。因此，周人祭祀祖先有一种明显的趋吉避凶心理，祖先神灵在他们心

---

① 陈颖飞：《清华简祭公与西周祭氏》，《江汉考古》2012 年第 1 期。
② 刘雨、卢岩编著：《近出殷周金文集录》（第三册），中华书局 2002 年版，第 111 页。
③ 李零：《中国方术续考》，东方出版社 2001 年版，第 111 页。

目中是吉祥、美好的象征，只会给子孙带来福音，而"商人认为祖先作为死者，可怕甚于可敬，为祸甚于降福"①，祖先神灵及其先公会降祸于自己的后代，② 这一点又和周人截然不同。

---

① 刘源：《商周祭祖礼研究》，商务印书馆2004年版，第249页。
② 何飞燕：《周代金文与祖先神崇拜研究》，硕士学位论文，陕西师范大学，2007年。

# 第五章

# 周代祖先祭祀用物

周代祭祀祖先时,为彰显祭祀活动的庄严神圣,主祭者履行祭祀仪式需穿着祭服;为取悦神灵,实现自己的祈愿,需献祭丰厚的祭品并以各种器物予以盛放;为吸引神灵前来享用,营造轻松欢愉的氛围,还需辅之以乐舞。故《孟子·滕文公》曰:"牺牲不成,粢盛不洁,衣服不备,不敢以祭。"

## 第一节 周代祖先祭祀中的祭服

祭服是古代体现社会等级的重要方式之一,比其他衣服更受人们重视。故《谷梁传·成公十七年》曰:"衣服不脩,不可以祭。"又《礼记·曲礼》载:"无田禄者,不设祭器;有田禄者,先为祭服。"郑玄注曰:"祭器可假,祭服宜自有。"正因为如此,王后、夫人要参与相关生产活动,以便提前为天子、诸侯制作祭服。《周礼·天官·内宰》曰:"中春,诏后帅外内命妇始蚕于北郊,以为祭服。"《谷梁传·桓公十四年》云:"王后亲蚕,以共祭服。"范宁注曰:"王后亲蚕,齐戒躬桑,夫人三缫,遂班三宫。朱绿玄黄,以为黼黻文章,服既成,君服以祀之。"《礼记·祭统》载:"王后蚕于北郊以共纯服……

夫人蚕于北郊以共冕服。"郑玄注曰："纯服，亦冕服也。"① 又《孟子·滕文公》载："夫人蚕缫，以为衣服。"

王后、夫人通过亲自参加祭服制作过程，表达对神灵的诚敬之心。《穀梁传·桓公十四年》载："王后亲蚕以共祭服。国非无良农、工女也，以为人之所尽，事其祖祢，不若以己所自亲者也。"《礼记·祭统》云："王后蚕于北郊以共纯服……夫人蚕于北郊以共冕服……王后、夫人非莫蚕也，身致其诚信，诚信之谓尽，尽之谓敬，敬尽然后可以事神明。此祭之道也。"又《国语·楚语下》曰："王后亲缫其服，自公以下至于庶人，其谁敢不齐肃恭敬，致力于神。"韦昭注："服，祭服。"②

周代祖先祭祀的礼服统称为冕服，是各类冠服中最庄严的服饰。凡是冕服，上衣玄色，即青色，像天之色；下裳纁色，即浅红色，像地之色。冕服的颜色和寓意贾公彦曾解释说："盖取诸乾坤，乾为天，其色玄，坤为地，其色黄，但土无正位，托于南方，火赤色，赤与黄即是纁色，故以纁为名也。"③

周天子祭祀祖先的礼服有衮冕和鷩冕两种。《周礼·春官·司服》曰："王之吉服……享先王，则衮冕；享先公、飨、射，则鷩冕。"即周天子祭祀先王时着衮冕，祭祀先公时着鷩冕，衮冕和鷩冕的主要差别在于章纹的多寡不一。衮冕上衣绘龙、山、华虫、火、宗彝五章花纹，下裳绣藻、粉米、黼、黻四章花纹，共九章；鷩冕上衣绘华虫、火、宗彝三章花纹，下裳绣藻、粉米、黼、黻四章花纹，共七章。"以其衣是阳，从奇数，裳是阴，从偶数。"④ 至于周天子祭祀祖先时为何会有衮冕与鷩冕之区分，孙诒让曰："周先王先公，自文王以上，至后稷，皆在夏商之世，尸上服当以夏收殷冔，今周既易以冕服，故享先王服九章之衮冕，降于祀天之服，享先公又降之，则服

---

① （清）阮元校刻：《十三经注疏》，中华书局1980年版，第1258、1603、2377页。
② （三国吴）韦昭：《国语注》，世界书局1936年版，第198页。
③ （清）阮元校刻：《十三经注疏》，中华书局1980年版，第782页。
④ （清）阮元校刻：《十三经注疏》，中华书局1980年版，第782页。

鷩冕也。"①

周天子祭祀祖先时王后需着祭服助祭，王后助祭礼服有祎衣和揄狄两种。《周礼·天官·内司服》云："内司服掌王后之六服：祎衣、揄狄、阙狄、鞠衣、展衣、缘衣、素纱。"郑玄注曰："从王祭先王则服祎衣，祭先公则服揄翟。"② 祎是"翚"的借字，先用玄色的缯刻为雉（野鸡）形，再用五彩描画之，即成所谓翚雉（五彩的野鸡），然后缀于衣上以为饰，即所谓祎衣，这是王后跟从王祭祀先王所服。"揄"是"摇"的借字，"狄"当为"翟"，也是野鸡。摇翟，是先用青色的缯刻作雉（翟）形，再用五彩描画，而后缀于衣上制成祭服，这是王后跟从王祭祀先公所服。

## 第二节　周代祖先祭祀中的祭品

祖先神灵和人类一样嗜好美食，《诗经·小雅·楚茨》曰"苾芬孝祀，神嗜饮食"，《左传·宣公四年》亦有"鬼犹求食"的记载。可见，祭品是沟通神人的重要媒介。通过祭品，可以把世俗和神圣世界有机地连接起来，从而建立一种和睦共处、相互依赖的人神关系。因此，"祭祀活动从本质上说，就是古人把人与人之间的求索酬报关系，推广到人与神之间而产生的活动"③。

### 一　食用类

（一）牺牲

用于祭祀的动物称"牲"，毛色纯一的牲称"牺"，牺牲又称"牲牷""刍豢"，食草的牛羊等为"刍"，食谷的犬豕为"豢"。后

---

① （清）孙诒让：《周礼正义》，中华书局1987年版，第1622页。
② （清）阮元校刻：《十三经注疏》，中华书局1980年版，第691页。
③ 詹鄞鑫：《神灵与祭祀——中国传统宗教综论》，江苏古籍出版社1992年版，第172页。

来，牺牲泛指用于祭祀的动物，主要包括牛、羊、猪、马、犬、鸡等，是为"六牲"。《周礼·地官·牧人》载："牧人掌牧六牲而阜蕃其物，以共祭祀之牲牷。"郑玄注曰："六牲谓牛、马、羊、豕、犬、鸡。"①

周代祭祀祖先用以献祭神灵的牺牲还有专门的名称。《礼记·曲礼下》云："凡祭宗庙之礼，牛曰一元大武，豕曰刚鬣，豚曰腯肥，羊曰柔毛，鸡曰翰音，犬曰羹献，雉曰疏趾，兔曰明视，脯曰尹祭，槀鱼曰商祭，鲜鱼曰脡祭。"郑玄注曰："号牲物者，异于人用也。"孔颖达疏曰："'牛曰一元大武'者，牛若肥则脚大，脚大则迹痕大，故云'一元大武'也。'豕曰刚鬣'者，豕肥则毛鬣刚大也。'豚曰腯肥'者，腯即充满貌也。'羊曰柔毛'者，若羊肥则毛细而柔弱。'鸡曰翰音'者，翰，长也，鸡肥则其鸣声长也。'犬曰羹献'者，人将所食羹余以与犬，犬得食之肥，肥可以献祭于鬼神，故曰'羹献'也。'雉曰疏趾'者，趾，足也，雉肥则两足开张，趾相去疏也。'兔曰明视'者，兔肥则目开而视明也。"②选择牺牲的共同标准就是体型肥硕。

周代祭祀时，由于社会等级的不同，用牲的类别和数量也有差异。《大戴礼记·曾子天圆》载："诸侯之祭，牛曰太牢；大夫之祭，羊曰少牢；士之祭牲，特豕曰馈食。"又《国语·楚语下》载："天子举以大牢，祀以会；诸侯举以特牛，祀以太牢；卿举以少牢，祀以特牛；大夫举以特牲，祀以少牢；士食鱼炙，祀以特牲；庶人食菜，祀以鱼。上下有序，则民不慢。"如此才能上下有序，确保整个社会井然有序地运转。同时，即使同种牺牲，社会等级不同，对牺牲的要求也有所不同。《礼记·曲礼下》云："天子以牺牛，诸侯以肥牛，大夫以索牛。"郑玄注曰："牺，纯毛也。肥，养于涤也。索，求得而用之。"③天子祭祀选择牺牛的首要标准是毛色纯一，诸侯选择的牺牛

---

① （清）阮元校刻：《十三经注疏》，中华书局1980年版，第723页。
② （清）阮元校刻：《十三经注疏》，中华书局1980年版，第1269页。
③ （清）阮元校刻：《十三经注疏》，中华书局1980年版，第1269页。

需涤豢养三月，需达到肥硕的要求，至于大夫祭祀选择牲牛只需临时挑选一头即可。

牺牲中最重要的是牛，牛在古代中国人的心目中是具有灵性的动物，可以通神。因此，在重大的祭祀仪式上一般都要选用牛，这样才显得庄重肃穆。周代选用牛作牺牲时喜欢用赤色，文献中多有记载。《礼记·檀弓上》载："周人尚赤……牲用骍。"郑玄注曰："骍，赤类。"① 《礼记·郊特牲》载："牲用骍，尚赤也。"《礼记·明堂位》载："殷白牡，周骍刚。"《诗·小雅·终南山》载："从以骍牡，享于祖考。"《诗·大雅·旱麓》载："骍牡既备，以享以祀。"《诗·鲁颂·閟宫》载："皇皇后帝，皇祖后稷，享以骍牺。"《尚书·洛诰》载："王在新邑烝，祭岁，文王骍牛一，武王骍牛一。"周成王祭祀文武二王所用牺牛即为赤色。

牺牲作为献祭神灵的祭品，必须完好无损且体质健壮，这样才能满足神灵的嗜欲，取信于神灵。《礼记·月令》云："乃命祝宰循行牺牲，视全具；案刍豢，瞻肥瘠；察物色，必比类；量小大；视长短，皆中度。五者备当，上帝其享。"衡量牺牲是否符合祭祀的五个标准，孙希旦云："全具也，肥也，物色也，小大也，长短也。五者皆得其当，虽上帝至尊，犹且飨之，则余神可知。"② 也就是说，祭祀之前宰祝要检查牺牲的完整、肥瘦、物色、大小、长短五个方面。孔颖达疏亦云："视全具者，亦宰祝所视也，下皆然。王肃云：'纯色曰牺，体完曰全。'按刍豢者，食草曰刍，食谷曰豢，皆按行之也。瞻肥瘠者，瞻亦视也。察物色者，物色，骍黝之别也。量小大者，大谓牛羊豕成牲者，小谓羔豚之属也。视长短者，谓天地之牛角茧栗，宗庙之牛角握之属也。"③

祭祀之前，必须检查牺牲形体是否完整。《周礼·地官·牧人》云："牧人掌六牲……以共祭祀之牲牷。"郑玄注："牷，体完具。"

---

① （清）阮元校刻：《十三经注疏》，中华书局1980年版，第1276页。
② （清）孙希旦：《礼记集解》，中华书局1989年版，第473页。
③ （清）阮元校刻：《十三经注疏》，中华书局1980年版，第1374页。

又《周礼·地官·充人》云："充人掌系祭祀之牲牷……展牲则告牷。"郑司农云："展，具也。"①《仪礼·特牲馈食之礼》则曰："宗人……举兽尾告备。"即宗人掀起腊兔的尾巴，告诉主人腊物完整。

祭祀之前，必须检查牺牲是否健壮肥硕。故《墨子·尚同》谓："其事鬼神也……牺牲不敢不腯肥。"又《左传·桓公六年》："故奉牲以告曰：'博硕肥腯'。"《周礼·地官·充人》云："充人掌系祭祀之牲牷……硕牲则赞。"即向神灵报告牲体肥硕，然后帮助王牵牲以入。《仪礼·特牲馈食之礼》曰："宗人视牲，告充。雍正作豕。"郑玄注曰："充犹肥也。雍正，官名也。北面以策动作豕，视声气。"贾公彦疏云："视声气者，但祭祀之牲，当充盛肥，若声气不和，即是疾病不堪祭祀，故云视声气也。"②由此看来，牺牲不仅要外表肥硕，而且要健康无疾病。

祭祀之前，必须检查牺牲毛色是否符合祭祀要求。《周礼·地官·牧人》载："凡阳祀，用骍牲毛之。阴祀，用黝牲毛之。"郑玄注："阳祀，祭天于南郊及宗庙……阴祀，祭地北郊及社稷也。骍牲，赤色。毛之，取纯毛也。"祭祀对象不一样，选择牛牲的毛色也不一样。周代祭祀祖先时牛牲应选用赤色，尤其讲究使用纯色的牛牲。《礼记·郊特牲》曰："毛血，告幽全之物也。告幽全之物者，贵纯之道也。"故《诗经·鲁颂·閟宫》："皇祖后稷，享以骍牺"，毛亨传曰："牺，纯也。"③《礼记·曲礼下》云："天子以牺牛。"

祭祀之前，必须检查牺牲大小是否符合祭祀要求。"周人认为幼犊谨愿，无牝牡之情，足以体现祭祀者的诚敬之心，故祭祀用牲崇尚幼犊。"④故《礼记·郊特牲》曰："用犊，贵诚也。"

祭祀之前，必须检查牲角长短是否符合祭祀要求。《礼记·王制》载："祭天地之牛，角茧栗；宗庙之牛，角握；宾客之牛，角尺。"即

---

① （清）阮元校刻：《十三经注疏》，中华书局1980年版，第723、724页。
② （清）阮元校刻：《十三经注疏》，中华书局1980年版，第1180页。
③ （清）阮元校刻：《十三经注疏》，中华书局1980年版，第615、723页。
④ 曹建墩：《先秦古礼探研》，社会科学文献出版社2018年版，第124页。

祭祀天地所用的牛较小，牛角不过像蚕茧、栗子那般大小；祭祀宗庙所用的牛略大，牛角大约四指来长；招待宾客所用的牛较大，牛角有一尺来长。

牺牲是献祭神灵的重要祭品，为了显示对神灵的虔诚，牺牲的选择、宰杀等环节都需要主祭者亲自参与。故《礼记·祭义》曰："君牵牲，夫人奠盎。君献尸，夫人荐豆。卿大夫相君，命妇相夫人。齐齐乎其敬也，愉愉乎其忠也，勿勿诸其欲其飨之也！""祭之日，君牵牲，穆答君，卿大夫序从。既入庙门，丽于碑，卿大夫袒，而毛牛尚耳，鸾刀以刲，取膟膋，乃退。燔祭，祭腥而退，敬之至也。"

周天子祭祖后，要将赈膰即胙肉，也就是祭祀用的牲肉赐给兄弟之国，共沐祖先福佑，并借此加强兄弟之间的同宗关系。《周礼·春官·大宗伯》郑玄注曰："赈膰，社稷宗庙之肉，以赐同姓之国，同福禄也。"① 剩余的祭品作为举行宴会之用，让参加祭祀的人员按照尊卑贵贱依次来分享祭品，即馂余之礼。

（二）粢盛

郑玄曰："粢盛，谓黍稷稻粱之属，可盛以为簠簋实。"② 即盛放在簠簋之中的谷物，称为粢盛。《周礼·春官·小宗伯》："辨六齍之名物与其用，使六宫之人共奉之。"郑玄注："'齍'读为'粢'。六粢，谓六谷：黍、稷、稻、粱、麦、苽。"③ 小宗伯的职责就是辨别六谷的名称种类及与盛器的搭配方式。

周代祭祀祖先时形成了一套完备的粢盛管理制度。《周礼·地官·舍人》载："以岁时县穜稑之种，以共王后之春献种。"穜稑，贾公彦疏云："先种后熟谓之穜，后种先熟谓之稑。"简言之，穜稑为谷物的总称。之所以要将谷种悬挂起来，"欲其风气燥达也"。即舍人每年按时悬挂谷物种子，使其风干成为良种，供王后在第二年春天献种于天子，以王后献种主要是"利用妇女的生育功能祈求年

---

① （清）阮元校刻：《十三经注疏》，中华书局1980年版，第760页。
② （清）阮元校刻：《十三经注疏》，中华书局1980年版，第750页。
③ （清）孙诒让：《周礼正义》，中华书局1987年版，第1440页。

谷丰登"①。第二年春天，天子、诸侯亲自耕种，以表达对于祖先神灵的敬意。故《谷梁传·桓公十四年》载："天子亲耕，以共粢盛。"《礼记·祭统》曰："天子亲耕于南郊以共粢盛……诸侯耕于东郊亦以共粢盛。"在崇礼尚孝的先秦社会，统治者认为只有用亲手种植的祭品祭祀祖先神灵，才算诚心诚意、致敬尽礼。唯有如此，祖先神灵才会福佑自己。谷物成熟收获后，由仓人负责储藏，以备国用。需要祭祀时则由廪人取出谷物交由舂人脱皮去壳。《周礼·地官·廪人》载："廪人掌九谷之数……大祭祀，则共其接盛。"郑玄注曰："接读为'一扱再祭'之'扱'，扱以授舂人舂之。"②祭祀祖先之前，舂人负责将谷物去皮，以备后用。《周礼·地官·舂人》曰："掌其米物，祭祀共其粢盛之米。"祭祀祖先时舍人将谷物盛放于簠簋之内，并按要求进行陈列，《周礼·地官·舍人》："凡祭祀，共簠簋、实之、陈之。"

（三）蔬菜

周代祭祀祖先时常将蔬菜制成腌菜或菜羹献祭祖先神灵。作为献祭祖先的祭品蔬菜，来源于古代"尝新"的风俗。古俗凡粮食新收，都要先荐祖先，然后才敢食用，由此产生了四时祭：春荐韭，夏荐麦，秋荐黍，冬荐稻。《尔雅·释天》曰："春祭曰祠，夏祭曰礿，秋祭曰尝，冬祭曰烝。"《春秋繁露·四祭》曰"祠者，以正月始食韭也；礿者，以四月食麦也；尝者，以七月尝黍稷也；烝者，以十月进初稻也。"尝新习俗在周代已经逐渐演变为一种专门的、定期举行的祭祀仪式，即尝祭。《诗经·豳风·七月》载"四之日其蚤，献羔祭韭"。是贵族于每年夏历二月举行的祭祀仪式，将羔羊和韭菜同时献祭给祖先。

（四）瓜果

周代祭祀祖先由场人负责瓜果等祭品的供应，《周礼·地官·场

---

① 葛志毅：《谭史斋论稿三编》，黑龙江人民出版社2006年版，第226页。
② （清）阮元校刻：《十三经注疏》，中华书局1980年版，第749页。

人》载："场人掌国之场圃，而树之果蓏珍异之物，以时敛而藏之。凡祭祀、宾客，共其果蓏。"祭祖诗《诗经·小雅·信南山》中就有以瓜果作为祭品的，载曰："中田有庐，疆埸有瓜。是剥是菹，献之皇祖。"

（五）鱼

周代祖先祭祀有以鱼为祭品的，《周礼·夏官·大司马》载："大祭祀、飨食，羞牲鱼，授其祭。"郑玄注："牲鱼，鱼牲也。"又《礼记·乐记》云："大飨之礼，尚玄酒而俎腥鱼。"郑玄注："大飨，祫祭先王，以腥为俎实，不臑熟之。"① 《管子·禁藏》亦云："举春，祭塞久祷，以鱼为牲。"此言春季祭祀和祈祷时用鱼牲。在古代，鱼象征着种族强大的繁殖能力②，因此，祭祀用鱼牲有祈祷子孙众多、宗族昌盛之意。

《诗经·周颂·潜》是一首宗庙祭祀诗歌，诗中用作祭祀祖先的鱼类更是多种多样，载云："猗与漆沮，潜有多鱼。有鳣有鲔，鲦鲿鰋鲤。以享以祀，以介景福。"毛亨笺云："鳣，大鲤也。鲔，鲔也。鲦，白鲦也。鰋，鲇也。"③

可知，周代祭祀祖先食用类的祭品又可分为动物和植物两大类，而这样的分类则是为了进一步切合阴阳之义。故《周礼·春官·大宗伯》载："以天产作阴德……以地产作阳德。"郑玄曰："天产者，动物，谓六牲之属。地产者，植物，谓九谷之属。"④

## 二 饮用类

（一）酒

酒在我国古代早已成为祭祀中不可或缺的祭品，《诗经》中多首祭祖诗都提到用酒祭祀。《诗经·小雅·楚茨》谓："以为酒食，以

---

① （清）阮元校刻：《十三经注疏》，中华书局1980年版，第839、1529页。
② 《闻一多全集》第3册，湖北人民出版社1993年版，第248页。
③ （清）阮元校刻：《十三经注疏》，中华书局1980年版，第595页。
④ （清）阮元校刻：《十三经注疏》，中华书局1980年版，第763页。

享以祀。"《诗经·小雅·信南山》谓:"祭以清酒,从以骍牡,享于祖考。"《诗经·周颂·丰年》《诗经·周颂·载芟》皆谓:"为酒为醴,烝畀祖妣。"由此不难看出,祭祖礼中酒是必备的。在周代祭祀中有两个阶段要用酒祭,一是在降神的时候,一是在献尸的时候。

降神时用鬯酒,鬯酒是用黑黍酿成的酒和郁金香草汁液混合而成,气味芬芳,又称为"郁鬯"。降神时,把鬯酒浇在地上,用其香气来吸引神灵前来享用。《礼记·郊特牲》曰:"周人尚臭,灌用鬯臭。郁合鬯,臭阴达于渊泉。"孙希旦云:"臭,香气也,鬯,秬鬯也。酿黑秬黍为酒,芬芳鬯达,故谓之鬯。灌用鬯臭,言灌地降神,用秬鬯之香气也。郁,郁金,香草也。郁合鬯,言秬鬯之酒,煮郁金草以和合之也。曰'臭阴'者,酒体之质下润也。达于渊泉,言其所达之深,而足以感于死者之体魄也。"①

献尸所用之酒称为"五齐三酒"。《诗经·小雅·信南山》孔颖达正义曰:"大事于宗庙,备五齐三酒。"周代祭祀祖先时,酒正主要职责就是辨明五齐三酒的名称。《周礼·天官·酒正》曰:"酒正掌酒之政令……辨五齐之名:一曰泛齐,二曰醴齐,三曰盎齐,四曰缇齐,五曰沈齐。辨三酒之物:一曰事酒,二曰昔酒,三曰清酒。"故周代五齐指泛齐、醴齐、盎齐、缇齐和沈齐等五种酒,它们是五种清浊不同的酒,皆属浊酒。泛齐是一种糟滓浮在酒上的浊酒,郑玄注曰:"泛者,成而滓浮泛泛然,如今宜成醪矣。"醴齐是一种酿造一宿即成的混有糟滓的甜酒,郑玄注曰:"醴犹体也,成而汁滓相将,如今恬酒矣。"盎齐是一种葱白色的浊酒,郑玄注曰:"盎犹翁也,成而翁翁然,葱白色,如今酇白矣。"缇齐是一种赤红色的酒,郑玄注曰:"缇者,成而红赤,如今下酒矣。"沈齐是一种糟滓沉在下面的酒,郑玄注曰:"沈者,成而滓沈,如今造清矣。"② "五齐"是相对于清酒而言的浊酒,按照浑浊的程度高低依次分为泛齐、醴齐、盎齐、缇齐和沈齐。泛齐,酒糟浮在酒中,是最浊的酒。其次是醴齐,滓、液混

---

① (清)孙希旦:《礼记集解》,中华书局1989年版,第713页。
② (清)阮元校刻:《十三经注疏》,中华书局1980年版,第471、668页。

合。再次是葱白色的盎齐和赤红色的缇齐，相比前两齐，它们混浊的程度稍低一些。沈齐，酒的糟渣下沉，酒滓澄清，相当于浊酒中的清酒。

周代三酒指事酒、昔酒和清酒，是三种过滤掉糟滓的清酒。事酒是一种因事需用而临时酿造的酒；昔酒是一种久酿而成的酒；清酒是一种更久酿而成的酒。故贾公彦疏云："事酒酌有事人饮之，故以事上名酒也。二曰昔酒者，久酿乃熟，故以昔酒为名……三曰清酒者，此酒更久于昔，故以清为号。"① 事酒因事之酿，时间短；昔酒可短时储藏；清酒冬酿夏成，酿造时间较长，为当时酒中之冠，色泽明亮，酒味稍醇厚，味道醇美。因其品质最佳，祭祀时多用之。

周代祭祀用酒以色清味薄为尊，《礼记·坊记》载："醴酒在室，醍酒在堂，澄酒在下。"说的是这三种酒即使同为祭祀之酒，因酒质的差别，各有不同的地位，味薄的酒放在上面，味厚的酒放在下面。孔颖达疏云："醴齐、醍齐、澄酒，味薄者在上，味厚者在下，贵薄贱厚，示民不贪淫于味也。"②

周代以酒祭祀祖先时最贵重是清酒。《诗经·大雅·旱麓》云："清酒既载，骍牡既备。"《诗经·小雅·信南山》亦载："祭以清酒，从以骍牡，享于祖考。"清酒即玄酒。郑玄笺云："清，谓玄酒也。"而玄酒实际上就是水，故孔颖达疏云："玄酒，谓水也。以其色黑，谓之玄。而太古无酒，此水当酒所用，故谓之玄酒。"③《礼记·郊特牲》云："酒醴之美，玄酒明水之尚，贵五味之本也。"味道厚重的酒虽然香甜可口，但在祭祀时却是以寡味的玄酒明水作为上品，这是以味寡为贵，而味寡乃是五味的根本。胡新生说："祭祀中的明水、玄酒是专供神灵享用或者专门用于沟通神灵的祭品，所以它的地位要比人神共享的酒醴更为尊贵。"④

---

① （清）阮元校刻：《十三经注疏》，中华书局1980年版，第669页。
② （清）阮元校刻：《十三经注疏》，中华书局1980年版，第1621页。
③ （清）阮元校刻：《十三经注疏》，中华书局1980年版，第471、1416页。
④ 胡新生：《周代的礼制》，商务印书馆2016年版，第197页。

## （二）血

血作为一种特殊祭品，也出现在周代祖先祭祀过程之中。《诗经·小雅·信南山》载："执其鸾刀，以启其毛，取其血膋"，郑玄笺云："膋，脂膏也。血以告杀。"《国语·楚语下》云："是以先王之祀也……毛以示物，血以告杀。"即取出牺牲的脂膏和血，向神灵报告牺牲已宰杀。《周礼·春官·大宗伯》载："以肆、献、祼享先王。"郑玄注曰："肆者，进所解牲体，谓荐孰时也。献，献醴，谓荐血腥也。"又《周礼·春官·大祝》载："凡大禋祀、肆享、祭示，则执明火、水而号祝。隋衅，逆牲，逆尸，令钟鼓。"郑玄注曰："隋衅，谓荐血也。凡血祭曰衅。"举行祖先祭祀时，拿着明水和明火发布祝词。向祖先进献牲血，迎娶祭祀用牲，迎接尸，然后命令演奏钟鼓。《礼记·礼运》曰："玄酒以祭，荐其血毛，腥其俎。"《礼记·郊特牲》载："有虞氏之祭也，尚用气。血腥爓祭，用气也。"孔颖达疏云："血，谓祭物以血诏神于室。"[①]

至于祭祀祖先使用血的原因，杨华先生曾解释道："祖先是具有灵魂的人格神，向他们荐血有助于其重返人世，重享旧时的饮食之乐——由少年扮演的'尸'来行使这一职责。血是诱神邀祖的道具。"[②]

## 三　其他类

### （一）玉

周代祖先祭祀过程中祼礼是常用的典礼之一，《周礼·春官·小宗伯》载："凡祭祀、宾客，以时将瓒果，诏相祭祀之小礼"，此处"果"应读为"祼"。《周礼·春官·大宗伯》曰"以吉礼事邦国之鬼神示……以肆献祼享先王"。祼古代又写作灌，郑玄曰："祼之言灌，

---

[①]（清）阮元校刻：《十三经注疏》，中华书局1980年版，第471、758、811、1457页。

[②] 杨华：《先秦血祭礼仪研究——中国古代用血制度研究之一》，《世界宗教研究》2003年第3期。

灌以郁鬯。谓始献尸求神时也。"① 祼祭目的在于降神，是整个祭祀礼节的开端，具有非常重要的地位，其后常有"九献"等重要礼节，故《礼记·祭统》载："夫祭有三重焉：献之属莫重于祼。"

周代祼礼经常使用玉器，至于用玉原因，《礼记·郊特牲》载："用玉气也"。何谓"玉气"？即玉之"精气"。因玉长久埋于地下，历上亿年岩浆运动最终形成，故古人认为玉吸收了大地之精华，含精气颇多，以玉器盛酒灌地无疑适得其所。《国语·楚语下》曰："玉、帛为二精"；《吕氏春秋·尽数》载精气之"集于珠玉，与为精朗"。裘锡圭先生说："物皆有精是古代极为普遍的思想。这种思想的古老程度，可以从古人对玉的态度上看出来。古人十分重视玉，其重要原因之一，就是他们认为玉含有的精多。"② 周代祼礼钟情玉器的主要原因在于其含精气多。

瓒是祼礼常用器物，文献中多有提及。如《周礼·春官·小宗伯》曰："凡祭祀、宾客，以时将瓒果"，郑玄注曰："天子圭瓒，诸侯璋瓒"，通过郑注我们又了解到瓒分圭瓒和璋瓒。《周礼·春官·典瑞》曰："祼圭有瓒，以祀先王，以祼宾客"；《周礼·考工记·玉人》曰："祼圭尺有二寸，有瓒以祀庙"；《礼记·王制》："诸侯……赐圭瓒然后为鬯"，上述文献皆提到圭瓒。《诗经·大雅·棫朴》："济济辟王，左右奉璋"，郑玄笺云："璋，璋瓒也"，此处提到了璋瓒。另《礼记·祭统》："君执圭瓒祼尸，大宗执璋瓒亚祼"；《礼记·郊特牲》："灌以圭璋，用玉气也"；《周礼·春官·鬱人》："凡祼玉濯之陈之，以赞祼事"，郑玄注曰："祼玉谓圭瓒、璋瓒"；《周礼·司尊彝》："春祠、夏禴，祼用鸡彝器、鸟彝"，郑玄注："祼谓以圭瓒酌鬱鬯，始献尸也。后于是以璋瓒亚祼。"③ 上述文献及注文圭瓒、璋瓒同时出现。

---

① （清）阮元校刻：《十三经注疏》，中华书局1980年版，第758页。
② 裘锡圭：《稷下道家精气说的研究》，《道教文化研究》第二辑，上海古籍出版社1992年版，第180页。
③ （清）阮元校刻：《十三经注疏》，中华书局1980年版，第514、767、773页。

文献中也有玉瓒之称，但都被解释为圭瓒，如《诗经·大雅·旱麓》："瑟彼玉瓒，黄流在中。"毛亨注："玉瓒，圭瓒也。"郑玄笺："圭瓒之状，以圭为柄，黄金为勺，青金为外，朱中央矣。"孔颖达疏曰："瓒者，器名。以圭为柄，圭以玉为之，指其体谓之玉瓒，指成器谓之圭瓒。"《礼记·明堂位》："季夏六月，以禘礼祀周公于大庙……灌用玉瓒大圭"，郑玄注："瓒形如盘，容五升，以大圭为柄，是谓圭瓒。"①

青铜器毛公鼎铭文中有"圭瓒"、荣簋铭文中有"瓒"。由文献和金文相互印证来看，裸礼用瓒毋庸置疑，那么圭瓒、璋瓒究竟是何形制呢？据郑玄《诗经·大雅·旱麓》笺语我们可以得出结论：瓒是一种带柄的金属勺，以圭为柄者即为圭瓒；以璋为柄者即为璋瓒。此说影响甚大，成为后世的主流观点，李学勤也认为用作勺柄的圭、璋等玉器，称为裸玉。② 当然，也有一些学者发出了不同的呼声，如臧振先生认为"瓒"的象形字，是以待灌的玉件或圭璋植于鬲中③；孙庆伟先生对震旦艺术博物馆新藏的两件战国玉瓒研究后认为，周代圭瓒、璋瓒的划分不是以玉圭、玉璋为柄，应是指其柄部形制似圭、似璋。④ 何景成先生认为瓒应指"裸玉"，因这种玉器在裸礼中的作用是"以赞裸事"，所以称为"瓒"。用作裸礼的玉器类型很多，只不过以圭、璋为主罢了。⑤ 其说甚是，这也和文献中裸用"玉气"的记载相一致，和古人裸礼用玉的初衷相吻合。

《尚书·金縢》载武王有疾，周公作策书告祭祖先，请代武王死。"周公立焉，植璧秉珪，乃告大王、王季、文王。"璧和珪均为祭祀的玉器。孔安国传曰："璧以礼神……周公秉桓珪以为贽"，"璧是最重要的祭品，竖立于坛上，用以依附自天而降的祖灵；圭是最重要的瑞

---

① （清）阮元校刻：《十三经注疏》，中华书局1980年版，第515、1489页。
② 李学勤：《重写学术史》，河北教育出版社2002年版，第53—60页。
③ 臧振：《玉瓒考辨》，《考古与文物》2005年第1期。
④ 孙庆伟：《周代裸礼的新证据——介绍震旦艺术博物馆新藏的两件战国玉瓒》，《中原文物》2005年第1期。
⑤ 何景成：《试论裸礼的用玉制度》，《华夏考古》2013年第2期。

器，主祭者执于手中，以表彰自己的身份。"① 周公祭祀三王执桓圭也完全符合自己的身份，《仪礼·觐礼》载："以瑞玉有缫。"郑玄注曰："瑞玉，谓公桓圭，侯信圭，伯躬圭，子谷璧，男蒲璧。"②

（二）币帛

币帛为丝织品，是周代祭祀祖先的礼神之物。《礼记·曾子问》云："天子诸侯将出，必以币帛、皮、圭告于祖祢。"郑玄曰："币……谓束帛也……是以享用币，所以副忠信。"③祭祀用币帛主要为了表达对祖先的诚信之情。祭祀时一般在杀牲之前需用币告知神灵。《礼记·礼器》："太庙之内敬矣！君亲牵牲，大夫赞币而从。"郑玄注："纳牲于庭时也，当用币告神而杀牲。"④

## 第三节　周代祖先祭祀中的祭器

《礼记·曲礼下》曰："凡家造，祭器为先，牺赋为次，养器为后。"孔颖达疏云："祭器为先者，崇敬祖祢，故在先。"⑤祭器在祖先祭祀过程中扮演着非常重要的角色。通过陈列祭器，凸显祭祀场所的庄严肃穆，使祭祀活动更加神圣而神秘；通过使用祭器，献祭丰厚的祭品，充分表达祭者对神灵的虔诚；通过使用祭器，巫师幻想神灵附身，与神灵直接沟通，进而实现祭者的愿望和诉求。周代祖先祭祀过程中使用的祭器类型多种多样，特别讲究器型的搭配和器物的数量，以符合阴阳之义，进而达到人神合一的境界。

### 一　烹饪器

烹饪器主要用来蒸煮牲肉等食物，常用器物有鼎、鬲、甗等，其

---

① 顾颉刚、刘起釪：《尚书校释译论》，中华书局2005年版，第1227页。
② （清）阮元校刻：《十三经注疏》，中华书局1980年版，第196、1089页。
③ （清）阮元校刻：《十三经注疏》，中华书局1980年版，第1074页。
④ （清）阮元校刻：《十三经注疏》，中华书局1980年版，第1441页。
⑤ （清）阮元校刻：《十三经注疏》，中华书局1980年版，第1258页。

中以鼎最为重要。鼎分三类：一为镬鼎，主要用来煮牲肉及鱼、腊等。《仪礼·少牢馈食礼》载："雍人陈鼎五，三鼎在羊镬之西，二鼎在豕镬之西。"二是升鼎，又称正鼎，主要用来盛放镬鼎煮熟的肉食。其名用"升"，说的就是将镬鼎中的牲肉升到升鼎中去的意思。《仪礼·士冠礼》："载合升。"郑玄注曰："煮于镬曰烹，在鼎曰升。"① 意思是说牲煮于镬叫作烹；由镬而盛于鼎叫作升。三是羞鼎，又称陪鼎。羞鼎主要用来盛放佐料的肉羹，与升鼎相配使用，故又称为陪鼎。鼎用奇数，且随着身份的下降数量依次递减，如天子用九鼎，诸侯用七鼎，大夫用五鼎，士用三鼎或一鼎。

鬲为煮饭用的炊器，其形状一般为侈口（口沿外倾），有三个中空的足，便于炊煮加热。

甗为蒸食用具，其造型分上下两部分。上部用以盛放食物，称为甑，甑底是一有穿孔的箅，以利于蒸汽通过；下部是鬲，用以煮水，高足间可烧火加热。

**二 盛食器**

盛食器主要用来盛放黍、稷等粮食和蔬菜、水果等，常用器物有簋、簠、敦、盨、笾、豆等。

《周礼·地官·舍人》："凡祭祀，共簠簋"。簠用来盛放黍、稷、粱、稻等，簠的基本形制为长方形，盖和器身形状相同，大小一样，上下对称，合则一体，分则为二。簋用来盛放黍、稷、粱、稻等，其造型形式多样，变化复杂，有圆体、方体，也有上圆下方者。簋、簠用偶数，如天子用八簋，诸侯用六簋，大夫用四簋，士用二簋。"簠皆少于簋……天子盖四簠，诸侯盖二簠。"②

敦用来盛放黍、稷、粱、稻等饭食，由鼎、簋的形制结合发展而成，与鼎配合使用，西周时期与鼎搭配使用的器物多为簋，春秋时期多为敦，战国时期则多为盒。盨是用来盛黍稷的器物，从簋变化而

---

① （清）阮元校刻：《十三经注疏》，中华书局1980年版，第956页。
② 孙诒让：《周礼正义》，中华书局1987年版，第1229页。

来，一般呈偶数组合。

豆、笾见于《诗经·小雅·楚茨》，"君妇莫莫，为豆孔庶，为宾为客"。《诗经·大雅·生民》："印盛于豆，于豆于登。"《尔雅·释器》云："木豆谓之豆，竹豆谓之笾，瓦豆谓之登。"由此可知，木制的这种器皿叫豆，竹制的叫笾，瓦制的叫登。豆与笾的形状相似，豆形状像高脚盘，笾从豆分化而来，盘平浅、沿直、矮圈足。但由于两者所盛的食品不同，质地也就不同。豆则是盛菹、醢等有汁的食物用的，所以是木制的。笾是盛脯、枣、栗等干燥食物用的，所以是用竹子做的。祭祀过程中，笾人负责提供笾中所盛祭品。《周礼·天官·笾人》载："凡祭祀，共其笾荐羞之实。"郑玄注："荐、羞，皆进也。"[①] 醢人与醯人掌管豆中所盛祭品。《周礼·天官·醢人》载："凡祭祀，共荐羞之豆实。"又《周礼·天官·醯人》载："醯人掌共五齐七菹，凡醯物，以共祭祀之齐菹。"笾与豆通常也是配合使用的，而且都用双数，故《礼记·郊特牲》曰："鼎俎奇而笾豆偶，阴阳之义也。"

### 三 酒器

（一）盛酒器

盛酒器主要有尊、卣、方彝、罍、壶、缶、瓿等，它们在礼仪场合中陈设的位置以及体现的尊卑有所不同。

尊的形制圈足，圆腹或方腹，长颈，敞口，口径较大。尊在祭器中地位极高，仅次于鼎，故古人有以"宗彝"统称礼器的做法，并把尊作为酒器的通名。

卣在盛酒器中是重要的一类，口椭圆形，足为圈形，有盖和提梁，腹深，有圆形、椭圆形、方形、圆筒形等，用以盛放秬鬯，在祭祀典礼结束后，将酒洒在地上，以享鬼神。

方彝造型特征是长方形器身，带盖、直口、直腹、圈足。器盖上

---

① （清）阮元校刻：《十三经注疏》，中华书局1980年版，第393、2598页。

小底大，做成斜坡式屋顶形，圈足上往往每边都有一个缺口，也有少数方彝下腹外鼓成曲腹状。方彝的盖与器身往往铸有四条或八条凸起的扉棱，全器满饰云雷纹，上凸雕出兽面、动物等纹样，给人以庄重华丽的感觉。

罍造型有圆形、方形两种。圆形罍造型为敛口，广肩，丰腹，圈足或平底；肩部两侧有两耳或四耳，耳作环形或兽首形；下腹部一侧有穿鼻。方形罍多为小口。

壶既可用来盛酒，又可用来盛水，深腹，敛口，多为圆形，也有方形、椭圆等形制。缶多为陶制，也有铜制，大腹小口，有盖。瓿是古代盛酒的有盖的瓦器，口小，腹大，底小，较深。此三器在使用过程中有陈设位置及尊卑的差异。《礼记·礼器》载："门外缶，门内壶，君尊瓦瓿。"缶、壶、瓿都是盛酒的器具，缶最大，壶次之，瓿最小。最大的盛酒器缶置于门外，较大的壶置于门内，最小的瓿置于堂上。这说明祭器越小，祭者的身份越尊贵。

（二）饮酒器

饮酒器有爵、斝、觯、角、觚、觥等。它们除外形不同之外，容积也不同，器型种类及大小象征身份等级。

爵的形制，腹深而圆，口侈而长，口前为用于倾酒的流，后为尾，流的根部有两根立柱，柱顶圆帽，腹侧有把手，腹底为平底或环底，下有三棱足。爵的形制还有方腹四足的，也有带盖无柱的。

斝称为"散"，其形与爵相似，但比爵大，口上无流无尾。

觯多为椭圆形或圆形，侈口短颈，鼓腹圈足，形似尊而小，有的还有盖。

角形与爵相似，但其口无柱无流，两端皆呈尖角状。角比爵形制要大，最初可能是一种小型的盛酒器，后演变为温酒器和饮酒器。

以上四器在使用过程中表现出明显的等级差异。《礼记·礼器》载："宗庙之祭，贵者献以爵，贱者献以散；尊者举觯，卑者举角。"周人使用这类酒器以小为贵，其中爵和觯的容量分别为一升和三升，象征尊贵，散和角的容量分别为五升和四升，象征卑贱。

觚是一种饮酒器，觚身细瘦，长颈侈口，细腰高足，有觚棱，通腹面部有精细的花纹。

觥的器身呈椭圆形或方形，圈足或四足。带盖，呈有角兽头或长鼻上卷的象头形状。有的觥全身为动物形状，盖为兽头、背，器身为兽腹，足为兽腿。觥的装饰纹类似于牺尊、鸟兽形卣。和兽形尊不同的是，觥盖为兽头连接兽背的形状，流部为兽颈，用于倒酒。

**四　水器**

周代祭祀祖先时会有水器的陈列，水器主要用途有五：一是清洁祭器；二是清洁祭品；三是祭祀者盥洗；四是承接明水；五是冷冻祭品。常见的水器有盘、匜、鉴等。

盘多呈浅平圆形，大口直沿，双耳或无耳，平底圈足。盘的主要功用是盛水，也和匜配合，组合成一套盥洗用具。

匜呈椭圆形，敞口长流，其后有龙形鋬，下有四足，春秋时匜流多作兽头形，足为三足或圈足，战国之匜则无足。匜是盥手之注水器，与盘配合使用。古人吃饭无筷，要用手抓，故食前必须要洗手。洗手时以匜浇水冲洗，以盘承接流下的污水。

鉴有两种，一类似于镜，古代在月光下承露取水的器具。另一类似于盆，大口圆腹，口沿下有两只或四只兽耳，平底，也有的鉴为方形，主要用途则是盛冰，用以防暑降温或冷藏食物，类似于今天的冰箱，故古人有"冰鉴"一词。

（一）清洁祭器

祭器用来盛放祭品，必须保证其干净，因而祭祀之前常有"告濯""告洁""视濯"等礼仪。

举行祭祀前，由世妇率领宫中女奴负责将祭器清洗干净。《周礼·天官·世妇》载："世妇掌祭祀、宾客、丧纪之事，帅女宫而濯溉。"郑玄注曰："溉，拭也。"[1] 举行祼礼所用的圭瓒和璋瓒由郁人

---

[1] （清）阮元校刻：《十三经注疏》，中华书局1980年版，第689页。

负责清洗。《周礼·春官·郁人》曰："郁人掌祼器……凡祼玉，濯之，陈之。"

祭祀前一天晚上，还要对祭器的洗涤情况进行检查。《周礼·天官·大宰》曰："及执事，视涤濯。"郑玄注曰："初，为祭祀前祭日之夕。涤濯，谓溉祭器及甑甗之属。"①《周礼·春官·大宗伯》曰："凡祀大神，享大鬼，祭大祇，帅执事而卜日，宿，视涤濯。"贾公彦疏云："宿，视涤濯者，谓祭前一宿，视所涤濯祭器，看洁净以否。"《周礼·春官·小宗伯》曰："大祭祀，省牲，视涤濯。"《周礼·春官·肆师》曰："凡祭祀之卜日、宿、为期，诏相其礼，视涤濯亦如之。"小宗伯、肆师协助大宗伯检查祭器。又《仪礼·特牲馈食礼》："宗人升自西阶，视壶濯及豆笾，反降，东北面，告濯具……举鼎鼏告洁。"《少牢馈食礼》："宗人命涤。"郑玄注曰："涤，溉濯祭器，扫除宗庙。"②宗人检查祭器清洁情况。

祭祀祖先时，每一项重要的礼仪开始之前都要清洗酒器。下面以《仪礼·特牲馈食礼》为例作一简要梳理。举行阴厌，"祝洗，酌奠，奠于铏南。"郑玄注曰："酌奠，奠其爵觯也。"③初献礼仪，"主人洗角，升酌，酢尸。"亚献礼仪，"主妇洗爵于房，酌，亚献尸。"三献礼仪，"主妇洗爵，酌，致爵于主人……主人降，洗，酌，致爵于主妇……（宾）洗爵，酌致于主人、主妇"。主人向宾和兄弟献酒，"主人降阼阶……卒洗，揖让升，酌，西阶上献宾……主人洗觯，酌于西方之尊，西阶前北面酬宾……主人洗爵，献长兄弟于阶阼上，如宾仪。洗，献众兄弟，如众宾仪。洗，献内兄弟于房中，如献众兄弟之仪。"嗣子献尸，"举奠洗酌入，尸拜受"。旅酬礼仪时，"兄弟弟子洗酌于东方之尊，阼阶前北面，举觯于长兄弟，如主人酬宾仪……宾弟子及兄弟弟子洗，各酌于其尊，中庭北面，西上，举觯于其长，奠觯，拜，长皆答拜。举觯者洗，各酌于其尊，复初位，长皆拜"。

---

① （清）阮元校刻：《十三经注疏》，中华书局1980年版，第650页。
② （清）阮元校刻：《十三经注疏》，中华书局1980年版，第763、1196页。
③ （清）阮元校刻：《十三经注疏》，中华书局1980年版，第1183页。

佐食者献尸，"利洗散，献于尸"。举行馂食礼，主人洗爵，酌酒献嗣子和兄弟之长。

(二) 清洁祭品

祭品是献给神灵享用的，因而必须保证其干净。《诗经·小雅·楚茨》曰："济济跄跄，洁尔牛羊，以往烝尝。"即清洗干净牛羊，态度虔诚地去祭祀。《墨子·尚同》曰："其事鬼神也，酒醴粢盛，不敢不蠲洁。"《孟子·尽心下》："牺牲既成，粢盛既洁，祭祀以时。"《左传·桓公六年》载："奉盛以告曰'洁粢丰盛'。"可见，只有将牺牲、谷物等祭品清洗干净，方能祭祀神灵。

周代祭祀祖先时，封人在祭祀前夕负责清洗牛牲。《周礼·地官·封人》载："凡祭祀，饰其牛牲。"郑玄注：曰"饰，谓刷治洁清之也。"即祭祀前一天晚上洗掉牛牲身上的污秽，使其变得清洁。羊人则负责清洗羊牲。《周礼·夏官·羊人》载："凡祭祀，饰羔。"司烜氏负责洗涤粢盛。《周礼·秋官·司烜氏》曰："以共祭祀之明齍。"郑司农云："明粢，谓以明水瀞涤粢盛黍稷。"① 即用明水将粢盛洗涤干净。

(三) 祭祀者盥洗

尸象征祖先灵魂，祭祀过程中要享用祭品，因而在参加祭祀典礼之前必须要净手。《仪礼·特牲馈食礼》曰："尸盥匜水，实于盘中"，即尸洗手用的匜盛放着水，放置于盘中。又《仪礼·少牢馈食礼》载："尸入门左，宗人奉盘，东面于庭南。一宗人奉匜水，西面于盘东。一宗人奉箪、巾，南面于盘北。乃沃尸。盥于盘上，卒盥，坐奠箪，取巾，兴，振之三，以授尸；坐取箪，兴，以受尸巾。"尸进入庙门后，一宗人捧盘、一宗人捧匜、另一宗人捧箪和巾，服侍尸洗手。

除尸之外，参加祭祀活动的其他诸人进献祭器及祭品之前亦要洗手。《仪礼·特牲馈食礼》曰："主妇盥于房中，荐两豆：葵菹、蜗

---

① （清）阮元校刻：《十三经注疏》，中华书局1980年版，第885页。

醢，醢在北。宗人遣佐食及执事盥，出。主人降，及宾盥，出。""嗣举奠，盥入，北面再拜稽首。""宗人遣举奠及长兄弟盥，立于西阶下，东面北上。"可知，参加祭祀礼仪的主妇、佐食者、执事、主人、宾客、嗣子、长兄弟等都进行了洗手。

（四）承接露水

古人用铜鉴（汉称之为方诸）在月光下承接露水，因不知是露水，以为月光所生，故认为所接之水乃天地间最纯洁的水，称为明水。《周礼·秋官·司烜氏》曰："以鉴取明水于月"，郑玄注曰："鉴，镜属。取水者，世谓之方诸。"①

（五）冷冻祭品

鉴作为水器的另一功能就是冷冻祭品。《周礼·天官·凌人》载，凌人"掌冰正……春始治鉴。凡外内饔之膳羞，鉴焉。凡酒、浆之酒醴亦如之。祭祀，共冰鉴"。郑玄注曰："鉴如甄，大口。以盛冰，置食物于中，以御温气。"② 湖北随州擂鼓墩曾侯乙墓出土过青铜冰鉴，由内外两件器物构成，外部为鉴，鉴内置一尊缶。鉴与尊缶之间有较大空隙，夏天放入冰块可为祭品降温，以防变质。

## 五　乐器

早在殷商时代，祭祀祖先就需演奏音乐，《周易·豫卦》曰："先王以作乐崇德，殷荐之上帝，以配祖考。"周代祭祀祖先全程需要演奏音乐，在祭祀礼仪的不同阶段，音乐也发挥着不同的作用。祭礼开始之前，演奏美妙的乐曲用以招揽神灵前来享用祭品，《周礼·春官·大宗伯》贾公彦疏云："先奏是乐，以致其神，则天神、地祇、人鬼皆以乐为下神始也。"《周礼·春官·大司乐》郑玄注曰："先奏是乐，以致其神。"③ 因此，祭祀奏乐，还有招神的作用。④ 祭祀过程

---

① （清）阮元校刻：《十三经注疏》，中华书局1980年版，第885页。
② （清）阮元校刻：《十三经注疏》，中华书局1980年版，第671页。
③ （清）阮元校刻：《十三经注疏》，中华书局1980年版，第759、790页。
④ 杨志刚：《中国礼仪制度研究》，华东师范大学出版社2001年版，第254页。

中则鼓乐齐鸣，营造欢愉的氛围，如《诗经·周颂·执竞》所述："钟鼓喤喤，磬筦将将，降福穰穰。"祭祀结束后，需以音乐欢送神灵，如《诗经·小雅·楚茨》载："皇尸载起，鼓钟送尸。"周代祭祀祖先使用音乐，基本上有两重目的，一是降神送神，一是娱神悦神。

周代祭祀祖先使用的乐器种类繁多，按照材质可分为金器、石器、木器、匏器、土器、革器、丝器和竹器八大类。按照演奏方式可分为吹奏器、打击器、拨弦器三类。按照功能可分为降神送神器和娱神悦神器两大类。

(一) 降神送神器

周代祭祀祖先时常常钟鼓连用。《诗经·小雅·楚茨》曰："礼仪既备，钟鼓既戒……皇尸载起，鼓钟送尸。"《诗经·周颂·执竞》曰："钟鼓喤喤，磬筦将将，降福穰穰。"贾公彦疏引郑玄语，"'先击钟，次击鼓'。金则钟也，奏则击也，则是击钟后即击鼓"[①]。钟鼓声音洪亮，祭祀之前敲击以召唤神灵享用祭品，和《礼记·礼运》篇中击打土鼓有异曲同工之妙，"夫礼之初，始诸饮食，其燔黍捭豚，污尊而抔饮，蒉桴而土鼓，犹若可以致其敬于鬼神"。祭祀完毕，钟鼓齐鸣，欢送神灵，预示祭礼结束。

又《荀子·乐论》曰："鼓似天，钟似地"，即鼓声因为激昂高亢，意象高远，有如上天；钟声因为洪亮浑厚，意象深沉，有如大地。周人认为，祖先去世，魂升于天，魄归于地。因而，祭祀祖先神灵时，鼓是最好的通魂之器，钟则是最好的通魄之器，钟鼓齐鸣就可达到降神送神的目的。

鼓形状各异，在祭祀、燕飨、战争、田猎等活动中广泛应用。周代祭祀祖先时使用四个面的路鼓，《周礼·地官·鼓人》曰："以路鼓鼓鬼享"。当然，祭祀过程中鼓也和其他乐器一起演奏，以配合音节。

---

[①] （清）阮元校刻：《十三经注疏》，中华书局1980年版，第720页。

(二) 娱神悦神器

除钟鼓外，周代祭祀祖先时使用的乐器种类很多，均是以音乐来讨好神灵，娱乐祖先。《诗经·小雅·宾之初筵》曰："籥舞笙鼓，乐既和奏。烝衎烈祖，以洽百礼。"籥为竹制吹奏乐器，笙为有簧管的匏制吹奏乐器。《诗经·周颂·有瞽》云："有瞽有瞽，在周之庭。设业设虡，崇牙树羽。应田县鼓，鞉磬柷圉。既备乃奏，箫管备举。喤喤厥声，肃雍和鸣，先祖是听。我客戾止，永观厥成。""业，挂乐器的木架横梁上面的大版，刻如锯齿状。虡，挂钟、磬的直木架。崇牙，也叫枞，是业上突出的木齿，弯曲高耸，用来挂乐器。树羽，在崇牙上插着五彩的羽毛作为装饰。"① 因祭祀乐器繁多，还要使用木架进行悬挂。周代由典庸器及属官负责陈设木架，《周礼·春官·典庸器》曰："及祭祀，帅其属而设笋虡。"笋虡就是悬挂钟磬的木架，"横梁叫做笋，立柱叫做虡"②。祭祀时典庸器率视瞭、小胥等属官将有关乐器悬挂于庙堂规定的位置，故《周礼·春官·视瞭》曰："掌大师之县"，《周礼·春官·小胥》云："正乐县之位，王宫县，诸侯轩县，卿大夫判县，士特县。"县者悬也。郑玄注曰："乐县，谓钟磬之属县于笋簴者。郑司农云：'宫县四面县，轩县去其一面，判县又去其一面，特县又去其一面。四而像宫室四面有墙，故谓之宫县。轩县三面，其形曲……'玄谓轩县去南面，辟王也。判县左右之合，又空北面。特县县于东方，或于阶间而已。"这就是说，按照天子、诸侯、大夫、士等不同的等级，钟、磬等乐器也相应地分为"宫县""轩县""判县""特县"等不同的悬挂方式。陈设好乐器后，祭祀之日前一天晚上，大司乐还要进行检查。《周礼·春官·大司乐》曰："凡乐事，大祭祀宿县，遂以声展之。"郑玄注曰："叩听其声，具陈次之，以知完不。"③ 即在祭祀前一天晚上，先叩击悬挂乐器听其声音，然后依次陈列，检查是否完好。至于演奏过程中各种乐器的使

---

① 程俊英、蒋见元：《诗经注析》，中华书局1991年版，第962页。
② 杨天宇：《周礼译注》，上海古籍出版社2004年版，第349页。
③ （清）阮元校刻：《十三经注疏》，中华书局1980年版，第790、795页。

用，《周礼》中则有大师、小师、瞽矇、视瞭、磬师、钟师、笙师、镈师、籥师等职官分工负责。《有瞽》一诗中涉及鼓、磬、柷、圉、箫、管等多种乐器，其中应为小鼓，田为大鼓，县为悬鼓，鞉为有柄有耳的摇鼓，磬为玉或石制的打击乐器，柷和圉为木制的打击乐器，箫和管为竹制的吹奏乐器。此诗祭祖场面宏大，演奏乐器繁多，气氛庄严肃穆。

## 第四节　周代祖先祭祀中的乐舞

周代祭祀祖先，每当举行一项较为重要的礼仪，辄有与之相应的乐章伴奏，使行礼之人合于乐节。当祀典进入高潮时，则辅之以歌舞，使礼、乐、歌、舞四者融为一体，以达到神人的高度和谐。

### 一　乐歌

《周礼·春官·大司乐》载："王出入，则令奏《王夏》；尸出入，则令奏《肆夏》；牲出入，则令奏《昭夏》。"这是说祭祀的不同环节演奏不同的乐曲。当然，上述未能将所有祭祀环节的全部用乐包括进去。如《诗经》中收录了诸侯助祭进出时演奏《振鹭》《烈文》等。又《周礼·春官·乐师》曰："及彻，帅学士歌彻。"祭祀进行到尾声，撤除祭品时要唱《雍》歌。《论语·八佾》载："三家者以《雍》彻，子曰：'相维辟公，天子穆穆'，奚取于三家之堂？"孔子批评鲁国季孙氏等三家僭用天子祭礼。可见，天子祭祀彻乐用《雍》。

《诗经》中保留了大量的周代祭祀乐歌，集中体现于《周颂》。此外，《大雅》《小雅》中也有少量的涉及，现简要罗列如下：

《周颂·清庙》：周公营建洛邑成功，率诸侯祭祀文王之乐歌。

《周颂·维天之命》：祭告文王天下太平之乐歌。

《周颂·维清》：成王祭祀文王之乐歌。

《周颂·烈文》：成王即位祭祖，诸侯助祭之乐歌。

《周颂·天作》：祭祀周先公先王之乐歌。

《周颂·昊天有成命》：祭祀成王之乐歌。

《周颂·我将》：以文王配祭上帝之乐歌。

《周颂·执竞》：祭祀武王之乐歌。

《周颂·思文》：以后稷配祭天神之乐歌。

《周颂·振鹭》：宋微子启来周助祭之乐歌。

《周颂·丰年》：秋天丰收后祭祀祖先之乐歌。

《周颂·有瞽》：合乐祭祖之乐歌。

《周颂·潜》：周王以鱼献祭宗庙之乐歌。

《周颂·雍》：武王祭祀文王之乐歌。

《周颂·载见》：成王率诸侯祭祀武王之乐歌。

《周颂·闵予小子》：成王嗣位，祭告祖先之乐歌。

《周颂·赉》：祭祀文王分封功臣之乐歌。

《大雅·旱麓》：周文王祭祖祈福之乐歌。

《大雅·既醉》：周王祭祀祖先，祝代表神尸对主祭者周王的祝词。

《小雅·楚茨》：周王祭祀祖先之乐歌。

《小雅·信南山》：周王祭祖祈福之乐歌。

## 二 乐舞

中国古代的祭祀舞蹈形式多样，不同的祭祀活动分别有不同的祭舞。周代祭祀祖先时使用的舞蹈有六大舞、六小舞和其他乐舞。

（一）六大舞

《周礼·春官·大司乐》载："以乐舞教国子舞《云门》《大卷》《大咸》《大韶》《大夏》《大濩》《大武》。"六大舞为黄帝之《云门》《大卷》、尧之《大咸》、舜之《大韶》、禹之《大夏》、汤之《大濩》和武王之《大武》。贾公彦疏云："《云门》与《大卷》为一名，故下文分乐而序之，更不序《大卷》也。"① 故六大舞实指《云门》《大咸》《大韶》《大夏》《大濩》和《大武》。六大舞中用以祭祀祖先的有《大韶》《大濩》《大武》三种。

《大韶》，简称《韶》，亦作《九韶》《韶箫》《箫韶》《韶虞》《昭虞》，是舜时的乐舞，歌颂舜帝能继承并发扬光大尧的功德，周代用以祭祀祖先。《周礼·春官·大司乐》曰："《九德》之歌，《九韶》之舞，于宗庙之中奏之，若乐九变，则人鬼可得而礼矣。"

《大濩》，简称《濩》，又称《韶濩》。用以歌颂商汤伐桀，天下安宁，周代用以祭祀始祖姜嫄。《周礼·春官·大司乐》曰："乃奏夷则，歌小吕，舞《大濩》，以享先妣。"

《大武》，歌颂武王伐纣获得胜利的乐舞作品，用以祭祀周族的先公、先王。《周礼·春官·大司乐》曰："乃奏无射，歌夹钟，舞《大武》，以享先祖。"

周代用以祭祀祖先的三大乐舞有文舞和武舞之分。《大韶》属文舞，《大濩》和《大武》属武舞。文舞持籥翟而舞，故又称籥翟舞；武舞持干戚而舞，又称干戚舞。《周礼·夏官·诸子》曰："凡乐事，正舞位，授舞器。"贾公彦疏云："文舞则授羽籥，武舞授干戚之等。"② 羽指雉羽，籥是一种舞者所吹的竹管乐器，干为盾牌，戚即斧钺。周代由司干掌管舞器的发放与回收，《周礼·春官·司干》："司干，掌舞器。祭祀，舞者既陈，则授舞器，既舞则受之。"另外，文舞有乐伴奏，武舞则可以无乐，故《公羊传·宣公八年》云："万者何？干舞也；籥者何？籥舞也。其言'万入去籥'何？去其有声者，废其无声者。"

---

① （清）阮元校刻：《十三经注疏》，中华书局1980年版，第788页。
② （清）阮元校刻：《十三经注疏》，中华书局1980年版，第850页。

### (二) 六小舞

《周礼·春官·乐师》载:"乐师掌国学之政,以教国子小舞。凡舞,有《帗舞》,有《羽舞》,有《皇舞》,有《旄舞》,有《干舞》,有《人舞》。"小舞"谓以年幼少时教之舞"①,用以祭祀祖先的有《羽舞》和《人舞》。

《羽舞》,手执白色羽毛制成的舞具而舞,郑玄注曰:"宗庙以羽。"②

《人舞》,舞者手无所执,仅以衣袖为舞具,贾公彦疏云:"宗庙是人鬼,故知用人也。"③

### (三) 其他乐舞

周代祭祀祖先时还出现过《勺舞》《象舞》和《万舞》等。

《礼记·内则》曰:"十有三年,学乐诵诗,舞《勺》。成童,舞《象》,学射御。"郑玄注曰:"先学《勺》,后学《象》,文武之次也。成童,十五以上。"言十三岁之时,学文舞《勺舞》;十五岁以上,习武舞《象舞》。王国维说:"疑《武》之六成,本是大舞,周人不必全用之,取其第二成用之,谓之《武》;取其第三成用之,谓之《勺》;取其四成、五成、六成用之,谓之《三象》。"④ 丁进认为:"《大武》乐章不是一次完成的,而且规模逐渐扩大。《大武》乐章的完整演出,应当在祖先祭祀的大合乐时,《大武》乐章也可以分开来演奏。"⑤ 由此来看,《勺舞》和《象舞》似乎是《大武》的一部分,并可单独进行表演。周成王祭祀文王时就曾使用过《象舞》,《毛序》曰:"《维清》,奏《象舞》也。"祭祀文王时歌《维清》,舞《象舞》。孔颖达正义曰:"谓文王时有击刺之法……经言文王之法,可用以成功,是制《象舞》之意。"⑥

---

① (清) 阮元校刻:《十三经注疏》,中华书局1980年版,第793页。
② (清) 阮元校刻:《十三经注疏》,中华书局1980年版,第793页。
③ (清) 阮元校刻:《十三经注疏》,中华书局1980年版,第793页。
④ 王国维:《观堂集林》,中华书局1959年版,第110页。
⑤ 丁进:《周礼考论——周礼与中国文学》,上海人民出版社2008年版,第248页。
⑥ (清) 阮元校刻:《十三经注疏》,中华书局1980年版,第584、1471页。

《诗经·鲁颂·閟宫》中描写鲁僖公祭祀祖先时舞《万舞》的盛大场面，曰"万舞洋洋，孝孙有庆"。毛亨为《诗经·邶风·简兮》作传也说："以干羽为《万舞》，用之宗庙山川。"①《万舞》是可以用来祭祀祖先的，但对于《万舞》的性质似乎有较大的分歧。《左传·隐公五年》载："九月，考仲子之宫，将万焉。公问羽数于众仲。"鲁桓公祭祀母亲仲子使用了《万舞》，孔颖达疏引何休言，云："所以仲子之庙唯有羽舞无干舞者，'妇人无武事，独奏文乐'也。"孔颖达认为《万舞》是一种文舞。而《左传·庄公二十八年》云"振万焉"。杨伯峻先生认为："然则武舞必振铎以为节，故舞万曰振万。万为舞名，此为武舞，故下文云'习戎备也'。"②在此，杨伯峻先生认为《万舞》是一种武舞。郑玄笺则云："万，舞名也……以万者舞之总名，干戚与羽籥皆是，故云以干羽为万舞。"③郑玄认为《万舞》同时兼备文武两种属性。郑说诚是。其实，祖先祭祀中文舞与武舞并不是截然对立的，孙诒让曰："大舞则文舞以羽籥为主，而亦有干戚；武舞以干戚为主，而亦有羽籥。"④根据《诗经·邶风·简兮》"硕人俣俣，公庭万舞。有力如虎，执辔如组。左手执籥，右手秉翟"的场面，《万舞》应先是武舞，后是文舞。

周代祭祀祖先表演舞蹈人数多寡有礼制的规定。《左传·隐公五年》曰："天子用八，诸侯用六，大夫四，士二。"此舞列人数究竟是多少，汉代以来有两种说法。一种观点认为舞队应该保持正方形，天子八佾即八八六十四人，诸公六佾即六六三十六人，大夫四佾即四四一十六人，士二佾即二二四人。另一种观点认为佾是每列八人，八佾即八八六十四人，六佾即六八四十八人，四佾即四八三十二人，二佾即二八一十六人。抛开人数的分歧，随着主祭者身份的降低，使用乐舞的人数也相应减少则是不争的事实。《论语·八佾》篇载鲁国大

---

① （清）阮元校刻：《十三经注疏》，中华书局1980年版，第308页。
② 杨伯峻：《春秋左传注》，中华书局1981年版，第241页。
③ （清）阮元校刻：《十三经注疏》，中华书局1980年版，第308、1727页。
④ 孙诒让：《周礼正义》，中华书局1987年版，第1278页。

夫季氏公然僭用天子礼制，"八佾舞于庭"，孔子发出了"是可忍也，孰不可忍也？"的感慨。

周代祭祀祖先兴舞之时，天子、诸侯要亲自率领群臣跳舞。《礼记·明堂位》载鲁国以天子之礼祭祀周公时，君主"朱干玉戚，冕而舞《大武》"。《礼记·祭统》亦曰："及入舞，君执干戚就舞位。君为东上，冕而揔干，率其群臣，以乐皇尸。是故天子之祭也，与天下乐之；诸侯之祭也，与竟内乐之。冕而揔干，率其群臣，以乐皇尸，此与竟内乐之之义也。"

# 第六章

# 周代祖先祭祀场所及主要礼仪

祖先祭祀是古人生活中庄严而神圣的大事，一般需要在特定场所举行。周代祖先祭祀场所既有坛墠之类的临时之所，又有坟墓、宗庙等固定之所。

## 第一节 周代祖先祭祀场所

### 一 坛墠

坛墠是最为简单的祭祀场所。坛，《礼记·祭法》郑玄注云："封土曰坛"，以土堆成一个高出地面的平台即为坛。墠，郑玄注云："除地曰墠"[1]，扫除干净一块平地即为墠。墠虽然简单质朴，但在古人心目中却是比坛更为重要的祭祀场所，《礼记·礼器》曰："至敬不坛，扫地而祭。"

坛墠在周代通常用以祭祀天神、地祇，偶尔也用作祭祀祖先的临时场所。《尚书·金縢》载："既克商二年，王有疾，弗豫。二公曰：'我其为王穆卜？'周公曰：'未可以戚我先王。'公乃自以为功：为三坛，同墠；为坛于南方，北面，周公立焉，植璧秉珪，乃告太王、王季、文王。"武王克商后染疾，周公在一块清扫干净的平地上筑起

---

[1] （清）阮元校刻：《十三经注疏》，中华书局1980年版，第1589页。

三坛，又于南方筑坛立于其上，祭祀祖先太王、王季、文王，祈求武王病愈。清华简《金縢》亦有类似记载，"武王既克殷三年，王不豫有迟。二公告周公曰：'我其为王穆卜。'周公曰：'未可以戚吾先王。'周公乃为三坛同墠；为一坛于南方，周公立焉，秉璧植珪。史乃册祝告先王曰：……"① 又《礼记·曾子问》载："曾子问：'宗子去在他国，庶子无爵而居者，可以祭乎？'孔子曰：'祭哉！'请问其祭如之何？孔子曰：'望墓而为坛，以时祭。'"此言宗子离国，庶子即使没有爵位，也可朝着祖先墓地的方向筑坛而祭。

此外，周代战争有载主以行的习俗，如武王就曾载文王木主东伐纣。战争中载主以行是为了随时向祖先神灵请命和汇报战功。文献虽未言明此种情形于何处祭祀祖先神主，但神主作为祖先神灵象征，祭祀时不可能随意摆放，以免亵渎祖先神灵。据此推测，临时设置的坛墠无疑成为战争中祭祀祖先神主的最佳选择。

## 二 坟墓

在古人思想观念中，祖先去世后坟墓成为其灵魂栖居之所，故而坟墓亦是古代祭祀祖先的重要场所。《论衡·四讳篇》云："墓者，鬼神所在，祭祀之处。"

坟墓今为一词，在古代二者是有区别的。《礼记·檀弓上》郑玄注曰："土之高者曰坟"②，"凡葬而无坟谓之墓"（《方言卷十三》）。可知，墓是没有封土的葬所，而坟则是有封土的葬所。古代丧葬最初均为没有封土的墓，故《礼记·檀弓上》曰："古也墓而不坟"，而带有封土的坟一般认为出现于春秋时代。坟虽然出现较晚，但以墓为场所的祖先祭祀活动却起源甚早。文献明确记载墓祭的可追溯至夏代。《吴越春秋》载："禹以下六世而得帝少康。少康恐禹祭之绝祀，乃封其庶子于越，号曰无余……无余质朴，不设宫室之饰，从民所居，春秋祠禹墓于会稽。"

---

① 李学勤主编：《清华大学藏战国竹简·壹》，中西书局2010年版，第158页。
② （清）阮元校刻：《十三经注疏》，中华书局1980年版，第1275页。

## 第六章 周代祖先祭祀场所及主要礼仪

西周祭祀祖先虽然主要在宗庙进行，但墓祭并未因此而绝迹。《周礼·春官·小宗伯》载："王崩……成葬而祭墓，为位。"《周礼·春官·冢人》曰："正墓位，跸墓域，守墓禁。凡祭墓，为尸。"孙诒让指出乃"其子孙祭父祖之墓"①。孙说是否可信呢？《史记·周本纪》言："九年，武王上祭于毕。"《集解》引马融言："毕，文王墓地名也。"② 文献记载西周时代存在墓祭亦得到了考古发现的印证。1993年，考古工作者对山西北赵晋侯墓地进行了第四次发掘，发现的64号、62号、63号三座西周晚期大墓均有祭祀坑，坑内殉马。③ 李伯谦先生认为这"不仅证明西周时期确实存在墓祭，而且证明有专门针对某一特定墓主举行的活动"④。

春秋时期，由于坟丘式墓葬的出现，使得祖先墓地更加容易辨识，在一定程度上促使了墓祭之风的兴起。战国社会，墓祭已经相当盛行。《孟子·离娄下》记载："齐人有一妻一妾而处室者，其良人出，则必餍酒肉而后反。其妻问所与饮食者，则尽富贵也。其妻告其妾曰：'良人出，则必餍酒肉而后反，问其与饮食者，尽富贵也，而未尝有显者来。吾将瞷良人之所之也。'蚤起，施从良人之所之，遍国中无与立谈者。卒之东郭墦间，之祭者乞其余，不足，又顾而之他。此其为餍足之道也。"文中言齐人每次外出酒足饭饱后回家，向妻妾炫耀、吹嘘自己结交皆为权贵，其妻经过跟踪，发现丈夫所谓的"餍足之道"居然是向墓祭者乞讨。这则故事从侧面反映出战国时代墓祭之风盛行绝非虚言。

周代社会比较重视血缘宗法，人们生前聚族而居，死后亦以宗族为单位进行埋葬，由此形成族墓。据《周礼》记载，族墓有"公墓"与"邦墓"之分，"公墓"为周王及诸侯、诸臣墓地，⑤ 即贵族之墓

---

① 孙诒让：《周礼正义》，中华书局1987年版，第1704页。
② （汉）司马迁：《史记》，中华书局1959年版，第120页。
③ 山西省考古研究所、北京大学考古学系：《天马——曲村遗址北赵晋侯墓地第四次发掘》，《文物》1994年第8期。
④ 李伯谦：《从晋侯墓地看西周公墓墓地制度的几个问题》，《考古》1997年第11期。
⑤ 孙诒让：《周礼正义》，中华书局1987年版，第1695—1696页。

地;"邦墓"为"万民所葬地",即庶民之墓地。周代"公墓""邦墓"均以昭穆排序。《周礼·春官·冢人》曰:"冢人掌公墓之地,辨其兆域而为之图,先王之葬居中,以昭穆为左右。"郑玄注曰:"王之造茔也,昭居左,穆居右,夹处东西。"又《周礼·春官·墓大夫》载:"墓大夫掌凡邦墓之地域为之图。令国民族葬而掌其禁令,正其位掌其度数,使皆有私地域。"郑玄注曰:"位,谓昭穆也。"贾公彦疏云:"凡万民墓地亦如上文,豫有昭穆为左右。"① 周代除了针对某一特定墓主举行的祭祀活动外,对宗族众多墓主同时祭祀也可能是一种普遍现象。现代广东五邑人就有类似的族墓祭祀活动。五邑人将祖先墓分为始祖墓和本家墓,始祖墓即太公墓,为一方姓氏始祖之墓,凡该姓氏的子孙均要到场参加祭祀;本家墓为本家祖先之墓,只由本家后人祭扫。②

周代以降,墓祭之风绵延不绝。时至今日,墓祭已经发展成为最主要的祖先祭祀方式。现代人们逢年过节、婚嫁等大事都要墓祭祖先,清明节前后和农历十月初一更是形成了集中祭祀祖先的高潮。

### 三 宗庙

宗庙应是比坟墓稍晚兴起的祖先祭祀场所。有学者提出,"最初对祖先的祭祀,当在墓地里举行,但由于气候和地理环境诸多因素的制约,很不方便。后来随着祖先崇拜观念的日益强烈,索性仿照墓葬的形式而建立起宗庙来。"③ 根据已知考古资料来看,宗庙最早出现于新石器时代晚期,辽宁牛河梁遗址曾发现用以祭祀的大型建筑"女神庙"。文献明确记载宗庙的出现时间与考古发现基本一致。《绎史》卷五引《竹书纪年》及《博物志》曰:"黄帝崩,其臣左彻取衣冠几杖而庙祀之。"又宋人高承在《事物纪原·宫室居处部》中讲到,黄帝"升天,臣僚追慕,取几杖立庙,于是曾游处皆立祠云。此庙之

---

① (清)阮元校刻:《十三经注疏》,中华书局1980年版,第786—787页。
② 刘志文:《广东民俗大观》上,广东旅游出版社1993年版,第483页。
③ 李衡眉:《昭穆制度与宗法制度关系论略》,《历史研究》1996年第2期。

## 第六章 周代祖先祭祀场所及主要礼仪

始也"。

《释名·释宫室》曰:"宗,尊也。庙,貌也。先祖形貌所在也。"宗庙是象征祖先神灵的物质载体,成为后人寄托哀思、祭祀的重要场所。周代宗庙地位甚至高于祭祀地神、谷神的社稷。《礼记·祭义》载:"建国之神位,右社稷而左宗庙。"郑玄注曰:"周尚左也。"① 君子更是将修建宗庙视为头等大事。《礼记·曲礼下》言:"君子将营宫室,宗庙为先,厩库为次,居室为后。"不过,设立宗庙祭祀祖先乃周代贵族之特权,《谷梁传·僖公十五年》曰:"天子至于士皆有庙"。广大庶人"无庙,死曰鬼"(《礼记·祭法》),只能"祭于寝"(《礼记·王制》)。而在贵族阶层内部,由于身份等级不同,立庙数量也是多寡有别。《礼记·王制》载:"天子七庙,三昭三穆,与太祖之庙而七。诸侯五庙,二昭二穆,与太祖之庙而五。大夫三庙,一昭一穆,与太祖之庙而三。士一庙。"《礼记·礼器》曰:"天子七庙,诸侯五,大夫三,士一。"《礼记·祭法》言:"王立七庙,一坛一墠……诸侯立五庙,一坛一墠……大夫立三庙,二坛……适士二庙,一坛……官师一庙。"据史料记载可知,等级愈低,设立的宗庙数量愈少。

周代社会,除禘祭、祫祭、四时祭等大型祭祖活动必于宗庙隆重举行外。国君告朔、赐爵等政治活动;诸侯朝聘、会盟等外交活动;战前治兵、谋议、命将、授兵、誓师,战后献俘等军事活动以及婚冠等社会活动也都要在宗庙祭祀祖先,宗庙俨然成了周代一切重大活动祭祀祖先的重要场所。宗庙祭祀祖先文献多有记载,兹不赘述。

"周有宗庙,除可见于文献外,金文中亦屡屡有之……唯其名称不一,或曰'庙',或称'大庙'、'周庙'。"② 的确如此,如:

  王格庙 元年师旋簋(《集成》4279)、蔡簋(《集成》4340)、吴方彝盖(《集成》9898)

---

① (清)阮元校刻:《十三经注疏》,中华书局1980年版,第1601页。
② 黄然伟:《殷周青铜器赏赐铭文研究》,龙门书店1978年版,第88页。

格于大庙　免簋（《集成》4240）、同簋（《集成》4271）、三年师兑簋（《集成》4318）

王格于周庙　无叀鼎（《集成》2814）、盠方尊（《集成》6013）、盠方彝（《集成》9899）

金文中也有直接称"宗庙"或"某庙"者，如：

用享于宗庙　南公有辞鼎（《集成》2631）
格康庙　南宫柳鼎（《集成》2805）、元年师兑簋（《集成》4274）
格穆庙　大克鼎（《集成》2836）

金文中的"宫"也可用来指代宗庙。如：

王格于康宫　卫簋（《集成》4209）、楚簋（《集成》4246）
王在康宫　康鼎（《集成》2786）、申簋盖（《集成》4267）、扬簋（《集成》4294）
王在周康昭宫　趞鼎（《集成》2815）、颂鼎（《集成》2827）、颂簋（《集成》4332）
王在周康穆宫　裘鼎（《集成》2819）、善夫克盨（《集成》4465）、裘盘（《集成》10172）
王在周康剌宫　克钟（《集成》204）、克镈（《集成》209）
王在周康宫徲宫　此鼎（《集成》2821）、此簋（《集成》4303）
用牲于京宫　矢令方尊（《集成》6016）、矢令方彝（《集成》9901）
王格于成宫　智壶盖（《集成》9728）
告于周公宫　矢令方尊（《集成》6016）、矢令方彝（《集成》9901）

## 第六章 周代祖先祭祀场所及主要礼仪

王格琱宫　庚嬴鼎（《集成》2748）

唐兰先生认为，金文中的"康宫"是周康王的宗庙；周康昭宫、周康穆宫、周康剌宫、周康𢯱宫分别是昭王、穆王、厉王、夷王的宗庙；京宫是周王的祖庙，因太王原来住在"京"，"京"地有最早的宗庙，所以周初的宗庙是"京宫"①。其说可从。据此，"成宫"当为成王宗庙，"周公宫"当为周公宗庙。琱通周，琱宫疑即周王朝之宗庙。②

金文中的"室"也多与宗庙有关。如：

王格于大室　师奎父鼎（《集成》2813）、师毛父簋（《集成》4196）、𢦏簋（《集成》4255）、弭伯师耤鼎（《集成》4257）、王臣簋（《集成》4268）、师𩂣簋（《集成》4342）

王在周成大室　吴方彝盖（《集成》9898）

王在康宫大室　君夫簋盖（《集成》4178）

王格穆大室　伊簋（《集成》4187）

王在周康宫𢯱大室　禹攸从鼎（《集成》2818）、鬲比簋盖（《集成》4278）

用禋祀于兹宗室　𪔵史𡇡壶（《集成》9718）

大室即太室，唐兰先生认为太室是宗庙中央最大的一间。③ 可见，太室为宗庙的一部分。宗室，毛亨传曰："宗室，大宗之庙也。"④

总之，金文中的宗庙名称繁多，体现出周代祖先祭祀活动相当活跃。还需指出，金文中常有于宗周、成周祭祀祖先的记载，虽未言明祭祀地点，但应当是祭祀于此二地之宗庙，敔簋铭文"王格于成周大

---

① 唐兰：《西周铜器断代中的"康宫"问题》，《考古学报》1962年第1期。
② 王辉：《商周金文》，文物出版社2006年版，第73页。
③ 唐兰：《西周青铜器铭文分代史征》，中华书局1986年版，第12页。
④ （清）阮元校刻：《十三经注疏》，中华书局1980年版，第286页。

庙"(《集成》4323）便很能说明问题。

## 第二节　周代祖先祭祀主要礼仪

周代天子、诸侯祭祖礼仪散见于《周礼》《礼记》《诗经》等古代文献，记载毫无系统可言，难以窥其全貌。倒是卿大夫和士阶层的祭祖礼仪分别在《仪礼·少牢馈食礼》和《仪礼·特牲馈食礼》中有较为全面的记载，使我们对周代祖先祭祀礼仪能够略知一二。卿大夫、士与天子、诸侯祭祖礼仪相比，除在祭品规格、祭器数量等方面存在细微差别外，整个祭祖礼仪程式应该大同小异。为便于把握，特将周代祭祖礼仪分三大部分予以介绍。

### 一　祭日之前礼仪

筮日。周代天子、诸侯祭祀祖先可能由肆师协助大宗伯通过卜筮来决定日期。《周礼·春官·大宗伯》曰："凡祀大神、享大鬼、祭大示，帅执事以卜日。"《周礼·春官·肆师》云："肆师之职，掌立国祀之礼，以佐大宗伯……凡祭祀之卜日，宿有期，诏相其礼。"而根据《仪礼》相关记载来看，卿大夫卜筮祖先祭祀日期应该由宗人[①]协助大史完成。《周礼·春官·大史》云："大祭祀，与执事卜日。"而士卜筮祖先祭祀日期应该由宗人协助大宰完成。《周礼·天官·大宰》曰："祀武帝……前期十日帅执事卜日……享先王，亦如之。"周代卿大夫祭祀祖先一般选择柔日中的丁日或己日，需提前一个丁日或己日卜筮，如卜筮结果吉利，方可进行后续的准备工作。如卜筮结果不吉利，则要等到下一旬的丁日或己日再行卜筮。卜筮日期最多不超过三次，如三次过后仍未得到吉日，则祭祀活动取消。贾公彦疏云："若上旬丁己不吉，则至上旬又筮中旬丁己；不吉，至中旬又筮

---

① 《周礼·春官》有都宗人和家宗人，"都宗人掌都祭祀之礼，凡都祭祀，致福于国"；"家宗人掌家祭祀之礼，凡祭祀致福"。

第六章　周代祖先祭祀场所及主要礼仪　　151

下旬丁巳；不吉则止，不祭。以其卜筮不过三也。"① 士祭祀祖先提前一旬卜筮日期，吉利即可。如若不吉，则卜筮下旬中是否有合适的日期。同样，士卜筮日期也不能超过三次，超过三次则祭祀废止。

打扫、粉刷宗庙。宗庙是祭祀祖先的重要场所，一旦祭祀日期确定，就要对宗庙进行打扫和粉刷。《周礼·春官·守祧》言："若将祭祀……其庙则有司修除之，其祧则守祧黝垩之。"郑玄注曰："黝读为幽。幽，黑也。垩，白也。《尔雅》曰：'地谓之黝，墙谓之垩。'"贾公彦疏云："凡庙旧皆修除黝垩，祭更修除黝垩，示新之，敬也。"② 祭祖之前，宗伯负责打扫宗庙，守祧负责将宗庙地面涂成黑色、墙壁涂成白色，使整个宗庙焕然一新，以示对祖先神灵的虔诚和尊敬。因"敬尽然后可以事神明，此祭之道也"（《礼记·祭统》）。

斋戒。《礼记·祭义》载："宫室既修，墙屋既设，百物既备，夫妇斋戒，沐浴、盛服，奉承而进之。"届时主人、助祭者及参加祭祀的全体族人都要斋戒。斋戒一般需要于祭祀前十天开始，"散斋"七日，"致斋"三日。因筮日提前一旬进行，故而祭祀之前正好有十天时间可供斋戒。《礼记·祭统》载："及时将祭，君子乃齐……是故君子之齐也，专致其精明之德也。故散齐七日以定之，致齐三日以齐之。"又《礼记·祭义》云："致齐于内，散齐于外。齐之日，思其居处，思其笑语，思其志意，思其所乐，思其所嗜。齐三日，乃见其所为齐者。"斋戒期间不能听音乐，也不能吊丧，"齐者不乐不吊"（《礼记·曲礼上》）。尤其致斋时更要摒弃杂念，安神静心，如此方能更好地与神灵沟通，正所谓"齐者精明之至也，然后可以交于神明也。"（《礼记·祭统》）

筮尸。尸是代替祖先享受祭祀的活人，一般在祭祀前三天从嫡孙中筮选产生。天子、诸侯所选之尸必须要有相应爵位，而充当卿大夫、士阶层之尸则无爵位要求。《公羊传·宣公八年》何休注说："礼，天子以卿为尸，诸侯以大夫为尸，卿大夫以下以孙为尸。"贾公

---

① （清）阮元校刻：《十三经注疏》，中华书局1980年版，第1196页。
② （清）阮元校刻：《十三经注疏》，中华书局1980年版，第784页。

彦疏云："天子诸侯宗庙之祭，亦用孙之伦为尸。而云大夫士者，但天子诸侯虽用孙之伦，取卿大夫有爵者为之……若大夫士祭尸，皆取无爵者，无问成人与幼，皆得为之。"① 故《礼记·曾子问》曰："祭成丧者必有尸，尸必以孙，孙幼则使人抱之。"

宿尸、宿宾。郑玄注曰："宿读为肃，进也。进之者，使知祭日当来。"② 宿尸、宿宾均在祭祀前两天进行。宿尸时主人前往尸家，尸出，主人先拜，尸答拜。主人表达邀请之意，尸允诺，主人拜谢。尸入主人退。宿宾时主人前往宾家，宾出拜主人，主人答拜。主人表达邀请之意，宾允诺，主人拜谢，宾答拜。主人退，宾拜送。宿尸、宿宾有双重目的：其一，正式邀请尸和嘉宾参加祭祀；其二，告知尸和宾祭祀的具体时间。

检视祭品、祭器准备情况。此项礼仪于祭祀前一天进行。《仪礼·特牲馈食礼》载："宗人升自西阶，视壶濯及豆笾，反降，东北面告濯、具……宗人视牲，告充。雍正作豕。宗人举兽尾，告备；举鼎鼏，告洁。"祭品是奉献给祖先神灵享用的，因而一定要确保祭品新鲜完整，而盛放祭品的祭器也应干净齐备，这样方能取悦神灵。故《孟子·滕文公下》载："牺牲不成，粢盛不洁……不敢以祭。"

## 二 祭祀当日礼仪

检视祭品烹饪及祭器陈列。此项礼仪于祭祀当日清晨进行。届时"主人服如初，立于门外东方，南面，视侧杀。主妇视饎爨于西堂下……羹饪，实鼎，陈于门外，如初。尊于户东，玄酒在西。实豆、笾、铏，陈于房中，如初。执事之俎，陈于阶间，二列，北上。盛两敦，陈于西堂，藉用萑，几席陈于西堂，如初。尸盥匜水，实于槃中，簞巾，在门内之右。祝筵几于室中，东面"（《仪礼·特牲馈食礼》）。

阴厌。飨尸之前，在室内先用祭品飨神，称为"阴厌"。具体做

---

① （清）阮元校刻：《十三经注疏》，中华书局1980年版，第1179、2280页。
② （清）阮元校刻：《十三经注疏》，中华书局1980年版，第1179页。

## 第六章 周代祖先祭祀场所及主要礼仪

法是主妇先将盛有菜、酱的二豆进献于室中。接着佐食者将牲俎置于豆东，再往东置鱼俎，腊俎单独置于牲俎之北。后主妇将盛有黍、稷的二敦置于俎之南侧，东西排列，以西边的敦为尊；又将盛有肉羹、菜羹的两铏置于豆之南侧，从北向南排列。最后祝将盛有酒的觯置于铏南，并向神灵致辞。礼毕，主人叩首拜谢。

迎尸。主人率领参加祭祀的其他人员等候于宗庙东阶，由"祝迎尸于门外"。主人之所以不亲自出庙门迎尸，主要是为了明君臣、父子之分，尸未进入宗庙之前，抑或为臣、抑或为子，主人若屈尊前往，难免破坏上下、长幼之序。故《礼记·祭统》曰："尸在庙门外则疑于臣；在庙中则全于君。君在庙门外则疑于君，入庙门则全于臣，全于子，是故不出者，明君臣之义也。"

九献。九献为周代天子祭祀祖先之正礼，分别由王、王后、诸臣向尸献酒九次，是为九献。贾公彦疏云："九谓王及后祼各一，朝践各一，馈献各一，酳尸各一，是各四也。诸臣酳尸一，并前八为九。"周代等级社会，主祭者政治身份不同，献酒次数也会有所等差。贾公彦认为，天子与上公九献、伯侯七献、子男五献、大夫士三献。① 九献贯穿于祼献、朝践、馈献、酳尸四个环节。下面分别予以介绍。

第一，祼献。将尸迎入宗庙安排妥当后，一般由主人、主妇先后向尸献酒两次。尸用所献之酒灌地，以酒之芬芳吸引祖先神灵前来享受祭祀，是为祼献。《周礼·春官·大宗伯》曰："以吉礼事邦国之鬼神示……以肆献祼享先王。"祼古代又可写作灌，郑玄曰："祼之言灌，灌以郁鬯。谓始献尸求神时也。"祼献目的在于降神，在整个祭祀活动中具有非常重要的地位。《礼记·祭统》曰："夫祭有三重焉：献之属莫重于祼。"天子祼献时，由王、后分别以圭瓒、璋瓒酌郁鬯献尸。诸侯祼献时，"君执圭瓒祼尸，大宗执璋瓒亚祼"（《礼记·祭统》）。孙希旦云："大宗，大宗伯也……诸侯祭礼，夫人亚君而祼，云'大宗执璋瓒亚祼'者，容夫人有故，则宗伯摄而祼献也。"② "大

---

① （清）阮元校刻：《十三经注疏》，中华书局1980年版，第773页。
② （清）孙希旦：《礼记集解》，中华书局1989年版，第1240页。

夫士无二祼。"从《仪礼·少牢馈食礼》和《仪礼·特牲馈食礼》来看，大夫和士祭祀祖先时确实无祼献之礼。文献及金文反映祼献之礼的材料比较多见（前已有论述，此处从略）。祼献酌酒用瓒，郑玄注曰："天子圭瓒，诸侯璋瓒。"《周礼·春官·典瑞》曰："祼圭有瓒，以祀先王。"可见，瓒有圭瓒、璋瓒之分。何为圭瓒、璋瓒呢？郑玄《诗经·大雅·旱麓》笺云："圭瓒之状，以圭为柄，黄金为勺，青金为外，朱中央矣。"① 据此，瓒应是一种带柄的金属勺，以圭为柄者为圭瓒，以璋为柄者为璋瓒。李学勤先生认为用作勺柄的圭、璋等玉器，称为祼玉。② 也有一些学者发出了不同的呼声。臧振先生认为"瓒"的象形字，是以待灌的玉件或圭璋植于鬲中。③ 孙庆伟先生对震旦艺术博物馆新藏的两件战国玉瓒研究后认为，周代圭瓒、璋瓒的划分不是以玉圭、玉璋为柄，应是指其柄部形制似圭、似璋。④ 何景成先生认为瓒应指"祼玉"，因这种玉器在祼礼中的作用是"以赞祼事"，所以称为"瓒"。用作祼礼的玉器类型很多，只不过以圭、璋为主罢了。⑤ 以上学者意见表明，用以祼献的瓒不仅仅是其柄为玉制成，瓒本身就为玉器。其说甚是。《礼记·郊特牲》："灌以圭璋，用玉气也。"何谓"玉气"？即玉之"精气"。因玉长久埋于地下，历上亿年而形成，玉吸收了大地之精华，含精气颇多，以玉器盛酒灌地无疑适得其所。《国语·楚语下》曰："玉、帛为二精。"《吕氏春秋·尽数》载精气之"集于珠玉，与为精朗"。裘锡圭先生则说："物皆有精是古代极为普遍的思想。这种思想的古老程度，可以从古人对玉的态度上看出来。古人十分重视玉，其重要原因之一，就是他们认为玉含有的精多。"⑥ 周代祼礼钟情玉器主要原因在于其含精气多。若瓒

---

① （清）阮元校刻：《十三经注疏》，中华书局1980年版，第515、758页。
② 李学勤：《重写学术史》，河北教育出版社2002年版，第53—60页。
③ 臧振：《玉瓒考辨》，《考古与文物》2005年第1期。
④ 孙庆伟：《周代祼礼的新证据——介绍震旦艺术博物馆新藏的两件战国玉瓒》，《中原文物》2005年第1期。
⑤ 何景成：《试论祼礼的用玉制度》，《华夏考古》2013年第2期。
⑥ 裘锡圭：《稷下道家精气说的研究》，《道教文化研究》第二辑，上海古籍出版社1992年版，第180页。

仍依郑笺解释，恐怕有违古人裸献用玉之初衷。

第二，朝践。"朝践，谓荐血腥酌醴，始行祭事。"《礼记·郊特牲》曰："既灌然后迎牲"，裸献之礼结束后，王出庙门迎牲，并亲自牵牲入内，将牲系于庭院石柱之上，"王亲执鸾刀，启其毛，而祝以血毛告于室"（《礼记·礼运》）。贾公彦疏云："取血以告杀，取毛以告纯。"为了表示主祭者对宗庙祭祀活动的重视和祖先神灵的敬意，杀牲一般由主祭者亲自进行。《诗经·小雅·信南山》载："从以骍牡，以享祖考。执其鸾刀，以启其毛。"朱熹曰："执者，主人亲执也。"① 又《礼记·祭义》云："天子袒而割牲"《礼记·礼器》言："大庙之内敬矣……君亲割牲"《国语·楚语下》曰："诸侯宗庙之事，必自射牛、刲羊、击豕"，以上文献记载皆为明证。之后王"取其毛膋"，即取出牲肠上脂肪，将其放在艾蒿上和黍稷一起焚烧，以冉冉升起的香气感应神灵。《诗经·大雅·生民》郑玄笺云："取萧草与祭牲之脂爇之于行神之位，馨香既闻。"接着王将牲体肢解为七块，后以豆、笾盛之，王将牲肺以郁鬯清洗并献于尸前，是为荐腥。荐腥之后，"王以玉爵酌醴齐以献尸，后亦以玉爵酌醴齐以献尸"，是为朝践二献。不过，孙诒让指出："凡后献皆当用瑶爵，贾谓同王用玉爵，非也。"② 其说可信。诸侯朝践之礼大体应该与天子相同，只不过在荐腥之后的献酒次数上比天子少一次。《礼记·礼器》曰："君亲制祭，夫人荐盎。"郑玄注云："亲制祭，谓朝事进血膋时所制者，制肝洗于鬱鬯，以祭于室及主。"③ 疑诸侯朝践仅夫人献酒一次。大夫、士无朝践二献之礼。

第三，馈献。郑玄云："馈献，谓荐孰时。"④ 荐腥时，王仅以牲肺献尸，被肢解的七块牲体或烹，或炙，将其加工为熟食，以备馈献之用。牲肉加工熟后，王将其分为二十一块，后以豆、笾盛之，王献

---

① （宋）朱熹：《诗集传》，中华书局1958年版，第155页。
② 孙诒让：《周礼正义》，中华书局1987年版，第1517页。
③ （清）阮元校刻：《十三经注疏》，中华书局1980年版，第531、773、1441页。
④ （清）阮元校刻：《十三经注疏》，中华书局1980年版，第773页。

于尸，是为馈熟。馈熟之后，"王乃以玉爵酌壶尊盎齐以献尸，为五献也。后又以玉爵酌壶尊醴齐以献尸，是六献也"，是为馈献。诸侯馈献之礼大体应该与天子相同，在馈熟之后的献酒次数上仍比天子少一次。《礼记·礼器》曰："君亲割牲，夫人荐酒。"郑玄注云："亲割，谓进牲孰体时。"疑诸侯馈献仅夫人献酒一次。大夫、士无馈献之礼。酒过三巡，尸准备进食。尸首先进行授祭，左手拿觯，右手取菹菜，蘸上肉酱祭于两豆之间，又以黍、稷、祭肺致祭，接着祭酒，祭毕尝之；随后祭铏中之羹，祭毕尝之，至此授祭礼仪结束。尸又拿起肺、脊振祭，祭毕尝之。之后，尸正式进食，是为尸饭。尸先食饭、肺、脊三次；接着食四豆中各种食品三次；最后食牲前肢、兔、鱼三次，是为尸九饭。尸九饭为士侑尸之礼，其他贵族侑尸时，尸进食的次数和品种可能会随着等级地位的上升而增加。孔颖达为《礼记·曾子问》作疏云："郑注《少牢》云：'士九饭，大夫十一饭也。'则其余有十三饭、十五饭也。按此说，则诸侯十三饭，天子十五饭。"①

第四，酳尸。尸饭重在使尸食，而酳尸则重在使尸饮。酳尸时分别由主人、主妇、宾长各向尸献酒一次，是为酳尸三献。尸进食完毕，"王以玉爵因朝践之尊泛齐以酳尸，为七献也……后乃荐加豆、笾，尸酢酳主人，主人受嘏……于是后以瑶爵因酳馈食壶尊醍齐以酳尸，为八献也……诸侯为宾者，以瑶爵酌壶尊醍齐以献尸，为九献"②。其他阶层贵族酳尸礼仪基本与天子相同。比如《仪礼·少牢馈食礼》载大夫酳尸礼仪就是如此。主人洗角酌酒献尸，尸接受祭酒先行品尝，行振祭，最后将酒一饮而尽。紧接着尸酌酒回敬主人，主人接受祭酒拜谢，亦先品尝，然后行祭礼。尸代表祖先神灵赐嘏主人，"皇尸命工祝，承致多福无疆于女孝孙。来女孝孙，使女受禄于天，宜稼于田，眉寿万年，勿替引之"。主人拜谢，行振祭，将剩余之酒饮尽。之后主妇洗爵酌酒献尸，尸祭爵中之酒并饮之。尸又酌酒

---

① （清）阮元校刻：《十三经注疏》，中华书局1980年版，第1396、1417、1441页。
② （清）阮元校刻：《十三经注疏》，中华书局1980年版，第1417页。

## 第六章 周代祖先祭祀场所及主要礼仪

酬谢主妇，主妇接爵授祭，祭毕饮酒。最后由宾长洗爵献尸。酳尸三献是贵族每个阶层祭祀的通用礼仪。

综上，依周代正礼规定，天子祭祀祖先向尸献酒九次，王、后祼献各一，朝践各一，馈献各一，王、后、宾酳尸各一。诸侯祭祀祖先向尸献酒七次，国君、夫人祼献各一，夫人朝献一，夫人馈献一，国君、夫人、宾酳尸各一。大夫、士祭祀祖先向尸献酒三次，仅在酳尸环节分别由主人、主妇、宾长向尸各献酒一次。"案《特牲》《少牢》仍有众宾长、兄弟之长、嗣子举奠，上利洗散为加献，彼并非正。"①

旅酬。旅酬指祭礼主要程序完毕后，众兄弟、宾客一起宴饮，相互敬酒。孔颖达疏云："酬宾讫，主人洗爵于阼阶上献长兄弟，及众兄弟，及内兄弟于房中。献毕，宾乃坐，取主人所酬之觯于阼阶前酬长兄弟，长兄弟受觯于西阶前酬众宾，众宾酬众兄弟，所谓旅酬也。"② 行旅酬之礼时，众兄弟、众宾之间敬酒不计爵数，亦不分长幼之序。《仪礼·特牲馈食礼》"众宾及众兄弟交错以辩"便是此刻场景的生动反映。

餕余。"餕"，孙希旦云："食余曰餕"③，即餕是享用祭祀过后剩余的祭品。《礼记·祭统》曰："餕者，祭之末也"，是说餕余的开始意味着祭祀进入尾声。即便如此，但仍不能懈怠和马虎，因为餕乃"惠术也，可以观政矣"，所以要认真对待，做到善始善终。《礼记·祭统》将餕余层层施惠的情形描绘得异常详细。"尸谡，君与卿四人餕。君起，大夫六人餕。臣餕君之余也。大夫起，士八人餕。贱餕贵之余也。士起，各执其具以出，陈于堂下，百官进，彻之，下餕上之余也。凡餕之道，每变以众，所以别贵贱之等，而兴施惠之象也……祭者，泽之大者也。是故上有大泽，则惠必及下，顾上先下后耳。"这一过程中，尊卑贵贱尽显无遗，先由最尊贵的尸享用祭品，之后是国君及卿四人，紧接着是大夫六人，再接着是士八人，最后是百官。

---

① （清）阮元校刻：《十三经注疏》，中华书局1980年版，第773页。
② （清）阮元校刻：《十三经注疏》，中华书局1980年版，第1391页。
③ （清）孙希旦：《礼记集解》，中华书局1989年版，第1242页。

每变化一次，参与馂余的人数随之增多，显示出尊卑贵贱有别。馂余是一种由尊至卑、由上而下的施惠行为，通过此项礼仪使社会下层体会到上层对其脉脉的温情和些许的关怀，进而使他们凝聚在以社会上层为中心的周围，共同维系周代宗法社会的稳定。

送尸。尸起身离场，奏《肆夏》之乐，祝引导其出庙门。《仪礼·特牲馈食礼》载："尸谡，祝前，主人降"，郑玄注曰："谡，起也……祝先，尸从，遂出于庙门。"又《诗经·小雅·楚茨》载："皇尸载起，鼓钟送尸，神保聿归。"郑玄笺云："尸出入，奏《肆夏》。"①

阳厌。前面所述阴厌是祭祀活动开始之前设祭品飨神，此阳厌是祭祀活动即将结束时设祭品再度飨神。贾公彦疏云："对尸谡之后，改馔于西北隅为阳厌，以向户明，故为阳厌也。""凡言'厌'者，谓无尸直厌饫神。"② 阳厌行于送尸之后。举行阳厌时，佐食者将尸用过的祭器改设在室内西北角，然后用席子遮盖祭品，关闭门窗。因鬼神尚幽暗，关闭门窗可能"便于祖先神享用祭品然后离去"③。之后，佐食者下堂禀告主人礼成，最后由宗人宣布祭礼结束。因此，阳厌是宗庙祭祀活动正式结束的标志。

燕饮。郑玄笺云："祭祀毕，归宾客豆俎，同姓则留与之燕，所以尊宾客、亲骨肉也。"燕饮之前，佐食者撤除主人阼俎、豆、笾，设于东序下；主妇撤除祝豆、笾入于房中。贾公彦疏云："宗妇不彻主人豆笾，而彻祝豆笾入房者，为主妇将用之为燕。祝两豆笾而主妇用之者，祝接神尸之类，主妇燕姑姊妹及宗女宜行神惠。故主人以荐羞并及祝庶羞，燕宗人于堂。主妇以祝笾豆用之，燕内宾于房。"④ 金文中亦有祭祀祖先后燕飨族人的记载。杜伯盨铭："杜伯作宝盨，其用享孝于皇神祖考，于好朋友，用㝬寿，介永命，其万年永宝用。"（《集成》4448）铭中之"朋友"，"指称亲兄弟以外的

---

① （清）阮元校刻：《十三经注疏》，中华书局1980年版，第469、1190页。
② （清）阮元校刻：《十三经注疏》，中华书局1980年版，第1191页。
③ 刘源：《商周祭祖礼研究》，商务印书馆2004年版，第163页。
④ （清）阮元校刻：《十三经注疏》，中华书局1980年版，第469、1191页。

第六章　周代祖先祭祀场所及主要礼仪

族兄弟，亦即从父及从祖兄弟等"①。杜伯作器祭祀祖先后，又燕飨了同族兄弟。

### 三　祭日之后礼仪

绎祭。周代天子、诸侯在祭日第二天再行祭祀称为绎祭。《诗经·周颂·丝衣》郑玄笺云："绎，又祭也。天子诸侯曰绎，以祭之明日。卿大夫曰宾尸，与祭同日。"绎祭不需降神。《公羊传·宣公八年》曰："壬午，犹绎，万人去籥。绎者何？祭之明日也。"何休注曰："礼绎继昨日事，但不灌地降神尔。天子诸侯曰绎，大夫曰宾尸，士曰宴尸。"绎祭主要目的在于燕尸，《诗经·大雅·凫鹥》郑玄笺云："祭祀既毕，明日又设礼而与尸燕。"②燕尸是为了感谢尸在祭祀之日的辛劳，因祭祀之日，尸为祖先神灵的象征，诸如侑尸、酳尸等礼仪，从根本上来讲是为了燕飨神灵。故而在祭祀第二天专门燕飨尸，以宾客之礼表达主人的谢意，朱熹即认为《凫鹥》篇乃"绎而宾尸之乐"③。《凫鹥》全诗五章，每章皆有"公尸来燕"，并且从丰盛的酒肴以及祈福之语来看，似乎有意向祖先神灵表明，曾为其化身的尸祭后并未受到冷遇，而是得到了主人的高度礼遇和尊崇，希望神灵铭记在心，多赐福禄。这一点可从"天子、诸侯明日祭于祊而绎"看出。祊即宗庙，绎祭于祊，可能意在向神灵禀告即将行宾尸之礼。从古代学者的注疏来看，绎祭是周代天子、诸侯之特权，卿大夫、士与此相似的礼仪称为宾尸、宴尸，且在祭祀当日举行。《仪礼·有司彻》郑玄注文提到了卿大夫宾尸之礼，"卿大夫既祭而宾尸，礼崇也。宾尸则不设馔，西北隅以此荐俎之陈，有祭象而亦足以厌饫神"④。

总之，周代贵族祭祀祖先礼仪虽然极为繁琐复杂，但参与祭祀的

---

① 朱凤瀚：《商周家族形态研究》，天津古籍出版社1990年版，第311页。
② （清）阮元校刻：《十三经注疏》，中华书局1980年版，第537、603、2280页。
③ （宋）朱熹：《诗集传》，中华书局1958年版，第194页。
④ （清）阮元校刻：《十三经注疏》，中华书局1980年版，第1260页。

各色人等各司其职、协同合作，使得整个过程井井有条、浑然一体。主祭者、助祭者举手投足间流露出对神灵的无比虔诚与敬重，给人以庄重威严之感。恐怕正因为如此，周代贵族才将祭祀视为"国之大事"而大力提倡。

# 第七章

# 周代祖先祭祀与社会制度

周代祖先祭祀与昭穆制度、宗法制度之间呈现出双向作用的特点,一方面这些重要社会制度对周代祖先祭祀相关事宜作了明确规定,另一方面周代又通过祖先祭祀保障了这些制度的顺利实施。

## 第一节 周代祖先祭祀与昭穆制度

《周礼·春官·小宗伯》曰:"辨庙祧之昭穆",郑玄注云:"父曰昭,子曰穆。"[1] 周代昭穆是用以区分父子相邻辈分关系的一种社会制度。"父辈之所以称'昭',子辈之所以称'穆',最初的意义在于'相邻辈分的男人(父亲和儿子)'之间树立一块明白无误的界标,或划一条清晰的分界线,借以区分二者氏族成员的身份。"[2] 苏联学者谢苗诺夫认为,当"男孩转入舅舅集团转变为转入父亲集团,引起了两合氏族组织结构的重大变化。从前,每一公社的男人集团都只由一个母系氏族的成员组成。公社Ⅰ的男人集团仅仅由氏族A的成员组成,公社Ⅱ的男人集团仅仅由氏族B的成员组成。现在这两个公社的男人集团都变为由两个母系氏族的成员组成了,并且,相邻辈分之间的界限开始成为区分一个氏族与另一个氏族成员的界限了。相邻辈分

---

[1] (清)阮元校刻:《十三经注疏》,中华书局1980年版,第766页。
[2] 李衡眉:《昭穆制度与周人早期婚姻形式》,《历史研究》1990年第2期。

的男人（父亲和儿子）属于不同的母系氏族，而隔了一代的人（祖父和孙子）则又属于同一个母系氏族"①。这或许成为周代父子异昭穆、祖孙同昭穆的历史源头。周代昭穆制度的这一特色也与世界上其他民族的做法不谋而合。如澳大利亚阿兰达部落，"阿兰加"既表示祖父也表示孙儿；"卡德尼尼"在阿拉巴纳部落里也有同样的意义。此外，居住在马绍尔群岛上的居民，祖辈和孙辈皆可称为"伊比尤"②。

## 一 昭穆制度对周代祖先祭祀相关事项的规定

周代祖先祭祀活动中，大凡宗庙设置、神主排列、选尸立尸、赐爵旅酬诸多方面均与昭穆制度密切相关。

昭穆制度与宗庙设置。宗庙是周代祭祀祖先的重要场所，周代贵族因身份地位不同，设置的宗庙数量也有所差异。《礼记·王制》载："天子七庙，三昭三穆，与大祖之庙而七。诸侯五庙，二昭二穆，与大祖之庙而五。大夫三庙，一昭一穆，与大祖之庙而三。士一庙。"周代天子庙数目前仍有分歧，除七庙说之外，尚有五庙、九庙之说。抛开分歧不论，天子所立宗庙包括始祖庙和数量对等的昭庙、穆庙应为不争的事实。照此推理，除士仅有一庙无法分昭穆外，其他贵族所立宗庙也应分为昭庙和穆庙。令人欣喜的是，文献记述宗庙分昭穆的情况在考古发现中得到了证明。凤翔马家庄一号建筑群，是春秋中期秦国建造的宗庙，其布局为大门、中庭、朝寝及亭台由南向北依次排列，形成建筑中轴线；东西两侧配置厢房，左右对称；东、西、南、北四面环以围墙，形成一个全封闭式的建筑群。③ 此遗址中轴线上的朝寝可能为始祖庙所在地，而东西厢房则可视为昭庙、穆庙所在。

---

① ［苏］谢苗诺夫：《婚姻和家庭的起源》，蔡俊生译，中国社会科学出版社1983年版，第254页。

② ［苏］托卡列夫、托尔斯托夫：《澳大利亚和大洋洲各族人民》，李毅夫等译，生活·读书·新知三联书店1980年版，第208、993页。

③ 陕西省雍城考古队等：《凤翔马家庄一号建筑群遗址发掘简报》，《文物》1985年第2期。

昭穆制度与神主排列。周代贵族立庙祭祀的祖先仅限于始祖和亲祖,其他远祖宗庙已毁,只保留了神主,每逢合祭时才将其取出,以昭穆次序排列集中于太庙。《公羊传·文公二年》言:"大祫者何?合祭也。其合祭奈何?毁庙之主,陈于太祖。"何休注云:"毁庙谓亲过高祖,毁其庙藏其主于太祖庙中……陈者,就陈列大祖前。太祖东向,昭南向,穆北向,其余孙从王父,父曰昭,子曰穆。"祭祀作为"国之大事",祖先神主排列次序容不得半点马虎,为此,周代曾设小宗伯一职专门负责祖先神主排列。《周礼·春官·小宗伯》云:"小宗伯之职,掌建国之神位,右社稷,左宗庙……辨庙祧之昭穆。"郑玄注曰:"祧,迁主所藏之庙。"远祖神主在大型合祭时才会集中于太庙,那么,这些祖先神主平时又存放在哪里呢?郑玄为《周礼·春官·守祧》作注时云:"先公之迁主藏于后稷之庙,先王之迁主藏于文武之庙。"贾公彦在《周礼·春官·小宗伯》疏中又讲到,"周以文武为二祧,文王第称穆,武王第称昭。当文武后,穆之木主入文王祧,昭之木主入武王祧。"① 简言之,周代祖先神主不管藏于后稷庙还是文武二祧庙,以昭穆之序分类存放应确信无疑。周代祖先神主以昭穆排列的做法在现代社会保存下来的一些祖先祠堂中仍可看到其踪迹。如粤东梅县丙村"仁厚温公祠"、闽西上杭"李氏大宗祠"、赣南龙南"关西围"、赣南龙南"燕翼围"等祠堂都是始祖居中,其他祖先牌位以左昭右穆方式排列布局。

昭穆制度与选尸立尸。周代祭祀祖先要用尸,尸是代替祖先接受祭祀、享用祭品的人。尸一般由亡者嫡孙担任,如果年龄太小则由成人抱在怀中,如若没有嫡孙,则从同姓孙辈中挑选,而子辈无权充当尸的角色。故《礼记·曲礼》载:"为人子者……祭祀不为尸""君子抱孙不抱子。此言孙可以为王父尸,子不可以为父尸";《礼记·祭统》曰:"夫祭之道,孙为王父尸";又《礼记·曾子问》云:"尸必以孙,孙幼则使人抱之;无孙,则取于同姓可也。"至于祭祀祖先时

---

① (清)阮元校刻:《十三经注疏》,中华书局1980年版,第766、784、2267页。

为何要以孙为尸呢？郑玄曰："以孙与祖昭穆同。"唐徐彦为《公羊传·宣公八年》作疏时亦云："卿大夫以下以孙为尸，以其昭穆同也。"① 可知，尸的选立也与昭穆制度有关。

昭穆制度与赐爵旅酬。周代祭祀祖先在礼仪即将结束之前，主祭者要向助祭者"赐爵"，助祭者之间要相互敬酒，行"旅酬"之礼。不论赐爵还是旅酬，行礼次序都要依据助祭者自身的昭穆顺序来进行。《礼记·祭统》载："凡赐爵，昭为一，穆为一。昭与昭齿，穆与穆齿。凡群有司皆以齿，此之谓长幼有序。"孔颖达疏云："爵，酒爵也。谓祭祀旅酬时，赐助祭者酒爵，故云赐爵。昭为一，穆为一者，言君众兄弟子孙等在昭列者则为一色，在穆列者自为一色。各自相旅，尊者在前，卑者在后。若同班列，则长者在前，少者在后。是昭与昭齿，穆与穆齿。"又《周礼·夏官·司士》记载司士职掌时云："凡祭祀，掌士之戒令，诏相其法事。及赐爵，呼昭穆而进之。"贾公彦疏："云'及赐爵'者，谓祭未旅酬无算爵之时，皆有酒爵赐及之，皆以昭穆为序也。"② 由上述文献记载可知，周人举行祖先祭祀行赐爵旅酬礼仪时，参加祭祀的全部族员分成昭穆两列，父子异行，祖孙同行，每行之中又按年龄大小排列。

总之，周代宗庙祭祀祖先，诸多礼仪均与昭穆制度有关，昭穆制度成为宗庙祖先祭祀顺利进行的重要保障，故《礼记·中庸》言："宗庙之礼，所以序昭穆也。"那么，周代祭祀祖先如此注重昭穆制度究竟有何用意呢？《国语·鲁语上》曰："夫宗庙之有昭穆也，以次世之长幼，而等胄之亲疏也。"《礼记·祭统》云："夫祭有昭穆。昭穆者，所以别父子、远近、长幼、亲疏之序而无乱也。是故有事于太庙，则群昭群穆咸在而不失其伦。"因为祭祀祖先时全族昭辈、穆辈同时参加，序昭穆之次，就是排列族员的尊卑、长幼之序，以此彰明"尊尊""亲亲"，进而巩固宗族组织，维护宗族统治。

---

① （清）阮元校刻：《十三经注疏》，中华书局1980年版，第1248、2281页。
② （清）阮元校刻：《十三经注疏》，中华书局1980年版，第849、1606页。

## 二 周代祖先祭祀维护昭穆制度的例证

周代祭祀祖先讲究昭穆之序，如若违反，即会遭到时人指责与批评，发生于春秋时代鲁国的"跻僖公"事件就是典型的例证。

《国语·鲁语上》对此事有详细记载，其文曰："夏父弗忌为宗，烝，将跻僖公。宗有司曰：'非昭穆也。'曰：'我为宗伯，明者为昭，其次为穆，何常之有！'有司曰：'夫宗庙之有昭穆，以次世之长幼，而等胄之亲疏也。夫祀，昭孝也，各致齐敬于其皇祖，昭孝之至也。故工史书世，宗祝书昭穆，犹恐其逾也。今将先明而后祖，自玄王以及主癸莫若汤，自稷以及王季莫若文、武。商、周之烝也，未尝跻汤与文、武，为不逾也。鲁未若商、周而改其常，无乃不可乎？'弗听，遂跻之。"《左传·文公二年》亦载："秋八月丁卯，大事于大庙，跻僖公，逆祀也。于是夏父弗忌为宗伯，尊僖公，且明见曰：'吾见新鬼大，故鬼小。先大后小，顺也。跻圣贤，明也。明、顺，礼也。'君子以为失礼。礼无不顺。祀，国之大事也，而逆之，可谓礼乎？子虽齐圣，不先父食久矣。故禹不先鲧，汤不先契，文、武不先不窋。"

上述文献中提及的"跻僖公"，就是祭祀时将僖公神主排于闵公神主之前。闵公、僖公本为兄弟，先后相继为君，按照常礼，闵公神主应该排在僖公神主之前，这一点从文献记载夏父弗忌"跻僖公"，遭到有司及君子的反对不难看出。问题的关键是，"跻僖公"之后仅仅是二者神主位置发生了变化，还是昭穆次序也随之发生了变化？我们先来了解一下古人对此事的认识。三国时代的韦昭为《国语》作注时说："非昭穆之次也。父为昭，子为穆，僖为闵臣，臣子之一例而升闵上，故曰非昭穆也。"① 唐孔颖达为《左传》作疏云："礼，父子异昭穆，兄弟昭穆同。僖闵不得为父子，同为穆耳。当闵在僖上，今升僖先闵，故云逆祀。二公位次之逆，非昭穆乱也。"② 由上可知，

---

① （三国吴）韦昭：《国语注》，世界书局1936年版，第58页。
② （清）阮元校刻：《十三经注疏》，中华书局1980年版，第1839页。

"跻僖公"事件仅为神主次序的变化，而无关昭穆之序，即闵公、僖公昭穆次序应该相同。

但是，对这一问题的看法也有不同的声音。唐贾公彦为《周礼·春官·冢人》作疏云："若然兄死弟及俱为君，则以兄弟为昭穆，以其弟已为臣，臣子一列，则如父子，故别昭穆也。必知义然者，案文二年秋八月，大事于大庙，跻僖公，谓以惠公当昭，隐公为穆；桓公为昭，庄公为穆；闵公为昭，僖公为穆。今升僖公于闵公之上为昭，闵公为穆，故云逆祀也。知不以兄弟同昭位。升僖公于闵公之上为逆祀者，案定公八年《经》云：从祀先公；《传》曰：顺祀先公而祈焉。若本同伦，以僖公升于闵公之上，则以后诸公昭穆不乱。何因至定八年始云顺祀乎？明本以僖闵昭穆别，故于后皆乱也。若然兄弟相事，后事兄为君则昭穆易可知。"① 今人杨伯峻在《左传》注文中说："跻僖公，不惟享祀之位次变，昭穆亦变。"② 以上两说显然认为神主次序不同，闵公、僖公的昭穆次序也应不同。

在此，涉及一个核心问题，兄弟相继为君到底是同昭穆还是异昭穆？关于这一点，李衡眉先生做过精彩论断，认为兄弟相继为君昭穆应该同位，③ 笔者非常赞同。既然"跻僖公"不牵扯昭穆次序变化，那何谈违背了古代昭穆之序呢？笔者认为，周代祭祀过程中存在大昭穆之序与小昭穆之序之分。所谓大昭穆之序是指别父子的亲疏之序，所谓小昭穆之序是指同昭穆时别尊卑、长幼的等级之序。关于闵公、僖公的关系，唐司马贞为《史记·鲁周公世家》作《索隐》认为僖公名申，为闵公之弟。④ 杜预则说僖公为闵公之兄。⑤ 不管兄弟二人孰长孰幼，在大昭穆之序相同情况下，神主排列应按小昭穆之序进行。小昭穆之序中又有尊卑、长幼之分，排列时到底先按尊卑之序还是先按长幼之序？尊尊、亲亲并为周代宗法社会的两大核心，当二者

---

① （清）阮元校刻：《十三经注疏》，中华书局1980年版，第786页。
② 杨伯峻：《春秋左传注》，中华书局1981年版，第523页。
③ 李衡眉：《兄弟相继为君的昭穆异同问题》，《史学集刊》1992年第4期。
④ （汉）司马迁：《史记》，中华书局1959年版，第1533页。
⑤ （晋）杜预：《春秋左传集解》，上海人民出版社1977年版，第430页。

发生冲突时，亲亲需屈从于尊尊。《礼记·曾子问》中就记载了这样的事例，如曾子问曰："诸侯之祭社稷，俎豆既陈，闻天子崩，后之丧，君薨，夫人之丧，如之何？"孔子曰："废。自薨比至于殡，自启至于返哭，奉帅天子。"曾子问曰："大夫之祭，鼎俎既陈，笾豆既设，不得成礼，废者几？"孔子曰："九。"请问之。曰："天子崩，后之丧，君薨，夫人之丧，君之大庙火，日食，三年之丧，齐衰，大功，皆废。"可见，小昭穆之序的原则应是先尊卑后长幼。因此，闵公继位在前曾为君，僖公继位在后曾为臣，遵照小昭穆之序的尊卑原则，闵公神主也理应排在僖公神主之前。即使僖公真为闵公之兄，也不能随意颠倒二者神主的排列次序。"跻僖公"正违背了小昭穆之序的尊卑原则，故而受到时人反对与指责。《左传·定公八年》曰："顺祀先公而祈焉……禘于僖公。"孔颖达疏云："然则禘者，审定昭穆之祭也。今为顺祀而禘于僖公，则是并取先公之主尽入僖庙而以昭穆祭之，是为周禘礼也。计禘礼当于太庙，今就僖庙为禘者，顺祀之义，退僖升闵，惧于僖公之神，故于僖庙行禘礼，使先公之神遍知之。"① 夏父弗忌导演的"跻僖公"未遂事件说明，即使在"礼坏乐崩"的春秋时代，鲁国祭祀祖先仍恪守着严格的昭穆之序，反映出昭穆观念深入人心。

## 第二节　周代祖先祭祀与宗法制度

宗法制度是中国古代的一项重要政治制度，其原始形式应是"原始社会末期产生的以父权家长制大家庭为基础的氏族和宗族组织的制度"②。宗族是宗法制度的存在基础。

宗法制度至西周时代趋于成熟和完善，鲜明地表现出以血缘关系为基础、旨在保障嫡长子继承宗族权力与财产的特点。西周宗法制度

---

① （清）阮元校刻：《十三经注疏》，中华书局1980年版，第2143页。
② 钱宗范：《周代宗法制度研究》，广西师范大学出版社1989年版，第10页。

有大宗与小宗之分。《礼记·大传》曰："别子为祖，继别为宗，继祢者为小宗。有百世不迁之宗，有五世则迁之宗。百世不迁者，别子之后也。宗其继别子之所自出者，百世不迁者也。宗其继高祖者，五世则迁者也。"郑玄注曰："别子，谓公子。若始来在此国者，后世以为祖也。别子之世嫡也，族人尊之，谓之大宗，是宗子也。父之嫡也，兄弟尊之，谓之小宗。"孔颖达疏云："'别子谓公子者'，诸侯嫡子继世为君，其嫡子之弟别于正嫡，是诸侯之子，故谓之'别子'也。"① 金景芳先生说："别子的别字原取区别、分别的意思，表明要跟旧有的系统区别开来，另建一个新的系统。为什么要区别开来呢？由于尊卑不同。"② 《仪礼·丧服》曰："诸侯之子称公子，公子不得祢先君。公子之子称公孙，公孙不得祖诸侯，此自卑别于尊者也。"诸侯的嫡长子继承君位，地位尊贵，其他诸子不继承君位，地位低下，为了和嫡长子以示区分，故称别子。别子在新建的宗族体系内，其嫡长子为全族成员所尊，是为大宗；别子的其他嫡子为众兄弟所尊，是为小宗。大宗和小宗是一个相对概念。以别子为例，相对于嗣诸侯之位的嫡长子，别子为小宗，但在以别子为始祖的新宗族内，其又成为大宗。《礼记》所言只是诸侯权力传承情况，其他贵族也理应如此。总之，宗法制度通过区分"大宗"和"小宗"，将周代各级贵族联结为一个整体。周王为上天的儿子，自称天子，既是政治上的共主，又是天下所有姬姓贵族的大宗。天子嫡长子世继王位，其他诸子被封为诸侯，诸侯在其封国内为大宗，但相对周天子而言则处于小宗的地位。诸侯君位由嫡长子继承，其他诸子被分封为卿大夫。卿大夫对诸侯而言是小宗，但在其采邑内又成为大宗。卿大夫嫡长子继承其位，其他诸子分封为士。因此，宗法制度下各级贵族的嫡长子总是不同等级的大宗，大宗不仅享有政治上权力继承及祖先祭祀权，而且经济上也享有对宗族财产的支配权。

---

① （清）阮元校刻：《十三经注疏》，中华书局1980年版，第1508页。
② 金景芳：《论宗法制度》，《东北人民大学人文科学学报》1956年第2期。

## 一 宗法制度对周代主祭祖先权力的规定

丁山先生曾指出:"考宗法起源者,不当求之后世子孙之嫡庶长幼,当反求诸宗庙之昭穆亲疏。故曰:'宗法者,宗庙之法也'。"① 另有学者从古文字角度分析,亦提出:"宗法即宗庙之法,或者宗族之法。"② 宗法制度与祖先祭祀之间存在着不可割裂的天然联系。

根据文献记载来看,周代宗法制度明确规定支子(庶子)不能主祭祖先,从而使主祭祖先权力牢牢地掌控在宗子之手。《礼记·曲礼下》曰:"支子不祭",孔颖达疏云:"支子,庶子也。祖祢庙在嫡子之家,而庶子贱,不敢动辄祭也。若滥祭亦是淫祀。"又《礼记·丧服小记》云:"庶子不祭祖者,明其宗也……庶子不祭祢者,明其宗也。"孔颖达疏曰:"此犹尊宗之义也。庶子嫡子,俱是人子,并宜供养,而嫡子烝尝,庶子独不祭者,正是推本崇嫡,明有所宗,故云'明其宗也'。"③ 庶子因身份卑贱,一般不能主祭祖先。

周代社会,即使庶子政治上比宗子爵位高、经济上比宗子富庶,也不能享有主祭祖先之权。《礼记·曾子问》载:"'宗子为士,庶子为大夫,其祭也如之何?'孔子曰:'以上牲祭于宗子之家'。祝曰:'孝子某为介子某荐其常事。'"孔颖达疏云:"上牲,谓大夫少牢也。宗子是士,合用特牲……用大夫之牲,是贵禄也。宗庙在宗子之家,是重宗也……宗子祭时,祝告神辞云孝子某。孝子,谓宗子也。某是宗子之名。介子某,介子谓庶子,为大夫者。介,副也。某是庶子之名。荐其岁之常事,告神止称宗子。"④ 由孔疏可知,如若庶子爵位高于宗子,庶子以与其爵位相称的祭品祭于宗子之家,且以宗子之名祝告祖先神灵,这样既显示了爵禄的尊崇,又体现了宗子的尊贵。另《礼记·内则》载:"嫡子、庶子祇事宗子、宗妇,虽贵富,不敢以

---

① 丁山:《古代神话与民族》,商务印书馆2005年版,第133页。
② 程有为:《西周宗法制度的几个问题》,《河南师范大学学报》1981年第1期。
③ (清)阮元校刻:《十三经注疏》,中华书局1980年版,第1269、1495页。
④ (清)阮元校刻:《十三经注疏》,中华书局1980年版,第1398页。

贵富入宗子之家。虽众车徒，舍于外，以寡约入。"孔疏云："嫡子谓父及祖之嫡子，是小宗也。庶子谓嫡子之弟。宗子谓大宗子。宗妇谓大宗子之妇。言小宗及庶子等敬事大宗子及宗妇也。"① 周代祭祀祖先时，小宗子、庶子无论多么富庶，也不能因富而取代大宗子主祭祖先之权，而只能恭敬地侍奉大宗子，充当助祭角色。

但是，当宗子身患疾病不能主祭祖先或宗子居于他国无法主祭祖先时，庶子便可以宗子名义行使主祭祖先之权。孔疏云："支子虽不得祭，若宗子有疾，不堪当祭，则庶子代摄可也。犹宜告宗子然后祭。"又《礼记·曾子问》："若宗子有罪居于他国，庶子为大夫，其祭也，祝曰：孝子某使介子某执其常事。摄主不厌祭，不旅，不假，不绥祭，不配。布奠于宾，宾奠而不举，不归肉。其辞于宾曰：宗兄宗弟宗子在他国，使某辞。""曾子问曰：'宗子去在他国，庶子无爵而居者，可以祭乎？'孔子曰：'祭哉！'请问：'其祭如之何？'孔子曰：'望墓而为坛，以时祭。若宗子死，告于墓而后祭于家。'"以上记述表明，宗子身患疾病不能主祭祖先时，庶子事先禀告宗子即可以其名义主祭。宗子因获罪居于他国无法主祭祖先时，庶子若有爵位便可以宗子名义主祭，不过祭祀礼仪减损很多。若宗子居于他国庶子没有爵位时，只需在四时墓祭即可。倘若宗子去世，庶子告墓后祭于家。究竟祭于宗子之家还是祭于庶子之家？这里需分两种情况：其一假如宗子因获罪离国，宗庙仍保留于宗子之家，庶子理应祭于宗子之家；其二假如宗子无罪离国，届时会以庙从，宗庙不复保留于宗子之家，此时庶子应该祭于自己之家。孔疏云："今直云祭于家，是祭于庶子之家，是容宗子之家无庙故也。宗子所以无庙者，宗子无爵，不合立庙。或云祭于家者，是祭于宗子之家，容庶子之家无庙也。庶子所以无庙者，一是无爵不合立庙，二是宗子无罪居他国以庙从，本家不复有庙故也。"②

周代宗子无法主祭祖先由庶子代其行使职权时，庶子需得到宗子

---

① （清）阮元校刻：《十三经注疏》，中华书局1980年版，第1463页。
② （清）阮元校刻：《十三经注疏》，中华书局1980年版，第1269、1399页。

的许可和授权。而宗子为了使庶子祭祀祖先时能够名正言顺，有时会作器赠予庶子以为凭证。禹簋铭："遣伯作禹宗彝，其用夙夜享昭文神，用祓祈眉寿。朕文考其经遣姬、遣伯之德言，其竞余一子，朕文考其用措厥身，念禹哉！无害。"① 遣姬、遣伯很可能拥有宗妇、宗君（大宗宗子）之地位，禹当为小宗之长。② 铭文言大宗遣伯为小宗禹制作宗庙祭祀的礼器，让其早晚祭祀祖先，此器铭文是大宗授权小宗祭祀祖先的有力物证。

此外，周代还以"传重"形式明确宗子的祖先祭祀权与宗族财产继承权。郑玄为《仪礼·丧服》作注解释说："重，其当先祖之正体，又以其将代己为宗庙主也。"③ "传重的重，不应光说是宗庙主，更重要的应指出在宗庙主背后有采邑、禄田。"④

总之，周代宗法制度明确了祖先祭祀中大宗、小宗的角色及职责，突出了大宗在宗族中的绝对权威，保障了大宗对宗族的统治与控制。

## 二 周代祖先祭祀对宗法制度的维护

宗法制度规定了周代宗子的祖先主祭权，反过来，周代又通过祖先祭祀使蕴藏其中的宗法观念得以强化，维系着渐趋崩溃的宗法制度。金景芳先生说："宗庙是象征性的东西。起作用的，其实并不是宗庙，而是宗庙主即主祭的人。"⑤ 故而每逢祖先祭祀，主祭者（宗子）事必躬亲，以此宣示自己的权力。《国语·楚语下》曰："诸侯宗庙之事，必自射牛、刲羊、击豕，夫人必自舂其盛。"《礼记·礼器》言："大庙之内敬矣！君亲牵牲，大夫赞币而从。君亲制祭，夫人荐盎。君亲割牲，夫人荐酒。卿大夫从君，命妇从夫人。"

---

① 吴镇烽编著：《商周青铜器铭文暨图像集成》第11卷，上海古籍出版社2012年版，第241页。
② 吴振武：《新见西周禹簋铭文释读》，《史学集刊》2006年第2期。
③ （清）阮元校刻：《十三经注疏》，中华书局1980年版，第1100页。
④ 金景芳：《论宗法制度》，《东北人民大学人文科学学报》1956年第2期。
⑤ 金景芳：《中国古代思想的渊源》，《社会科学战线》1981年第4期。

《仪礼·特牲馈食礼》和《仪礼·少牢馈食礼》两篇分别记载了古代士、大夫祭祀祖先的相关礼仪，宗子是整个祭祀活动的焦点。以《特牲馈食礼》为例，筮日，"主人冠端玄，即位于门外西面"；宿尸，"主人立于尸外门外"；宿宾，"主人东面，答再拜"；检视祭器、祭品，"主人及子姓兄弟即位于门东……主人再拜，宾答再拜。三拜众宾，众宾答再拜。主人揖入，兄弟从，宾及众宾从，即位于堂下，如外位……告事毕，宾出，主人拜送"；陈设祭品，"主人服如初，立于门外东方，南面，视侧杀"；阴厌，"主人及祝升，祝先入，主人从，西面于户内"；迎尸，"主人降，立于阼阶东"；妥尸，"主人拜妥尸。尸答拜，执奠，祝飨，主人拜如初"；侑尸更是主人与尸直接交流；酳尸，"主人洗角，升酌，酳尸。尸拜受，主人拜送"；祭礼结束，"祝告利成，降，出。主人降，即位。宗人告事毕。宾出，主人送于门外，再拜"。在这一系列复杂繁琐的祭祀礼仪中，宗子始终是祭祀活动的主角。

《诗经·小雅·楚茨》是一篇周代贵族祭祀祖先的乐歌，也反映了宗子在祖先祭祀活动中的突出地位。诗曰：

> 我孔熯矣，式礼莫愆。工祝致告，徂赉孝孙。苾芬孝祀，神嗜饮食，卜尔百福，如几如式。既齐既稷，既匡既敕。永锡尔极，时万时亿！
> 
> 礼仪既备，钟鼓既戒，孝孙徂位，工祝致告，神具醉止，皇尸载起。鼓钟送尸，神保聿归。诸宰君妇，废彻不迟。诸父兄弟，备言燕私。
> 
> 乐具入奏，以绥后禄。尔肴既将，莫怨具庆。既醉既饱，小大稽首。神嗜饮食，使君寿考。孔惠孔时，维其尽之。子子孙孙，勿替引之！

诗中的孝孙为主祭祖先的宗子；君妇为宗子之妇，《礼记·曾子问》曰："宗子虽七十无无主妇"；诸父为宗子的父辈；兄弟为宗子

## 第七章　周代祖先祭祀与社会制度

的同辈。孝孙的主祭权通过两个方面表现出来：其一，"神嗜饮食，卜尔百福"，孝孙代表宗族接受祖先神灵的赐福。孔疏云："神本所以与孝孙报福者，能苾苾芬芬有馨香，乃汝以孝敬享祀，故鬼神忻说，乃歆嗜汝之饮食。"其二，"小大稽首，神嗜饮食，使君寿考"，孝孙接受全族成员的拜谢祝词。郑玄笺云："小大，犹长幼也。同姓之臣，燕已醉饱，皆再拜稽首曰：神乃歆嗜君之饮食，使君寿且考。此其庆辞。"①

宗子有主祭祖先之权，亦见于金文记载。如：

（1）憲鼎："兄人师眉嬴王为周客，赐贝五朋，用为宝器鼎二、簋二，其用享于厥帝考。"（《集成》2705）

（2）仲师父鼎："仲师父作季妓始宝尊鼎，其用享用孝于皇祖帝考，用赐眉寿无疆，其子子孙孙万年永宝用享。"（《集成》2743）

（3）章叔妍簋："章叔将自作尊簋，其用追孝于朕帝考，其子子孙孙永宝用之。"（《集成》4038）

（4）□叔买簋："□叔买自作尊簋，其用追孝于朕皇祖帝考，用赐黄耇眉寿，买其子子孙孙永宝用享。"（《集成》4129）

以上四器皆为西周时代器物，铭中"帝考"即"嫡考"。裘锡圭先生说："金文的'帝（啻）考'的'帝'（啻）和见于典籍的'嫡庶'的'嫡'，显然是关系极为密切的亲属词，也可以说，这种'帝'字就是'嫡'字的前身。"②朱力伟博士也认为，西周金文中的"帝"可通假为"嫡"③。作器者称祭祀对象为嫡考，表明自己亦为嫡出，应为宗子。

（1）臧钟："唯正月初吉丁亥，臧作宝钟，用追孝于己伯，

---

① （清）阮元校刻：《十三经注疏》，中华书局1980年版，第469、470页。
② 裘锡圭：《古代文史研究新探》，江苏古籍出版社1992年版，第300页。
③ 朱力伟：《两周古文字通假用字习惯时代性初探》，博士学位论文，吉林大学，2013年。

用享大宗，用乐好宾，戲眾蔡姬永宝，用邵大宗。"（《集成》88）

（2）师器父鼎："师器父作尊鼎，用享孝于宗室，用祈眉寿、黄耇、吉康，师器父其万年，子子孙孙永宝用。"（《集成》2727）

（3）过伯簋："过伯从王伐叛荆，俘金，用作宗室宝尊彝。"（《集成》3907）

（4）仲殷父簋："仲殷父簋铸簋，用朝夕享孝宗室，其子子孙永宝用。"（《集成》3964）

（5）伯偈父簋："伯偈父作姬麋宝簋，用夙夜享于宗室，万年永宝用。"（《集成》3995）

（6）㝬簋："唯八月既生霸，㝬作文祖考尊宝簋，用孝于宗室，㝬其万年，孙孙子子永宝。"（《集成》4098）

（7）仲㝬父簋："仲㝬父作朕皇考迟伯、皇母迟姬尊簋，其万年子子孙孙永宝，用享于宗室。"（《集成》4102）

（8）㝬簋："㝬作皇祖益公、文公、武伯，皇考龚伯鼒彝，㝬其熙熙，万年无疆，灵终、灵命，其子子孙永宝，用享于宗室。"（《集成》4153）

（9）豆闭簋："闭拜稽首，敢对扬天子丕显休命，用作朕文考厘叔宝簋，用赐眉寿，万年永宝用于宗室。"（《集成》4276）

（10）师㝬簋盖："㝬拜稽首，敢对扬天子丕显休，用作朕文考外季尊簋，㝬其万年，孙孙子子其永宝，用享于宗室。"（《集成》4283）

（11）六年召伯虎簋："琱生奉扬朕宗君其休，用作朕烈祖召公尝簋，其万年，子孙宝，用享于宗。"（《集成》4293）

（12）周生豆："周生作尊豆，用享于宗室。"（《集成》4682）

（13）作乍方尊："作厥穆穆文祖考宝尊彝，其用夙夜享于厥大宗，其永介永福，万年子孙宝。"（《集成》5993）

（14）兮熬壶："兮熬乍尊壶，其万年，子子孙孙，永用享孝于大宗。"（《集成》9671）

（15）周爹壶："周爹作公己尊壶，其用享于宗，其子子孙孙万年永宝用。"（《集成》9690）

上述十五器皆为西周时代器物，第1、13、14器明确指出用享于大宗；第11、15器言用享于宗，其中的宗应该指大宗；其余诸器皆言用享于宗室，毛亨传曰："宗室，大宗之庙也。"① 这些器物均为大宗祭祀祖先的祭器。尽管上述作器者的身份尚不清楚，但从行文特点判断，应该为小宗或庶子，如果作器者为大宗，似乎没有必要强调这些器物用享于大宗或宗室。那是否意味着这些器物是小宗或庶子祭祀祖先的祭器呢？当然不是。周代大宗祭祀祖先时，小宗及庶子不仅要亲自参加助祭，还要贡物献祭。《礼记·内则》载："嫡子、庶子祗事宗子、宗妇……子弟犹归器、衣服、裘衾、车马，则必献其上，而后敢服用其次也……若富，则具二牲，献其贤者于宗子。"刘源先生提出："凡宗族成员皆有作器祭祀其祖先的权力，但无主祭权，他们作器是为助祭之用，可能就是献给宗子，当然宗子代表的是宗族。"② 上述诸器可以视为小宗或庶子进献于宗子、用于祖先祭祀的助祭之器。

另有两件铜器铭文也需作以简要说明。

陈逆簠：冰月丁亥，陈纯裔孙逆作为皇祖大宗簠，以介永命、眉寿，子孙是保。（《集成》4096）

陈逆簋："以享以孝于大宗、皇祖、皇妣、皇考、皇母，作永命眉寿万年，子子孙孙永保用。"（《集成》4629）

以上二器时代为春秋晚期或战国早期，铭文中陈逆为陈桓子嫡孙，为小宗。此二器是陈逆进献大宗的助祭之器，还是自己祭祀大宗所作器物？目前还难以判断，只好存疑。不过，笔者比较倾向于后一

---

① （清）阮元校刻：《十三经注疏》，中华书局1980年版，第286页。
② 刘源：《商周祭祖礼研究》，商务印书馆2004年版，第353页。

说。春秋中晚期的王子午鼎似乎能够为我们提供佐证。其铭曰："唯正月初吉丁亥，王子午择其吉金，自作䲹彝訊鼎，用享以孝于我皇祖文考，用祈眉寿……"（《集成》2811）王子午为楚庄王庶子，根据铭文内容，王子午作器并用之祭祀祖先。若此，庶子出身的王子午拥有了祖先主祭权，这或许说明春秋社会变革，宗法制度的相关规定已出现松弛。

由上可知，周代以祭祀祖先的方式进一步明确了宗族成员之间的嫡、庶界限，明确了大宗、小宗之间的权力与义务，力图使宗法制度更趋稳固。然而，历经春秋、战国时期的社会变革动荡，宗法制度已遭到严重破坏，但通过祖先祭祀强化宗法观念，以此试图维护摇摇欲坠宗法制度的努力却未曾中断。曾子曰："慎终追远，民德归厚矣。"（《论语·学而》）"慎终追远"历来被视为祭祀祖先的两种不同礼节。"慎终"指祭奠近祖的"凶礼"，"追远"指祭祀远祖的"吉礼"。这两种礼的实施，有助于"民德归厚"，培养社会成员的品德，加强社会成员之间的团结，维护宗法社会的稳定。①

---

① 张岂之：《略论我国古代祭祀文化的特点》，《华夏文化》2007年第2期。

# 第八章

# 周代祖先祭祀与社会思想

祖先祭祀是周代一项非常重要的社会活动。纵观整个祭祀过程,不论是祭祀仪式,还是祭器数量配置,诸多方面都夹杂着巫术、阴阳思想,对祭祀中这些思想观念进行深入分析,方能认识周代祖先祭祀的真谛。

## 第一节 周代祖先祭祀与巫术思想

中国古代的巫是人与神灵之间的沟通者。鲁迅先生曾说:"中国本来信鬼神的,而鬼神与人乃是隔离的,因欲人与鬼交通,于是乎就有巫出来。"[①] 周代祭祀祖先恰好需要这样一种角色担此重任,于是,巫术便自然而然地融入到祖先祭祀之中。

### 一 巫及巫术思想的起源

因巫要沟通神、人,故其起源当以神灵存在作为前提。神灵大致可分为自然神灵和祖先神灵两类,一般认为,自然神灵的出现要稍早于祖先神灵。我国旧石器时代晚期的山顶洞人在尸体周围撒上赤铁矿粉末,被视为中国已知最早的灵魂观念。因此,巫的出现不会迟于旧

---

[①] 《鲁迅全集》第9卷,人民文学出版社1981年版,第312页。

石器时代晚期。据考古材料显示，新石器时代巫的活动已非常活跃，研究者认为广东石峡文化、江浙良渚文化、中原龙山文化出土的玉琮；山东和苏北地区大汶口文化出土的獐牙钩形器、大口陶尊（又名陶缸），可能都是巫师的法器。①

早期巫师从事的工作单纯而质朴，他们既是社会的生产者，又是当时的神职人员，这些"巫与觋通常总是由牧人或农夫兼任，还没有专业化的宗教人员"②。随着社会发展和进步，巫觋从事的工作日趋复杂，导致这一阶层随之发生分化，一部分巫觋仍然从事生产，成为民间巫师；而另一部分巫觋则从生产中脱离出来，成为专职的神职人员。《国语·楚语下》载："昭王问于观射父，曰：'《周书》所谓重、黎实使天地不通者，何也？若无然，民将能登天乎？'对曰：非此之谓也。古者民神不杂。民之精爽不携贰者，而又能齐肃衷正，其智能上下比义，其圣能光远宣朗，其明能光照之，其聪能听彻之，如是则明神降之，在男曰觋，在女曰巫。"所谓民神不杂，即治理民事和事奉神明不相混杂，言下之意巫觋为专职，而这些专职巫觋需有聪明、智慧、贤能等多种美德才可担任。但是，巫觋需求在社会现实中却产生了一对矛盾，一方面社会希望"会咒术的'技术人才'是越多越好，多了，他们随时可以供应我们的需要"，另一方面社会又希望"传达或翻译大神意思的人却是越少越好"，这样，"社会共同遵守的信条不能随便改易"，而巫觋"人数一多，就有人杂言庞，使社会有无所适从的危险"③。巫觋需求的矛盾运动，再加上"九黎乱德"，使得少皞之世"民神杂糅，不可方物。夫人作享，家为巫史，无有要质。民匮于祀，而不知其福"（《国语·楚语下》）。结果，社会再次陷入民神相杂的混乱状态，人人祭祀，家家有巫，全无肃敬虔诚之情，加之祭品匮乏，百姓难以得到神灵福佑。及颛顼之世，"乃命南正重司天以属神，命火正黎司地以属民，使复旧常，无相侵渎，是谓

---

① 宋兆麟：《巫与巫术》，四川民族出版社1989年版，第3页。
② 徐旭生：《中国古史的传说时代》，文物出版社1985年版，第78页。
③ 徐旭生：《中国古史的传说时代》，文物出版社1985年版，第79页。

## 第八章 周代祖先祭祀与社会思想

绝地天通"（《国语·楚语下》）。鉴于混乱局面，颛顼以重、黎分别掌管神事、民事，恢复了民神不杂的旧有秩序，谓之"绝地天通"。

步入阶级社会之后，巫逐渐与政治结合在一起，当时"君及官吏皆出自巫"①，而王更是"群巫之长"。《国语·鲁语下》言："昔禹致群神于会稽之山，防风氏后至，禹杀而戮之"，可知夏禹为当时政教领袖。另"禹步"也被认为是巫舞降神。《法言·重黎》云："姒氏治水土，而巫步多禹"，李轨注曰："姒氏，禹也。治水土，涉山川，病足，故行跛也……而俗巫多效禹步。"② 商代巫风大盛，商王作为巫首，多次亲自卜问，"卜辞中常有王卜王贞之辞，乃是王亲自卜问，或卜风雨或卜祭祀征伐田游……凡此王兼为巫之所事，是王亦巫也"③。太戊时的巫咸、祖乙时的巫贤，不仅是见于文献记载的著名巫师，还相邦辅国，参与政事决策，甚至可以左右朝政。吕振羽说："在殷代，在僧侣贵族和世俗贵族的利益一致的原则下，政权的实际掌握者却是僧侣贵族，王和世俗贵族反而常常受着僧侣贵族的支配。"④ 商代巫的地位异常尊崇。西周时代，"由于政治制度的进一步发展，也由于'敬德保民'思想的出现，神权政治开始衰落。世俗的政治领袖（周王和诸侯）不再担任宗教领袖，而处理政务的官员也从处理宗教事务的巫师集团中分离出来，所以比之于商代，'巫'在统治阶层中的地位已经开始下降。一方面，他们往日的职能一部分已经为其他世俗的官职所取代；另一方面，在巫师集团的内部，分工也较前代细密，所以就每一官职而言，其权力相应地也缩小了"⑤。这一时期，巫祝、巫史经常连用，说明从西周开始祝、史分割了巫原有的部分职能。《说文·示部》曰："祝，祭主赞词者。从示，从人、口。"《礼记·曾子问》言"祝迎四庙之主"，郑玄注云："祝，接

---

① 李宗侗：《中国古代社会史》，华冈出版有限公司1977年版，第179页。
② （汉）扬雄：《法言》，世界书局1935年版，第118页。
③ 陈梦家：《商代的神话与巫术》，《燕京学报》1936年第20期。
④ 吕振羽：《殷周时代的中国社会》，生活·读书·新知三联书店1962年版，第93页。
⑤ 童恩正：《中国古代的巫》，《中国社会科学》1995年第5期。

神者也。"① 西周时代的祝已职司祭祀并可向神灵祈祷。依《周礼》记载,祝名目繁多,有大祝、小祝、丧祝、甸祝、诅祝、女祝等,其职掌皆带有巫的色彩。陈梦家指出:"祝即是巫,故'祝史'、'巫史'皆是巫也,而史亦巫也。"② "史、卿史、御史似皆主祭祀之事"③,此言甚是。时至春秋战国,由于"重人事,轻鬼神"思潮的兴起,巫的社会地位再次下降,逐渐脱离了政治权力中心,与政治渐行渐远。同时,巫最后仅有的宗教职能的虚伪面纱也被撕开,遭到了人们的鄙视和厌恶。《韩非子·显学》云:"今巫祝之祝人曰:'使若千秋万岁。'千秋万岁之声聒耳,而一日之寿无征于人,此人所以简巫祝也。"因而,战国时期西门豹治邺将巫投入水中溺死就不足称奇了。

巫术是巫的表演手段和方式,但二者起源并不同步,巫术心理、巫术行为出现要早于巫。"巫的产生是在巫术有了一定基础之后,而且是在全部落有了巫术的普遍需要之后出现的……认为世界上先有了巫,然后才有他们所创造的巫术,是不符合巫术的发展进程的。"④ 中国最早的巫术可能来源于原始人对于自然的认知,一方面人们对自然界诸如打雷、闪电、狂风等正常现象无法科学认识和解释,心存畏惧;另一方面又希望以自己的力量改造自然,为我所用,于是便创造出一种神秘方法来消除恐惧和实现自己的目的,巫术应运而生。马林诺夫斯基一针见血地指出:"凡是希望与恐惧之间的情感作用范围很广的地方,我们就见得到巫术。"⑤ 徐旭生认为:"当我们人类的智慧初发展的时候,对于自然界的规律知道的还很少,所以对于自然界威力的压迫,常常感到无能为力,由于同样的原因,他们常常感觉到自然界顽抗他们的意志。因此他们就幻想到在自然界的物体后面藏着些

---

① (清)阮元校刻:《十三经注疏》,中华书局1980年版,第1393页。
② 陈梦家:《商代的神话与巫术》,《燕京学报》1936年第20期。
③ 陈梦家:《殷墟卜辞综述》,中华书局1988年版,第520页。
④ 张紫晨:《中国巫术》,生活·读书·新知三联书店1990年版,第4页。
⑤ [英]马林诺夫斯基:《巫术科学宗教与神话》,李安宅译,上海社会科学院出版社2016年版,第175页。

超自然的小神、小鬼，有意为难他们……他们相信在他们自己中间能有一种特别的'技术人才'，有特别的能力，藉着他们自己感情的蓬勃奔放，用一种特别的术语、咒语、命令藏在物体后面的小神小鬼，照着他们的意志去做，这些'技术人才'就叫作巫，叫作觋。他们所玩的一套把戏就叫作巫术。"① 巫术源于蒙昧时期人们对抗神灵、用以实现自己愿望的社会实践活动。学者研究认为，从目前世界考古发掘资料看出，巫术最迟出现于旧石器时代晚期。同时，又将巫术发展过程划分为自发巫术和人为巫术两个阶段，指出自发巫术即史前时代巫术，其特点是自发的，比较朴实，缺乏欺骗成分，主要施于人与自然界之间，反映生产斗争较多，从性质上讲基本为祈福的白巫术；人为巫术即阶级社会产生以后的巫术，其特点是已逐渐失去巫术古朴性质，增加了人为成分，具有较多的欺骗因素。巫术除反映人与自然界的关系外，侧重反映人与人之间的关系，从性质上讲既有祈福的白巫术，又有害人的黑巫术。②

## 二 周代祖先祭祀中的巫术思想

祖先祭祀从本质上可以归结为一种宗教信仰活动。宗教与巫术是不同性质的两种社会现象。"宗教创造一套价值，直接地达到目的。巫术是一套动作，具有实用的价值，是达到目的的工具。"③ 但这并不意味着二者水火不容，"在其较早阶段，祭司和巫师的职能是经常结合在一起的，或更确切地说，他们各自尚未从对方分化出来。为了实现其愿望，人们一方面用祈祷和奉献祭品来求得神灵们的赐福，而同时又求助于仪式和一定形式的话语，希望这些仪式和言语本身也许能带来所盼望的结果而不必求助于鬼神"④。巫术便渗入了祭祀礼仪之

---

① 徐旭生：《中国古史的传说时代》，文物出版社1985年版，第78页。
② 宋兆麟：《巫与巫术》，四川民族出版社1989年版，第219—220页。
③ [英] 马林诺夫斯基：《文化论》，费孝通等译，中国民间文艺出版社1987年版，第51页。
④ [英] 詹·乔·弗雷泽：《金枝》，徐育新等译，中国民间文艺出版社1987年版，第80—81页。

中，祭祀祖先的场所也就成为了巫术的表演舞台。

周代祭祀祖先过程中的巫术色彩相当浓厚。祭祀者对祖先神灵除采取应有的崇敬和献媚外，往往还掺杂使用一些诸如哄骗、讨价还价，甚至威言恐吓等方式，而这已非单纯的祭祀活动，其中包含有明显的巫术倾向。如《尚书·金縢》记载武王病重，周公自以为质欲代武王而祭祀三王，"公乃自以为功，为三坛同墠。为坛于南方，北面，周公立焉。植璧秉珪，乃告太王、王季、文王"。周公祷词哄骗祖先神灵说："予仁若考，能多材多艺，能事鬼神。乃元孙不若旦多材多艺，不能事鬼神。"接着又讨价还价说："尔之许我，我其以璧与珪归俟尔命"，最后甚至威言恐吓说："尔不许我，我乃屏璧与珪。"如果祖先神灵不满足周公要求，就以拿回献祭的玉璧与玉珪相要挟，这种对待神灵的态度已是巫术行事的方式了。弗雷泽说："尽管巫术也确实经常和神灵打交道……但它对待神灵的方式实际上是和它对待无生物完全一样，也就是说，是强迫或压制这些神灵，而不是像宗教那样去取悦或讨好它们。"①

古文字也为我们提供了祭祀与巫术交织、杂糅的丰富材料。清华简《程寤》载曰："惟王元祀正月既生魄，太姒梦见商廷惟棘，乃小子发取周廷梓树于厥间，化为松柏棫柞。寤惊，告王。王弗敢占，诏太子发，俾灵名凶，祓。祝忻祓王，巫率祓太姒，宗丁祓太子发。币告宗祊社稷，祈于六末山川，攻于商神，望、烝，占于明堂……"太姒之梦从"寤惊""王弗敢占"等用语表述来看，恐非完全吉兆，因而就有了下文一系列巫的祓凶行为。"俾灵名凶，祓"，俾，意为使。灵，整理者言："《说文》：'巫也。'《九歌》注：'灵，巫也。'"②"名"疑当读为"命龟"之"命"，"名""命"音义皆通，大概是说修治卜龟，以凶事（指太姒的异梦）命龟，请占吉凶。③祓，《说

---

① [英]詹·乔·弗雷泽：《金枝》，徐育新等译，中国民间文艺出版社1987年版，第79页。

② 李学勤主编：《清华大学藏战国竹简·壹》，中西书局2010年版，第136、137页。

③ 宋华强：《清华简〈程寤〉"卑霝名凶"试解》，http：//www.bsm.org.cn/show_article.php？ID=1390，2011年1月14日。

第八章　周代祖先祭祀与社会思想

文·示部》曰："除恶祭也。"意为请巫行祓凶仪式。简文中的祝忻、巫率、宗丁都是巫师，分别为文王、太姒、太子姬发祓凶。之后简文又言以束帛祭告宗庙、社稷，祈祷天地四方，责让殷商神灵，祭祀日月星辰山川，行烝祭，最后在明堂占卜，这一系列祭祀众多神灵活动的执行者仍然是简文中所提到的巫师。祭祀仪式与巫术行为杂糅一起，令人难解难分。

另青铜器否叔尊铭："否叔献彝，疾不已，为母宗彝，则备，用遣母灵。"① 铭文言否叔患病不愈，遂作器祭祀先母。为何要祭祀先母呢？铭文认为否叔患病乃先母神灵作祟而致，故而在祭祀准备妥当后，"用遣母灵"，即将母亲神灵遣送回去，而这一工作只能由巫师才能够完成。当然，或许否叔自己也可以胜任，但前提是否叔必须为巫师。

秦骃祷病玉版铭："有秦曾孙小子骃曰：孟冬十月，厥气败凋。余身遭病，为我感忧。辗转反侧，无间无瘳。众人弗知，余亦弗知……惴惴小子，欲事天地、四极、三光、山川、神祇、五祀、先祖，而不得厥方。牺牲既美，玉帛既精，余毓子厥惑，西东若惷。东方有土姓，为刑法氏，其名曰陉。洁可以为法，□可以为正。吾敢告之余无罪也，使明神知吾情。若明神不□其行，而无罪□宥刑，碰碰烝民之事明神，孰敢不敬？……小子骃之病自复，故告太壹、大将军，人壹□，□王室相如。"② 铭文言秦骃及众人患疫疾，不知所以，故祭祀先祖等各方神灵以求驱除疫疾，后来秦骃终于康复。但是，铭文中间非常突兀地提到以土为姓、刑法为氏，名叫陉的人是何缘故呢？他与秦骃之病有关联吗？铭言"牺牲既美，玉帛既精，余毓子厥惑，西东若惷"，意为祭祀的牺牲玉帛已经尽善尽美，但祭祀者仍心存疑虑，好像对祭祀神灵禳除疾病的做法缺乏信心。那么，就得另辟蹊径，于是请陉告知神灵自己没有罪过，希望不要继续降病于己身。

---

① 刘雨、卢岩编著：《近出殷周金文集录》（第三册），中华书局2002年版，第183页。

② 李零：《中国方术续考》，中华书局2006年版，第183页。

陉作祷祠，奉牺牲，沟通神灵。由此来看，陉应该为当时有名的巫师，故秦駰请他做法祛除疾病。侯乃峰先生也有类似的看法，认为陉是来自秦国东方献祭祀之方的一位方士。①

除了以上因特殊原因举行祭祀而夹杂有巫术行为外，在常规的祖先祭祀礼仪中也抹不去巫术的影子。为说明问题，现将弗雷泽的相关巫术理论作以简单介绍。弗雷泽说："如果我们分析巫术赖以建立的思想原则，便会发现它们可归结为两个方面：第一是'同类相生'或果必同因；第二是'物体一经互相接触，在中断实体接触后还会继续远距离的互相作用'。前者可称之为'相似律'，后者可称作'接触律'或'触染律'。巫师根据第一原则即'相似律'引申出，他能够仅仅通过模仿就会实现任何他想做的事；从第二个原则出发，他断定，他能通过一个物体来对一个人施加影响，只要该物体曾被那个人接触过，不论该物体是否为该人身体之一部分。基于相似律的法术叫做'顺势巫术'或'模拟巫术'。基于接触律或触染律的法术叫做'接触巫术'。"② 巫术可以分为顺势巫术（或称模拟巫术）和接触巫术两类。

按照弗雷泽的巫术理论，结合周代祖先祭祀礼仪，我们发现两种形式的巫术行为皆有体现：尸祭礼仪实际上是模拟巫术，而馂余礼仪则表现为接触巫术。

周代祭祀祖先和后世最大的区别在于周代祭祀祖先要用"尸"。杜佑《通典·礼八》曰："自周以前，天地、宗庙、社稷一切祭享，凡皆立尸。"所谓"尸"是指代替祖先接受祭祀、享用祭品的人。周代祭祀祖先为何要用尸呢？《仪礼·士虞礼》郑玄注曰："尸，主也。孝子之祭，不见亲之形象，心无所系，立尸而主意焉。"③《通典·礼八》云："祭所以有尸者，鬼神无形，因尸以节醉饱，孝子之心也。"

---

① 侯乃峰：《秦駰祷病玉版铭文集解》，《文博》2005年第6期。
② ［英］詹·乔·弗雷泽：《金枝》，徐育新等译，中国民间文艺出版社1987年版，第19页。
③ （清）阮元校刻：《十三经注疏》，中华书局1980年版，第1168页。

可知，周人祭祀祖先因神灵无形，孝子感觉心无所系，故立尸祭祀。如此，祖先神灵仿佛就在眼前，祭祀中对尸献酒、馈食，就等同于祖先神灵降临亲自享用祭品，这显然是将尸模拟成祖先神灵进行祭祀的巫术行为。

正祭祖先礼仪结束后还有馂余礼仪。馂，孙希旦注云："食余曰馂"①，即馂是享用祭祀神灵之后剩余的祭品。在馂余礼仪过程中，神灵享用过的剩余祭品被尸享用，之后享用者依次为国君及卿四人、大夫六人、士八人、百官，"严格按照先尊后卑、由少及多的原则接受神之福祉，享受'圣餐'"②。在周代如果能够享用到这样的"剩餐"，会被视为莫大的福祉。因为这些"剩餐"带有神灵的福运，其他享用者也会由此而沾染，这样的思维方式是接触巫术影响的结果。

### 三 周代祖先祭祀中巫的职掌

周代祭祀祖先时巫的影响随处可见，其职掌大致可以归结为以下几种：

第一，筮日筮尸。筮是古代用蓍草进行占卜的一种方式。占卜与巫术不尽相同，占卜主要是预测事物发展趋势和判断吉凶，而巫术则企图改变事物发展方向。但在祭祀过程中却常有巫觋从事占卜活动。陈来先生说："巫不仅主要承担着神灵祭祀程序的部分职能，而且兼理占卜的职能，并且占卜也常常是为祭祀而服务的。"③《仪礼·少牢馈食礼》和《仪礼·特牲馈食礼》分别记载了周代卿大夫和士在宗庙祭祀祖先的礼仪程式，其中就有巫筮卜祭祀日期和用尸的活动。卿大夫宗庙祭祀一般选在每月的丁日或己日，如占卜结果为吉，方可进行祭祀的准备工作。如占卜结果为凶，则要等到下一旬的丁日再行筮卜，筮卜三次仍未得到吉日则祭祀废止。士宗庙祭日一般不预先设定

---

① （清）孙希旦：《礼记集解》，中华书局1989年版，第1242页。
② 刘晓燕、景红艳：《周代食馂礼源流考辨》，《理论月刊》2011年第2期。
③ 陈来：《古代宗教与伦理——儒家思想的根源》，生活·读书·新知三联书店1996年版，第73页。

日期，只要所筮之日吉利即可。卿大夫和士选尸都在祭祀前三天进行，从几位候选人中通过筮卜确定一人为尸。

第二，安放神主、祭物。《周礼·春官·司巫》曰："司巫掌群巫之政令……祭祀，则共匰主，及道布，及蒩馆。"匰，《说文·匚部》曰："宗庙盛木主器也。""道布者，为神所设巾……蒩之言藉也，祭食有当藉者。馆所以盛蒩，谓若今筐也。"①祖先神主本来藏于石室之中，祭祀时巫以匰盛出授以大祝，祭毕再由巫放还石室。同时，巫还要铺设道布、以筐盛蒩授予大祝，以备祭祀之用。又《国语·楚语下》载："在男曰'觋'，在女曰'巫'，是使制神之处位次主，而为之牲器时服。"祭祀时巫排列神灵居处、祭位及尊卑先后次序，指定祭祀用牲的毛色、大小和应用祭器及四时祭服颜色。

第三，降神、悦神。巫在祭祀中最大的作用是降神。《说文·巫部》曰："巫，祝也。女能事无形，以舞降神者也。"即巫以舞蹈吸引神灵降临，因为舞是"巫的专长，在甲骨文中'無'（舞）本来就是巫，也正是一种舞蹈的姿态。"②陈梦家也说："《墨子·明鬼》引《汤之官刑》曰：'其恒舞于宫，谓之巫风'，巫风者，舞风也。古书凡言好巫必有歌舞之盛，盖所谓舞者乃巫者所擅长，而巫字实即舞字。"③刘师培则从音韵、训诂角度予以了论证，"舞从无声，巫、无叠韵。古重声训，疑巫字从舞得形，即从舞得义，故巫字并象舞形。"④神灵降临后，为使祭祀达到目的，还要想方设法博取神灵的欢喜，这时音乐和舞蹈必不可少。《周礼·春官·大司乐》载："以六律、六同、五声、八音、六舞大合乐，以致鬼、神、示"；"乐九变，则人鬼可得而礼矣。"王国维亦说："古代之巫，实以歌舞为职，以乐

---

① （清）阮元校刻：《十三经注疏》，中华书局1980年版，第816页。
② 杨向奎：《中国古代社会与古代思想研究》（上册），上海人民出版社1962年版，第163页。
③ 陈梦家：《商代的神话与巫术》，《燕京学报》1936年第20期。
④ 钱锺书主编：《刘师培辛亥前文选》，生活·读书·新知三联书店1998年版，第437页。

神人者也。"① 实际上，巫取悦神灵的手段多种多样，瞿兑之说："人嗜饮食，故巫以牺牲奉神；人乐男女，故巫以容色媚神；人好声色，故巫以歌舞娱神；人富言语，故巫以词令歆神。"② 总而言之，巫师通过"举行仪式请神自上界下降，降下来把信息、指示交与下界"③。有时，巫也可以到上界与祖先神灵相会，然后代替神灵传达旨意。

第四，祓凶。在周代，祓除疾病和怪异是巫师的重要职掌之一。《周礼·春官·男巫》曰："男巫……冬堂赠，无方无筭。春招弭，以除疾病。"郑玄注曰："冬堂赠，谓冬岁终以礼送不祥及恶梦……招，招福也。弭，安也，谓安凶祸。"④ 又《周礼·春官·女巫》云："女巫掌岁时祓除。"清华简《程寤》记载有巫祓除太姒怪异之梦境；否叔尊和秦骃祷病玉版铭文则记述了巫祓除否叔、秦骃之疾病。巫之所以能够从事祓除疾病活动，是因为古代巫、医不分。医的繁体写作"毉"，从中就可以看出巫的影响，弗雷泽更是将巫师视为"内外科医生的直接前辈"⑤。

## 第二节 周代祖先祭祀与阴阳思想

阴阳思想是古代非常流行的思维模式，最初源于远古先民对天象的观测，后来扩展到对整个自然界的认识，将事物正反相对的属性比拟为阴阳关系，最后又衍生到社会领域，使得周代"国之大事"之一的祭祀也充斥着阴阳思想。

---

① 王国维：《宋元戏曲史》，上海古籍出版社2011年版，第2页。
② 瞿兑之：《释巫》，《燕京学报》1930年第7期。
③ 张光直：《中国青铜时代·二集》，生活·读书·新知三联书店1990年版，第48页。
④ （清）阮元校刻：《十三经注疏》，中华书局1980年版，第816页。
⑤ ［英］詹·乔·弗雷泽：《金枝》，徐育新等译，中国民间文艺出版社1987年版，第95页。

## 一 先秦阴阳思想概说

阴阳思想起源甚早，至战国时代已形成一个独立学派，是为阴阳家。班固在《汉书·艺文志》中追溯该学派起源时说："阴阳家者流，盖出于羲和之官，敬顺昊天，历象日月星辰，敬授民时，此其所长也。"可见，最初的阴阳思想是人们通过观测天象而获得的一种认识。在长期观测天象的实践中，太阳升落、月亮圆缺形成的明暗交替以及乌云蔽日、云散日现产生的暗明变化，使人们深切感受到有光为阳，无光为阴，由此产生了最初的阴阳思想。春秋时代青铜器冕伯子㝬父盨铭文中仍保留有这种最原始的阴阳思想，铭文言："冕伯子㝬父作其征盨，其阴其阳，以征以行，介眉寿无疆，庆其以臧。"(《集成》4442) 沈宝春注曰："阴者，暗也，夜也；阳者，明也，日也。"①

大约从夏代开始，在原始阴阳思想基础上，又产生了方位阴阳思想，人们将太阳能够照射到的地方称为阳，太阳照射不到的地方称为阴。具体来说，山南水北为阳，反之为阴。《说文·自部》曰："阴，闇也。水之南，山之北也。"《谷梁传·僖公二十八年》云："水北为阳，山南为阳。"《尚书·禹贡》篇诸多地名就与这种方位阴阳思想有关，"既修太原，至于岳阳"，"荆及衡阳惟荆州"，"岷山之阳"，"南至于华阴"。岳阳即太岳山之南，衡阳即衡山之南，岷山之阳即岷山之南，华阴即华山之北。商周及后世方位阴阳思想进一步发展。《诗经·大雅·公刘》追述周族先祖公刘功绩时说："既景乃冈，相其阴阳。"阴阳，"向背寒暖之宜也"②，是说公刘以日影判断山冈之阴阳。另据学者研究，商代甲骨文中已经有了辨方位的阴阳观念。周代方位阴阳思想也极为多见。如西周中期青铜器永盂(《集成》10322)铭文记载周王赏赐师永阴阳洛一带的田地、西周晚期青铜器敔簋(《集成》4323)铭文记载南淮夷曾经入侵阴阳洛。黄天树先生

---

① 沈宝春：《〈商周金文录遗〉考释》，《古典文献研究辑刊》初编，花木兰文化出版社2006年版，第405页。
② (宋)朱熹：《诗集传》，中华书局1958年版，第197页。

认为，阴阳洛是今陕西秦岭南麓的洛河南北一带。① 战国时代秦駰祷病玉版铭文言"华大山之阴阳"，即华山南北两侧，皆为方位阴阳思想的体现。

从西周末年开始，阴阳观念由具体而上升为抽象，被视为天地之间两种不同的气。伯阳父就曾以阴阳二气交感变化来解释西周末年发生的大地震。《国语·周语上》言："幽王二年，西周三川皆震。伯阳父曰：周将亡矣！夫天地之气，不失其序；若过其序，民乱之也。阳伏而不能出，阴迫而不能烝，于是有地震。今三川实震，是阳失其所而镇阴也。"伯阳父认为由于阴阳失序而导致地震，此时的阴阳思想已具有了哲学上的意义。

春秋时期，老子提出"万物负阴而抱阳"（《老子·第四十二章》）的命题，认为一切事物都具有阴阳对立的属性，善恶、有无、难易、长短、高下、前后、强弱等范畴皆为事物阴阳对立属性的体现。老子阴阳哲学是阴阳思想发展过程中的一次重大飞跃，标志着二元化阴阳思想的萌芽。梁启超曾说："商周以前所谓阴阳者不过自然界中一种粗浅微末之现象，绝不含有何等深邃之意义。阴阳二字意义之剧变，盖自老子始。"②

在老子思想影响下，战国时代阴阳对立思想更具有普遍性，从天地、日月、四季、方位、数字，到夫妇、礼乐等，都牵强地被视为阴阳对立的客观存在。

天地分阴阳。《礼记·礼运》云"天秉阳，垂日月；地秉阴，窍于山川。"《礼记·乐记》曰："地气上齐，天气下降，阴阳相摩。"

日月分阴阳。《礼记·祭义》曰："日出于东，月生于西。阴阳长短，终始相巡，以致天下之和。"《易传·系辞上》云："阴阳之义配日月。"

四季分阴阳。《礼记·儒行》云："冬夏不争阴阳之和。"《管子·乘马》载："春夏秋冬，阴阳之推移也。时之短长，阴阳之利用

---

① 黄天树：《黄天树古文字论集》，学苑出版社2006年版，第213—217页。
② 顾颉刚编：《古史辨》第5册，上海古籍出版社1982年版，第347页。

也。日夜之易，阴阳之化也。"又同书《形势解》曰："春者，阳气始上，故万物生；夏者，阳气毕上，故万物长；秋者，阴气始下，故万物收；冬者，阴气毕下，故万物藏。"

方位分阴阳。表示方位的上下、左右、东南西北都是两两相对的阴阳范畴。《周礼·春官·卜师》："凡卜，辨龟之上下、左右、阴阳。"《礼记·内则》："凡男拜尚左手……凡女拜尚右手。"郑玄注曰："左，阳也；右，阴也。"①《黄帝素问·五常政大论》曰："东南方，阳也……西北方，阴也。"

数字分阴阳。《易传·系辞下》曰："阳卦奇，阴卦偶。"《礼记·郊特牲》云："鼎俎奇而笾豆偶，阴阳之义也。"

夫妇分阴阳。《礼记·礼器》曰："阴阳之分，夫妇之位也。"

礼乐分阴阳。《礼记·郊特牲》云："乐由阳来者也，礼由阴作者也。"

为便于了解，特将上文出现的阴阳对立概念列表如下：

表 8-1　　　　　　　　　　阴阳对立概念

| 阴 | 地 | 月 | 秋冬 | 下 | 右 | 西北 | 偶 | 妇 | 礼 |
|---|---|---|---|---|---|---|---|---|---|
| 阳 | 天 | 日 | 春夏 | 上 | 左 | 东南 | 奇 | 夫 | 乐 |

实际上，战国时代类似的阴阳对立概念还有很多，兹不一一列举。阴阳在这一时期有了主次、尊卑之分。阴阳思想的这种变化，尤以《周易》一书最为突出。《周易·系辞上》曰："天尊地卑，乾坤定矣。卑高已陈，贵贱位矣。"《周易·彖上》曰："大哉乾元，万物资始，乃统天"，"至哉坤元，万物资生，乃顺承天。"在此，乾代表天与阳，坤代表地与阴，天尊地卑，乾统坤顺，二元化的阴阳结构发生了倾斜，产生了主次之分，由此衍生出阳主阴辅、阳尊阴卑等一系列观念。战国时代又将社会政治生活中的君臣、父子、夫妇等宗法关

---

① （清）阮元校刻：《十三经注疏》，中华书局 1980 年版，第 1471 页。

系比拟为阴阳关系，使得宗法体现的尊卑贵贱也具有了阴阳属性，由此形成了宗法伦理化的阴阳思想，从思想观念层面进一步强化了尊卑等级制度。《周易·文言》云："阴虽有美……地道也，妻道也，臣道也。"《礼记·昏义》载："天子理阳道，后治阴德；天子听外治，后听内职……天子之与后，犹日之与月，阴之与阳。"《说苑·辨物》则曰："其在民，则夫为阳而妻为阴；其在家，则父为阳而子为阴；其在国，则君为阳而臣为阴；故阳贵而阴贱，阳尊而阴卑，天之道也。"夫与妻、父与子、君与臣，一尊一卑，一阳一阴，不可违拗。

阴阳思想在先秦时期不断发生变化。起初，人们从观测天象的活动中以有光与否为阴阳的初始含义，至夏代引申出方位阴阳思想。西周晚期阴阳脱离初始意义，上升为抽象概念。春秋时代则形成了二元化阴阳思想，具有了哲学意义。战国时代二元化阴阳思想有了主次、尊卑之分，将其比拟于社会宗法关系，由此产生了宗法伦理化的阴阳思想。

## 二　周代祖先祭祀中的阴阳思想

阴阳思想在周代已经非常流行，尤其是战国时代将其引入社会领域后，重大的社会活动无不带有阴阳思想的印迹，周代祖先祭祀诸多方面就深受其影响。

祭祀名称分阴阳。战国时期祭祀祖先可能有固定的四时之祭，即文献中所谓的春礿、夏禘、秋尝、冬烝。因四季分阴阳，故四时之祭也相应地被分为阳祭和阴祭。《礼记·祭统》载："礿、禘，阳义也。尝、烝，阴义也。禘者阳之盛也，尝者阴之盛也。"可知，春礿、夏禘为阳祭，而秋尝、冬烝为阴祭。

祭祀用物分阴阳。周代祭祀祖先用物既有物质层面的，又有精神层面的。物质层面用物有牲肉、谷物、瓜果、蔬菜等食用类和酒醴饮用类。祭祀祖先食用和饮用的祭品有阴阳之分。《礼记·郊特牲》曰："凡饮，养阳气也。凡食，养阴气也。"即食用类为阴，饮用类为阳。精神层面用物主要为礼乐，礼为阴，乐为阳，亦体现出阴阳二元思想。

祭器数量分阴阳。周代祭祀祖先盛放物品的祭器也有阴阳差别。《礼记·郊特牲》曰:"鼎俎奇而笾豆偶,阴阳之义也。"孔疏云:"'鼎俎奇'者,以其盛牲体,牲体动物,动物属阳,故其数奇。'笾豆偶'者,其实兼有植物,植物阴,故其数偶。"①

祭祀日期分阴阳。周代因不同事情祭祀祖先时,日期选择有阴阳之分。《礼记·曲礼上》曰:"外事以刚日,内事以柔日。"贾公彦认为外事为征伐、巡狩之等,内事为冠、婚、祭祀。在周代,不管外事还是内事,都要事先祭告祖先。外事祭祀祖先用刚日,刚日即干支纪日中天干以甲、丙、戊、庚、壬开头的奇日,奇为阳,故刚日实为阳日。外事祭祀祖先用柔日,柔日即干支纪日中天干以乙、丁、己、辛、癸开头的偶日。偶为阴,故柔日即阴日。《仪礼·少牢馈食礼》载卿大夫宗庙祭祀祖先"日用丁、己",郑玄注曰:"内事用柔日,必丁己者,取其令名。自丁宁,自变改,皆为谨敬。"②

祭祀礼仪分阴阳。周代祭祀祖先时有阴厌和阳厌两种礼仪。阴厌是飨尸之前,先用祭品飨神,因祭品设在室内阳光照射不到的西北角,故称阴厌。举行阴厌时祝引导主人及主妇将牲肉、美酒、谷物等祭品按一定方位陈列,敬献于神灵。阳厌是馂礼之后将祭品设在室内阳光尚能照射到的东南角祭祀而得名,阳厌是宗庙尸祭礼仪结束的标志。行阳厌之礼时,祝命人撤走主人、主妇的祭器,将尸的祭器改置在东南角,之后用席子遮住祭品,再下堂禀告主人礼成,最后由宗人宣布尸祭礼仪完毕。

祭祀方式分阴阳。周代祭祀祖先以酒醴灌地报答阴气,后又燃烧加有黍稷及牲体脂肪的香蒿报答阳气。《礼记·郊特牲》载:"周人尚臭,灌用鬯臭。郁合鬯,臭阴达于渊泉……既灌,然后迎牲,致阴气也。萧合黍稷,臭阳达于墙屋。故既奠,然后焫萧合膻芗。"又"祭黍稷加肺,祭齐加明水,报阴也。取膟膋燔燎,升首,报阳也"。孙希旦云:

---

① (清)阮元校刻:《十三经注疏》,中华书局1980年版,第1446页。
② (清)阮元校刻:《十三经注疏》,中华书局1980年版,第1196页。

"黍稷、牲体、酒醴之属，可以饮食而以味飨神者也，故曰'报阴'。燔燎、升首，不可以饮食而以气歆神者也，故曰'报阳'。"①

祭祀角色分阴阳。周代祭祀祖先时有主祭者和助祭者。按宗法关系讲，宗子为主祭者，庶子为助祭者；按政治关系讲，君为主祭者，臣为助祭者；按家庭伦理关系讲，夫为主祭者，妇为助祭者。主祭者为阳位尊，助祭者为阴位卑。在此，嫡庶、君臣、夫妇尊卑分明，各司其职，不容有违。

### 三 周代祖先祭祀中阴阳思想分析

周代祖先祭祀中夹杂着丰富的阴阳思想，反映了当时人们的思想观念和倾向。笔者试图从以下三点进行分析：

其一，祖先祭祀中的阴阳思想意在从理论层面固化尊卑贵贱的等级观念。西周宗法制度尽管也强调、维护等级观念，但随着春秋战国社会变革，宗法制度遭到破坏，人们的宗法观念亦日渐淡漠，使得宗法体系下的等级观念受到了前所未有的冲击，"臣弑其君，子弑其父"（《周易·文言》）的尊卑失序现象层出不穷，依靠宗法制度维护原有的等级观念已显得力不从心。时代需要一种崭新的理论来重整等级秩序，于是，战国时代阴阳思想发生了重大变化，产生了主次、尊卑之分。将阳尊阴卑的阴阳思想引入当时隆重而神圣的祖先祭祀之中，其用意不言而喻，意以全新的理论来固化旧有的等级观念。祖先祭祀中主祭者和助祭者的阴阳角色定位便很能说明问题。

其二，祖先祭祀中的阴阳思想是时人追求阴阳和谐的集中表现。阴阳虽然为对立范畴，但并非水火不容，而是你中有我，我中有你，相辅相成，相得益彰。《谷梁传·庄公三年》曰："独阴不生，独阳不生。"《黄帝素问·阴阳应象大论》云："阴在内，阳之守也；阳在外，阴之使也。"周代祭祀祖先时，祭祀名称、祭祀用物、祭器数量、祭祀礼仪、祭祀方式等都表现出阴阳合体，其实就是为了追求一种和

---

① （清）孙希旦：《礼记集解》，中华书局1989年版，第717页。

谐、平衡。阴阳和谐，神灵自然愉悦，祭祀方能达到最终目的。故《黄帝素问·阴阳应象大论》又云："阴阳者，天地之道也，万物之纲纪，变化之父母，生杀之本始，神明之府也，可不通乎？"

其三，祖先祭祀中的阴阳思想反映了时人对生命动态发展的认识。在古人思维模式中，阳代表光、亮，适宜生命蓬勃生长，故有生的涵义；而阴意味着幽暗无光，不适宜生命生长，故有死的涵义。因此，古代阴阳思想与生命的动态发展息息相关。

《周易·系辞下》曰："天地之大德曰生"，将生命视为天地之间第一要义，而生命的孕育就是阴阳变化、融合的结果。《庄子·田子方》载："至阴肃肃，至阳赫赫。肃肃出乎天，赫赫发乎地，两者交通成和，而物生焉。"《周易》一书更被视为阴阳生育的典范。《周易·系辞下》云："天地絪缊，万物化醇；男女构精，万物化生。"又《周易·说卦》云："乾，天也，故称乎父；坤，地也，故称乎母。"在此，阴阳成了赋予生命的男女和父母。后世学者对《周易》阴阳演绎生命的思想给予了关注和研究。钱玄同说："我以为原始的易卦，是生殖器崇拜时代的东西；'乾''坤'二卦即是两性的生殖器的记号。"① 郭沫若云："八卦的根柢我们很鲜明地可以看出是古代生殖器崇拜的孑遗。画—以象男根，分而为二以象女阴，所以由此而演出男女、父母、阴阳、刚柔、天地的观念。"② 周予同则言："《易》的—就是最显明的生殖器崇拜时代的符号。—表示男性的性器官……--表示女性的性器官。"③ 因此，以阴阳合体的方式祭祀祖先，从一个层面可以理解为后世子孙对祖先赋予生命的感恩。

古人认为，祖先去世之后，生命并未真正终结，而是以另一种形态——魂魄存活于世，魂魄亦分阴阳。《左传·昭公七年》曰："人生始化曰魄，既生魄，阳曰魂。"又《礼记·郊特牲》载："魂气归于

---

① 顾颉刚编：《古史辨》第1册，上海古籍出版社1982年版，第77页。
② 《郭沫若全集·历史编》第1卷，人民出版社1982年版，第33页。
③ 朱维铮编：《周予同经学史论著选集》（增订本），上海人民出版社1996年版，第86页。

天，形魄归于地，故祭求诸阴阳之义也。"文献中讲得非常明确，人去世后，气化为魂升天成阳，形化为魄归地成阴，所以祭祀祖先时要阴阳兼顾，如此祖先神灵才能真正得以慰藉。因此，祖先祭祀中的阴阳思想从另一个层面又可理解为对祖先亡灵两种不同形态的祭奠。

总之，巫术、阴阳在今天看来比较落后的思想观念，却在周代大行其道，并在祖先祭祀中留下了自己深深的印痕。周代巫觋参与祖先祭祀，一方面说明巫觋职掌多样化，另一方面也说明巫觋是当时社会高级知识分子的代表。祭祀祖先时模拟巫术的运用，是为了祭祀者心有所系更加真切；接触巫术的运用则是为了将祖先的福祐分享于众多之人。祖先祭祀中的阴阳思想是理论创新固化旧有等级观念的产物，是时人追求阴阳和谐的表现，也是时人对生命动态发展的一种认识。

# 第九章

# 周代祖先祭祀的变迁

《论语·为政》曰:"殷因于夏礼,所损益,可知也;周因于殷礼,所损益,可知也。"在此,孔子指出三代礼制是一种因袭关系,随着时代发展,礼制在前代基础上或增加或删减。作为礼制中非常重要的祖先祭祀礼仪亦概莫能外,不断地发生着变迁以适应时代需求。

## 第一节 殷周祖先祭祀的变迁

王国维说:"中国政治与文化之变革,莫剧于殷周之际"[1],的确如此。西周立国之初,无暇礼制建设,祖先祭祀诸多方面基本继承了殷代做法。陈梦家指出:"周金文中之祭名,十九因于商。周金文中之宫庙,半数因于商。"[2] 刘雨先生也认为,西周在很长一段时间内采取大量袭用殷礼的政策,其中仅祭祖礼殷周同名者即有十七种之多。[3] 多数学者认为,周革殷礼,建立起自己完备而成熟的礼制体系是在中期之后。至此,西周祖先祭祀开始表现出与殷代迥然相异的独特风格。

---

[1] 王国维:《观堂集林》,中华书局1959年版,第451页。
[2] 陈梦家:《古文字中之商周祭祀》,《燕京学报》1936年第19期。
[3] 刘雨:《西周金文中的祭祖礼》,《考古学报》1989年第4期。

## 第九章 周代祖先祭祀的变迁

### 一 殷周祖先祭祀对象的变迁

殷代祭祀祖先时，直系、旁系祖先，甚至未列王位的兄长均可在享祀之列。"辛巳卜，大贞，中自上甲元示三牛，二示二牛。十三月。"（《合集》25025）张政烺先生指出："元示和二示对言，犹大示和它示对言，前者指直系先王，后者指旁系先王。"① "癸酉卜，行贞，王宾父丁岁三牛，眔兄己一牛，兄庚一牛，亡尤。"② 此条卜辞意为商王祖甲祭祀父亲武丁时，又兼及兄长孝己（未列王位）和祖庚。殷代金文也有祭祀兄长的记述，雟㽤作兄癸卣③铭曰："丁巳，王赐雟㽤贝，在寝，用作兄癸彝，在九月，为王九祀，脅日。"（《集成》5397）意为雟㽤得到商王赐贝，作器祭祀兄癸以示纪念。殷代祭祀祖先不分直系、旁系兼及兄长的传统一直延续到西周社会早期，如屯尊铭曰："屯作兄辛宝尊彝，马豙。"（《集成》5932）又《逸周书·世俘解》记载武王克商后举行告祭祖先仪式时，"王烈祖自太王、太伯、王季、虞公、文王、邑考以列升，维告殷罪"。在武王告祭的对象中，太王、王季、文王为直系祖先，太伯、虞公为旁系祖先，邑考为武王之兄，明显继承了商代祖先祭法。

西周宗法制度确立后，将宗统与君统合二为一，宗统下的嫡庶有尊卑之分，君统下的君臣有贵贱之别，使得西周祖先祭祀对象与殷代相比发生了巨大变化，旁系祖先和未列王位的兄长逐渐失去了享祀资格。从金文来看，自西周中期以后，享祀者基本为祭祀者的直系祖先。如西周中期青铜器鲜簋（《集成》10166）和剌鼎（《集成》2776）铭文记穆王祭祀其父昭王；对罍（《集成》9826）铭文记载对祭祀其父日癸；大簋（《集成》4165）铭文记大祭祀其父大仲。西周晚期青铜器师奂钟（《集成》141）铭文记师奂祭祀虢季、兖公、幽

---

① 张政烺：《释它示——论卜辞中没有蚕神》，《古文字研究》（第一辑），中华书局1979年版，第67页。
② 王国维：《观堂集林》，中华书局1959年版，第28—29页。
③ 此器断代尚有分歧，宋吕大临等将其归为商器，《殷周金文集成释文》将其隶定为西周早期，今从旧说。

叔、德叔四世祖先；尌仲簋盖（《集成》4124）铭文记尌仲祭祀其父趞仲；鬻兑簋（《集成》4168）铭文记鬻兑祭祀祖父乙公和父亲季氏；乘父士杉盨铭文记乘父士杉祭祀其父伯明父等等。现有文献及金文反映西周中期以后祭祀旁系祖先和兄长的材料鲜有发现。

此外，殷周祖先祭祀对象变迁还表现为女性祖先在祭祀中地位的前后差异。殷代直系女性祖先享受专祭可谓司空见惯。己巳卜，王口贞：其又于祖乙奭［妣己］。（《合集》23322）丁未卜，何贞：御于小乙奭妣庚，其宾飨。（《合集》27456）小臣邑斝铭曰："癸巳，王赐小臣邑贝十朋，用作母癸尊彝，唯王六祀，肜日，在四月，亚疑。"（《集成》9249）上述材料中女性祖先庚、己、癸均受到了专门祭祀。郭沫若说："殷世于先妣特祭，兄终弟及之制犹保存母系时代之孑遗，然其父权制度确已成立，每有专祭其所出之祖若妣而不及其旁系者，即其明证。"又说"自示壬以下，凡所自出之祖，其妣必见于祀典，非所自出之祖，其妣则不见。"① 同时，这些直系女性祖先可能已有专门的宗庙。陈戍国认为《合集》23372 中之"妣庚宗"、23520 中之"母辛宗"皆为商代先妣之庙。② 殷代祭祀直系女性祖先时还有一个有趣的现象，就是将同一男性祖先的多个配偶同时祭祀，是为"并后"。王晖先生说："从卜辞中看，商代直系先王之妻不少是'并后'。如中丁之妻妣己、妣癸并入祀谱，祖乙有妣己、妣庚入祀谱，祖丁有妣己、妣庚入祀谱，武丁有妣辛、妣癸、妣戊三妻均入祀谱，武乙有妣戊、妣癸入祀谱。这种有二妻或三妻一同入祀的现象，说明其地位是相等的，应即'并后'现象。"③ 反观西周社会，女性祖先可能已经失去了专祭权力。如：

雍作母乙鼎："雍作母乙尊鼎，其万年子子孙孙永宝用。"（《集成》2521）

---

① 顾颉刚编：《古史辨》第 1 册，上海古籍出版社 1982 年版，第 77 页。
② 陈戍国：《先秦礼制研究》，湖南教育出版社 1991 年版，第 144 页。
③ 王晖：《商周文化比较研究》，人民出版社 2000 年版，第 291 页。

## 第九章 周代祖先祭祀的变迁

王伯姜鼎："王伯姜作季姬福母尊鼎，季姬其永宝用。"（《集成》2560）

诂簋："诂作皇母尊簋，其子子孙孙万年永宝用。"（《集成》3840）

应侯簋："应侯作姬原母尊簋，其万年永宝用。"（《集成》3860）

甏簋："甏作王母媿氏馈簋，媿氏其眉寿万年用。"（《集成》3931）

尽管上述器物为祭祀女祖而作，但这并不能说明这些女祖一定是单独受到祭祀的，叔簋（《集成》4322）和叔方鼎（《集成》2824）的铭文便很能说明问题。叔簋铭文记载叔率兵伐戎，先母神灵保护其获胜，叔因感激先母日庚遂作器祭祀。但叔所作的另一件器物叔方鼎记述该事件时却出现了叔的先父甲公，并且铭文中先父甲公的名字位于先母日庚之前。由此不难看出，叔的母亲日庚是依附于叔父甲公而受到祭祀的。这不免让人猜测上述青铜铭文中的女性祖先是否也和叔母一样依附于其他男性祖先而受到祭祀呢？事实上，西周中晚期，女祖依附于男祖受祭祀的情况非常普遍。如西周中期师趠鼎（《集成》745）铭文言"师趠作文考圣公、文母圣姬尊"、师酉簋（《集成》4288）铭文言"用作朕文考乙伯、究姬尊簋"；西周晚期青铜器谌鼎（《集成》2680）铭文言"谌肇作其皇考、皇母告比君鬻鼎"、史伯硕父鼎（《集成》2777）铭文言"史伯硕父作朕皇考厘仲、皇母泉母尊鼎"等等，都是女性祖先依附于男性祖先受到祭祀。只有叔敫父簋比较特殊，铭文言："叔敫父作朕文母烈考尊簋，子孙永宝用。"（《集成》3921）此处，叔敫父之母居于父之前，可能与其母特殊身份有关。周代女性祖先之庙仅有后稷之母姜嫄庙，是为闷宫，毛亨云："闷，闭也。先妣姜嫄之庙在周常闭无事。"① 姜嫄庙象征意义大于实

---

① （清）阮元校刻：《十三经注疏》，中华书局1980年版，第614页。

际功用。另外，殷代"并后"现象在周代被视为祸乱根源而难以寻其踪迹。《左传·闵公二年》载："昔辛伯谂周桓公云：内宠并后，外宠二政，嬖子配適，大都耦国，乱之本也。"又《左传·桓公十八年》曰："并后、匹嫡、两政、耦国，乱之本也。"因为"并后"会导致两个嫡长子争权夺位，这无疑是对宗法制度的严重挑战和破坏，故而西周废止"并后"理所应当。可见，西周女性在祭祀中的独立地位正在逐步丧失，多依附于男性受到祭祀；女性祖先宗庙只有象征性的姜嫄庙；殷代盛行的"并后"现象也被废止，这些变化说明西周女性在祭祀中的地位明显下降。

总之，殷人在祭祀祖先过程中，直系祖先、旁系祖先、未列君位之兄长以及女性祖先之间并无明显的尊卑之别，正如王国维所言："商人……自帝喾以下，至于先公先王先妣皆有专祭，祭各以其名之日，无亲疏远近之殊也。先公先王之昆弟，在位者与不在位者祀典略同，无尊卑之差也。"① 时至西周时代，这些祖先之间却产生了嫡尊庶卑、君尊臣卑、男尊女卑的等级观念，反映出西周宗法制度的加强。

## 二 殷周祖先祭祀原则的变迁

从祖先祭祀原则看，殷周二代既有相同之处，又呈现出明显的时代差异。相同之处表现为殷周社会均重视对本部族历史发展作出重大贡献祖先的祭祀。常玉芝详细研究了卜辞中殷代二十九位先公、先王的祭祀情况后得出结论，殷人特别崇拜在商族历史上作出重大贡献的先公、先王，给予他们频繁而隆重的祭祀；而对于没有作出重大贡献的先公、先王，只进行一般的祭祀，祭典贫乏而失隆重。② 西周祭祀祖先何尝不是如此。《诗经》大雅《生民》《公刘》《绵》《皇矣》《大明》五篇既是周族历史的叙事诗，又是称颂周族始祖后稷、公刘、古公亶父、季历、文武王这些重要人物的祭祀诗。结合文献及金文材料，周人对文、武二王的祭祀最为频繁，其原因在于他们完成了灭商

---

① 王国维：《观堂集林》，中华书局1959年版，第467页。
② 常玉芝：《商代宗教祭祀》，中国社会科学出版社2010年版，第344—345页。

## 第九章　周代祖先祭祀的变迁

大业。《国语·鲁语上》云"夫圣王之制祀也，法施于民则祀之，以死勤事则祀之，以劳定国则祀之，能御大灾则祀之，能扞大患则祀之"也是西周祖先祭祀原则的真实写照。

不过，殷代在祭祀祖先时，可以颠倒在位者的先后顺序而祭祀，亦可将有功的异族之士与祖先一同祭祀，这样的祭祀行为在西周绝对不能容忍，会遭受严厉批评与指责。"己丑卜，大贞，于五示告：丁、祖乙、祖丁、羌甲、祖辛。"（《合集》22911）卜辞中的丁指武丁，祖乙即武丁之父小乙，祖丁为祖乙之父，祖辛为祖丁之父，羌甲文献中又写作沃甲，为祖辛之弟。除去羌甲为旁系祖先外，其他四位直系祖先按照由近及远的倒序方式排列而祭祀。裘锡圭说："商代祭祀虽以顺祀为常，但在有些祭祀里也允许逆祀，似乎并不认为失礼。商人与周人对逆祀的看法，可能并不完全相同。"① 殷代出现的"逆祀"现象在西周时代尚未发现。《左传·文公二年》记载了春秋时代鲁国祭祀时"跻僖公"，杨伯峻先生说："跻僖公者，享祀之位升僖公于闵公之上也"。② "跻僖公"被时人称为"逆祀"而不予接受，因此在定公八年，由阳虎主持"顺祀先公而祈焉"，即又将僖公神主放回原来位置。在礼坏乐崩的春秋时代，"逆祀"行为仍为社会所不容，在宗法尊卑观念严格的西周时代，"逆祀"更是无立足之地。

此外，殷代卜辞中还有将异族之士同殷人祖先一同祭祀的事例。如：

(1) 癸丑卜，上甲岁、伊宾。（《合集》27057）

(2) 癸酉卜，又伊、五示。（《合集》32722）

(3) 乙酉贞，又岁，于伊、嚳示。（《合集》33329）

(4) 壬戌卜，又岁于伊、二十示又三。兹用。（《合集》34123）

---

① 裘锡圭：《甲骨卜辞中所见的逆祀》，《出土文献研究》（第一辑），文物出版社1985年版，第32页。

② 杨伯峻：《春秋左传注》，中华书局1981年版，第523页。

上述四条卜辞中的伊皆指伊尹。卜辞（1）意为伊尹和殷先公上甲一同受到祭祀；卜辞（2）是说伊尹和殷五位祖先被合祭；卜辞（3）中的黽，张政烺先生认为当为元，元示即殷的直系祖先。① 卜辞（4）言伊尹和殷二十三位众祖先被合祭，这二十三位殷祖，陈梦家认为应是太甲至康丁的二十三位直系和旁系先王。② 相传伊尹为奴隶出身，幼时被有莘国君庖人收养，有莘国君嫁女时作为陪嫁奴仆而至商，因其才干被汤任为相。《吕氏春秋·孝行览·本味》载曰："有侁氏女子采桑，得婴儿于空桑之中，献之其君，其君令烰人养之。察其所以然，曰其母居伊水之上，孕，梦有神告之曰：'臼出水而东走，毋顾。'明日，视臼出水，告其邻，东走十里，而顾其邑尽为水，身因化为空桑，故命之曰伊尹。此伊尹生空桑之故也。"文献记载的伊尹出生虽然带有神话色彩，但其与商并非同族则毋庸置疑。伊尹作为异族之士被殷人加以祭祀，主要在于他对殷政权的建立及稳定作出了不朽功勋。《孟子·万章上》云："伊尹相汤，以王于天下，汤崩，太丁未立，外丙二年，仲壬四年，太甲颠覆汤之典刑，伊尹放之于桐。三年，太甲悔过，自怨自艾，于桐处仁迁义，三年，以听伊尹之训己也。复归于亳。"伊尹有两大贡献，一助汤平定天下，建立殷商王朝；二教诲太甲遵成汤之法，稳定新生政权。而在周人的祭祀观念中，"神不歆非类，民不祀非族"（《左传·僖公十年》）、"非其鬼而祭，谄也"（《论语·为政》）。从理论上讲，周人绝对不会祭祀异族之人，因为"非其所祭而祭之，名曰淫祀。淫祀无福"。（《礼记·曲礼下》）总之，周人祭祀祖先时，反对颠倒次序的"逆祀"和非同一族类的"淫祀"，旗帜鲜明地确立起了自己的祭祀原则。

### 三　殷周祖先祭祀动机的变迁

根据卜辞记述来看，殷人往往认为祸害乃祖先神灵作祟的结果，

---

① 张政烺：《释它示——论卜辞中没有蚕神》，《古文字研究》（第一辑），中华书局1979年版，第67页。
② 陈梦家：《殷墟卜辞综述》，中华书局1988年版，第465页。

## 第九章 周代祖先祭祀的变迁

因而对祖先神灵心存敬畏。如若祖先神灵降祸，需通过祭祀取悦、讨好神灵，以消除不祥。

(1) 上甲害王？（《合集》939）
(2) 癸巳卜，成祟我？（《合集》32444）
(3) 大丁害我？大丁不害我？（《合集》14003）
(4) 乙酉卜，宾贞：大甲若王？（《合集》3216）
(5) 外丙害王？贞，外丙弗害王？（《合集》8969）
(6) 贞：祖乙弗害王？祖乙害王？（《合集》1623）
(7) 唯祖辛害王？（《合集》1736）
(8) 羌甲祟王？（《合集》5658）
(9) 祖丁祟王？祖丁弗祟王？（《合集》17409）
(10) 唯南庚害王？不唯南庚害王？（《合集》10299）
(11) 阳甲害王？（《合集》903）
(12) 唯亚祖乙害王？（《合集》1663）
(13) 唯祖庚害？（《屯南》1046）
(14) 贞：疾齿，唯父乙害？（《合集》13649）
(15) 贞：王疾身，唯妣己害？（《合集》822）

上述前十三条卜辞均是殷人卜问祖先神灵是否会对时王降下祸害，后两条卜辞卜问疾病是否为先父、先母神灵作祟所致。卜辞中涉及的殷人祖先有上甲、成（即大乙）、大丁、大甲、外丙、祖乙、祖辛、羌甲、祖丁、南庚、阳甲、亚祖乙（应该为小乙。陈梦家先生说："就字体说，此辞不能晚于祖庚时代。亚有次义，小乙亚于祖乙，故曰亚祖乙。但亚祖乙也有可能是祖乙。"[①]）、祖庚十三位，其中大丁、羌甲为旁系祖先，其余均为直系祖先。如此众多的祖先牵扯其中，说明祖先神灵作祟降祸乃是殷人一种普遍的心理认同。

---

① 陈梦家：《殷墟卜辞综述》，中华书局1988年版，第418页。

在周人思想意识中，祖先神灵不是降祸者，而是降福者。只要通过祭祀表达诉求，祖先神灵基本上可以满足其要求和愿望。就西周时代祭祀祖先动机而言，有个人祈求长寿、永享禄位的；有家族祈求子孙繁衍、家族兴旺的；也有周王祈求风调雨顺、国运长久的，都是向祖先神灵祈福。即便有灾祸降临，周人仍可通过祭祀祖先来禳除灾祸、化凶为吉。当然，西周也有祖先神灵作祟降祸的例子。如西周早期青铜器否叔尊铭："否叔献彝，疾不已，为母宗彝，则备，用遣母灵。"① 铭文认为否叔患病乃先母神灵作祟所致，故举行祭祀遣送母亲神灵。祖先神灵可降祸子孙后代并非周人的主流意识，况且该器物属西周早期，抑或受到商人思想的影响。

总之，殷人视祖先神灵为作祟者，多因禳灾而祭祀；周人则视祖先神灵为降福者，多因祈福而祭祀。

### 四 殷周祖先祭祀频率的变迁

殷人非常迷信鬼神，事无巨细，都要通过祭祀卜问祖先神灵，正如《礼记·表记》所言："殷人尊神，率民以事神，先鬼而后礼。"通过卜辞来看，殷代形成了以翌、祭、壹、劦、彡五种典礼对上甲以后的诸先公、先王以及自示壬配偶妣庚以后的诸先妣轮番、周而复始祭祀的周祭制度，一个完整的周祭周期为三十六旬或三十七旬。因为"三十六旬的周期为360天，不足一年，故设三十七旬周期予以调整，使两个祭祀周期相当于两个太阳年的时间，从而保持周祭周期与太阳年的日数基本平衡。"② 殷代还常以合祭方式祭祀祖先，将众多祖先分为若干组进行祭祀，如大示、小示、若干示等，分组目的是遍祀诸位祖先而避免遗漏。此外，殷代祭祀祖先也有因某种特殊原因而针对某一位祖先举行的专祭。周祭、合祭、专祭这些祭祀方式交织在一起，造成了殷代几乎无日不祭的局面。如此频繁的祖先祭祀，长此以往，

---

① 刘雨、卢岩编著：《近出殷周金文集录》（第三册），中华书局2002年版，第204页。
② 常玉芝：《商代宗教祭祀》，中国社会科学出版社2010年版，第454页。

不仅使得祭品匮乏，难以为继，而且使祭祀者身心长期处于一种疲惫状态，祭祀过程中必然失去耐心和恭敬。因此，为了完成祭祀礼仪各项程式难免走过场、敷衍了事。至商代末年，纣王甚至连这种走过场的祖先祭祀礼仪也懒得举行了，武王征商时曾将"昏弃厥肆祀弗答"（《尚书·牧誓》）列为纣王的罪状之一。

西周鉴于商代频繁祭祀祖先不仅劳民伤财，而且鬼神不佑，认为祭祀祖先次数既不能太过频繁，又不能太过稀疏，要适可而止，即《礼记·祭义》所言："祭不欲数，数则烦，烦则不敬。祭不欲疏，疏则怠，怠则忘。"如此，既可消除因祭祀频繁而带来的厌倦心理，又能防止因祭祀稀疏而产生的懈怠心理，适时地保持了祭祀活动的庄严神圣色彩，使祭祀频率与祭祀效果达到了完美的结合。

**五 殷周祖先祭祀用人的变迁**

祭品作为沟通人神的媒介，在祖先祭祀中扮演着不可或缺的重要角色。祖先祭祀常用的祭品以动物牲肉和酒醴为主，但在殷代却盛行以人为祭品的人祭之风，卜辞中多有记述。

(1) 甲子贞：又伐于上甲羌一、大乙羌一、大甲羌。自。（《合集》32114）

(2) 乙巳卜，宾贞：三羌用于祖乙。（《合集》379）

(3) 庚戌卜：叀奚大乙三十。（《合集》19773）

(4) 贞：御自唐、大甲、大丁、祖乙百羌百宰。（《合集》300）

(5) 癸丑卜，□贞：五百仆用。旬壬申又用仆百。三月。（《合集》559）

类似的卜辞还有很多，不再一一赘举。卜辞（1）（2）（4）中用作人牲的羌人可能来源于战俘，卜辞（3）中的奚和卜辞（5）中的仆均为奴隶。可见，殷代祭祀祖先人牲少则一人，多则数十上百，甚至一次多达五百之众。胡厚宣先生对甲骨卜辞中出现的人牲数量进行统计后指出："总算起来，从盘庚迁殷到帝辛亡国，在这八世、十二王、二百七十三年（公元前1395—前1123）的奴隶社会昌盛期间，共用人祭一三〇五二人，另外还有一一四五条卜辞未记人数，即都以一人计算，全部杀人祭祀，至少亦当用一四一九七人。"① 这个统计数字相当惊人，说明殷人祭祀祖先时大量地使用人牲，这一点和考古发现的商代祭祀遗址提供的信息相吻合。如殷墟武官村北地191个祭祀坑，共发现人牲1178人；② 郑州小双桥遗址发现祭祀祖先的人牲160多个等等。③

与殷代祭祀祖先大量使用人牲相比，西周很少使用人牲。文献中反映西周祭祀祖先使用人牲基本上局限于西周初年。如《逸周书·世俘解》记载武王克殷后告祭祖先，"癸丑，荐殷俘王士百人……庚戌，武王……伐右厥甲小子鼎大师，伐厥四十夫家君鼎师……武王在祀，太师负商王纣悬首白旗、妻二首赤旗，乃以先馘入，燎于周庙。"在此，武王祭告祖先使用的人牲比较多，并且以三种方式使用人牲：一为"荐"，即向祖先神主进献俘虏的殷朝王士。二为"伐"，以戈砍杀军中小吏、司鼎太师及四十名小氏族首领的头祭祀祖先。三为"燎"，火烧纣王及两位妻子的首级祭祀祖先。但是，周人历史上可能不太流行以人为祭的习俗和传统，因为"泾渭流域是周人的发祥地，到目前为止，这里还没有发现西周先世时期的人牲实例"④。所以这次祭祀祖先极有可能继承了殷代祭法，故而祭祀中大量使用人牲也就在情理之中。西周建立后，周公改制废除了殷代的人牲制度，此后便罕有以人为牲进行祭祀的。目前，考古发现西周社会使用人牲作为祭品的仅有一例。1974年发掘的西周中期洛阳北窑村墓葬遗址，在一座房

---

① 胡厚宣：《中国奴隶社会的人殉和人祭》下篇，《文物》1974年第8期。
② 安阳亦工亦农文物考古短训班、中国科学院考古研究所安阳发掘队：《安阳殷墟奴隶祭祀坑的发掘》，《考古》1977年第1期。
③ 宋国定、李素婷：《郑州小双桥遗址又有新发现》，《中国文物报》2000年11月1日。
④ 黄展岳：《中国古代的人牲人殉问题》，《考古》1987年第2期。

基四周排列有12个奠基坑，共清理出七具人祭骨架。① 此墓葬遗址位于殷遗民聚居区，仍然使用人牲，或许沿袭了殷人的祭祀习俗。

从殷代大规模使用人牲到西周人牲几乎绝迹，说明人的价值和作用得到了认可，人的社会地位日益提高，社会日渐走向文明与进步。

## 第二节 春秋祖先祭祀的变迁

春秋社会，王室衰微，"礼乐征伐自天子出"的时代一去不返，代之以起的是"礼乐征伐自诸侯出""自大夫出"，甚至"陪臣执国命"（《论语·季氏》）。阶级力量对比的变化，导致僭礼、违礼现象频频发生，使得与礼紧密结合的祖先祭祀受到冲击和破坏。春秋社会的祖先祭祀从祭祀礼制、祭祀礼仪、祭祀礼义各方面都表现出了不同于西周时代的新特点。

### 一 春秋祖先祭祀礼制的变迁

神主制作和排列的违礼。神主是祖先神灵的象征，每位祖先只可制作一个神主。按周制，凡毁庙神主集中藏于太祖庙或二祧庙石室中，有庙神主平时藏于本庙石室，逢祭祀方可取出，祭毕放回原处。神主之所以藏于石室，是为防止火灾而意外烧毁。《左传·庄公十四年》载原繁言："先君桓公命我先人典司宗祏"，杜预注曰："宗祏，宗庙中藏主石室。"孔疏云："宗祏者，虑有非常火灾，于庙之北壁内为石室以藏木主，有事则出而祭之，既祭，纳于石室。"② 由此看出，神主制作非常慎重，一旦制成，会妥善保存，日后不太可能再行制作。如果发生战事，需随时祭告和请命祖先神灵，则要从宗庙迎取祖先神主随行。如武王伐纣时曾车载文王木主以行。《史记·伯夷列传》载："西伯卒，武王载木主，号为文王，东伐纣。"但春秋时期的齐桓

---

① 洛阳博物馆：《洛阳北窑村西周遗址1974年度发掘简报》，《文物》1981年第7期。
② （清）阮元校刻：《十三经注疏》，中华书局1980年版，第1771页。

公南征北讨之时,却另行制作伪主以行,战事结束后又将伪主入于宗庙,形成了一祖先二神主的状况。《礼记·曾子问》载:"昔者齐桓公亟举兵,作伪主以行。及反,藏诸祖庙。庙有二主,自桓公始也。"对此,孔子评论说:"天无二日,土无二王。尝禘郊社,尊无二上。未知其为礼也。"(《礼记·曾子问》)孔子以批评的口吻指责齐桓公违背祭祀礼制。另外,神主的制作时间也是有讲究的,在祖先下葬后举行安魂的虞祭之礼时正式设置神主。春秋社会,鲁国为僖公制作神主时并未遵循古制,一直推迟到鲁文公二年方才制作。此事《春秋》及《左传》作了专门记述,隐讳地批评鲁国未能及时制作僖公神主。

西周宗庙祭祀,祖先神主排列都有一定次序。一般来讲,始祖神主居中,父主为昭行居左,子主为穆行居右,不得违背。但《左传·文公二年》记述鲁国的一次大祭祀时,因祖先神主排列次序出现了分歧与争执。鲁大夫夏父弗忌将庶兄僖公神主排在其弟闵公神主之前享受祭祀,被时人讥之为"逆祀"。为何讥之为"逆祀"?《公羊传·文公二年》曰:"其逆祀奈何?先祢而后祖也。"何休注云:"传曰'后祖'者,僖公以臣继闵公,犹子继父,故闵公于文公亦犹祖也。"①在时人看来,僖公虽贵为兄长,但后继入统,并曾以臣子身份侍奉闵公,犹如儿子侍奉父亲一般,故其神主不得排在闵公之前。春秋社会对这次神主排列次序的不认可,说明此乃违背祭祀礼制的非常规之举,故后来又有"顺祀先公而祈焉"(《左传·鲁定公八年》)的行为。

祭器使用的违礼。祭祀中用来盛放牲肉、酒鬯、谷物、瓜果、蔬菜等的器物统称为祭器。周天子祭祀时可使用诸侯进献的祭器。此外,其他贵族祭祀均需自作祭器,金文中常见某某作器祭祀祖先即其明证。但是,春秋时期的鲁桓公却将宋国用以贿赂自己国家的郜国大鼎搬入太庙充当祭器,这显然是不合乎礼制规定的。《左传·桓公二年》载:"夏四月,取郜大鼎于宋。戊申,纳于大庙,非礼也。"面

---

① (清)阮元校刻:《十三经注疏》,中华书局1980年版,第2267页。

对桓公的违礼行为，大夫臧哀伯劝谏说："君人者将昭德塞违，以临照百官，犹惧或失之，故昭令德以示子孙……今灭德立违，而置其赂器于大庙，以明示百官，百官象之，其又何诛焉！国家之败，由官邪也。官之失德，宠赂章也。郜鼎在庙，章孰甚焉？"是说作为国君应弘扬美德、杜绝邪恶，以此作为教化百官和教育后世子孙的准则。但桓公做法恰恰相反，抛弃美德、树立邪恶，公然将赂器放入太庙，岂不是在助长恶行？百官如若效法，国家定会走向衰败。遗憾的是，鲁桓公并未听取臧哀伯的谏言。

宗庙设立的违礼。宗庙是祭祀祖先的重要场所，各级贵族依礼均可设立数量不等的宗庙。按照《礼记·王制》天子七庙、诸侯五庙、大夫三庙、士一庙的说法，以大夫阶层为例，只能设立父、祖父、曾祖三庙，最多追祀至曾祖，而不能祭其祖所自出。不过，由于春秋社会宗法制度的松弛以及大夫阶层的崛起，设立宗庙数量的限定以及祭祀祖先的范围都超越了原有礼制规定。《礼记·郊特牲》载："公庙之设于私家，非礼也，由三桓始也。"郑玄注曰："言仲孙、叔孙、季孙氏皆立桓公庙，鲁以周公之故，立文王庙，三家见而僭焉。"[①] 鲁国三桓以大夫之身份，立鲁君桓公庙祭祀，这显然与"大夫不敢祖诸侯"的精神背道而驰。更有甚者，三桓居然还立文王庙祭祀，西周庙制被破坏殆尽。

祭祀乐舞的违礼。乐舞是祖先祭祀中取悦神灵的重要表达方式，不同阶层用乐名称及用舞规模均有礼制规定，在春秋社会"礼坏乐崩"的背景下，这些规定最终变成了一纸空文。《论语·八佾》曰："三家者以《雍》彻"，即三桓祭祀祖先时唱着《雍》诗撤除祭品。《雍》诗是天子祭祀祖先的专用乐歌，在此为三桓所僭用。又鲁国季氏"八佾舞于庭"，八佾计六十四人，是天子祭祀祖先的用舞规格。按理诸侯六佾计四十八人、大夫四佾计三十二人，而季氏以大夫身份僭用了天子祭祀祖先的用舞规格。

---

① （清）阮元校刻：《十三经注疏》，中华书局1980年版，第1448页。

祭祀对象的违礼。西周社会在"神不歆非类，民不祀非族"（《左传·僖公十年》）观念支配下，祭祀人鬼对象仅限于本族类。随着春秋社会动荡，祭祀非族类的"淫祀"活动屡见不鲜。《左传·隐公十一年》载："公之为公子也，与郑人战于狐壤，止焉。郑人囚诸尹氏，赂尹氏而祷于其主钟巫，遂与尹氏归而立其主。十一月，公祭钟巫，齐于社圃，馆于寪氏。"鲁隐公还是公子时，与郑人作战被俘后囚禁于郑大夫尹氏家，隐公贿赂尹氏祭祀尹氏主祭神钟巫，后与尹氏回国又在鲁国设立钟巫神主进行祭祀。隐公祭祀的钟巫，焦循认为是巫神，"盖巫能降神，神物凭之，即巫以为神，故即名其神钟巫。尹氏主之者，所谓家为巫史也。隐公祷而得归，遂亦信而立为祭主"①。可见，钟巫并非鲁国祖先神灵，隐公对其加以祭祀明显违反了祭祀礼制。又《左传·昭公七年》载："郑子产聘于晋。晋侯有疾，韩宣子逆客，私焉，曰：'寡君寝疾，于今三月矣，并走群望，有加而无瘳。今梦黄熊入于寝门，其何厉鬼也？'对曰：'以君之明，子为大政，其何厉之有？昔尧殛鲧于羽山，其神化为黄熊，以入于羽渊，实为夏郊，三代祀之。晋为盟主，其或者未之祀也乎？'韩子祀夏郊。"晋平公患疾长久不愈，梦遇黄熊，子产认为黄熊乃鲧之化身，韩宣子遂祭祀鲧为平公消疾。晋国本与周王室同宗，为禳除国君疾病居然祭祀夏人祖先，亦是有违祀典的做法。

## 二 春秋祖先祭祀礼仪的变迁

告庙礼仪的淡漠。西周社会，诸如征伐、巡狩、朝聘、会盟、婚冠等重大活动之前，均要举行告庙礼仪，在这些活动结束后再次举行告庙礼仪，以显示对祖先的尊崇。伴随春秋社会变革，告庙礼仪开始受到人们的漠视。《左传·隐公八年》载："四月甲辰，郑公子忽如陈逆妇妫。辛亥，以妫氏归。甲寅，入于郑。陈针子送女。先配而后祖。"郑公子忽尚未行告庙礼仪，便前往陈国迎娶新妇，待婚后才来

---

① 焦循、沈钦韩：《春秋左传补疏》，上海古籍出版社2016年版，第8页。

行告庙之礼,明显缺失了婚前告庙礼仪。杜预曰:"礼,逆妇必须先告祖庙而后行……郑忽先逆妇而后告庙,故曰先配而后祖。"① 对此,陈国大夫铖子评论说:"是不为夫妇。诬其祖矣,非礼也,何以能育?"

告朔礼仪的废弛。西周时代的告朔祭祖礼仪,在号称"周礼之嫡传"的鲁国也渐渐被国君所遗忘。《论语·八佾》曰:"子贡欲去告朔之饩羊,子曰:'赐也,尔爱其羊,我爱其礼。'"何晏注:"郑曰:'礼,人君每月告朔于庙,有祭,谓之朝享。'鲁自文公始不视朔,子贡见其礼废,故欲去其羊。"②

### 三 春秋祖先祭祀礼义的变迁

如果说礼仪是祭祀的外在表现形式,那么礼义就是祭祀的内在精神本质。祭祀礼义的基本要求就是祭祀态度的虔诚、庄重、恭敬。故《礼记·曲礼上》云:"祷祠,祭祀,供给鬼神,非礼,不诚不庄""临祭不惰"。《礼记·祭统》曰:"夫祭者,非物自外至者也,自中出生于心也,心怵而奉之以礼,是故唯贤者能尽祭之义。"《礼记·祭义》更是将祭祀中孝子举止、神态的诚敬描绘得淋漓尽致,"孝子将祭……夫妇齐戒、沐浴,盛服奉承而进之。洞洞乎,属属乎,如弗胜,如将失之,其孝敬之心至也与!……孝子之祭也,尽其悫而悫焉,尽其信而信焉,尽其敬而敬焉,尽其礼而不过失焉。进退必敬,如亲听命,则或使之也。孝子之祭可知也:其立之也,敬以诎;其进之也,敬以愉;其荐之也,敬以欲;退而立,如将受命;已彻而退,敬齐之色不绝于面。"但是,春秋社会祭祀大多流于形式,祭祀礼义大打折扣。《礼记·礼器》载:"季氏祭,逮暗而祭,日不足,继之以烛。虽有强力之容,肃敬之心,皆倦怠矣。有司跛倚以临祭,其为不敬大矣。"季氏祭祀祖先,准备活动从早至晚从未停息,以致临祭时执事疲惫不堪,只好左倚右靠来应付差事,实在是对祖先的大不

---

① (晋)杜预:《春秋左传集解》,上海古籍出版社1977年版,第46页。
② (清)阮元校刻:《十三经注疏》,中华书局1980年版,第2467页。

敬。孔子是周礼的推崇者，曾说："郁郁乎文哉！吾从周。"（《论语·八佾》）他对春秋社会礼义的日渐丧失深感痛惜，大声疾呼："礼云礼云，玉帛云乎哉？乐云乐云，钟鼓云乎哉？"（《论语·阳货》）实为对礼义回归的呼吁和呐喊。

## 第三节　战国祖先祭祀的变迁

战国时代七国争雄，兼并战争连绵不断，各方面经历了深刻的社会变革。顾炎武曾说："春秋之时犹尊礼重信，而七国则绝不言礼与信矣。春秋时犹宗周王，而七国则绝不言王矣。春秋时犹严祭祀聘享，而七国则无其事矣。春秋时犹论宗姓氏族，而七国则无一言及之矣。春秋时犹宴会赋诗，而七国则不闻矣。春秋时犹有赴告策书，而七国则无有矣。"① 顾氏所论未必精当，但西周以来的礼俗在战国发生质变应是可信的。就祖先祭祀而言，西周的祭祀制度在战国阶段进一步崩坏，西周最为重要的尸祭礼仪甚至从社会上层绝迹。

### 一　尸祭礼仪的消失

西周祭祀祖先有尸祭礼仪。《通典·礼八·立尸义》曰："自周以前，天地、宗庙、社稷一切祭享，凡皆立尸。"王国维在《宋元戏曲考》中也说"古之祭也必有尸"②。沈文倬先生言："周族统治者是抱着'事死者如事生'的愿望来祭祀祖祢的。这愿望最初的实现就是祭前斋戒和将祭立尸。"③ 尸指代替祖先接受祭祀、享用祭品的人，一般在嫡孙中选择，其目的在于孝子祭祀时心有所系。如《仪礼·士虞礼》郑注言："尸，主也。孝子之祭，不见亲之形象，心无所系，立

---

① 黄汝成：《日知录集释》，上海古籍出版社1985年版，第1005—1006页。
② 王国维：《宋元戏曲史》，上海古籍出版社2011年版，第3页。
③ 沈文倬：《宗周礼乐文明考论》，浙江大学出版社1999年版，第81页。

尸而主意焉。"① 西周隆重的尸祭礼仪在春秋社会所见寥寥。《左传·襄公二十八年》记载齐国的祖先祭祀中出现过尸，"十一月乙亥，尝于大公之庙，庆舍莅事……麻婴为尸"。另外，《谷梁传·庄公二十三年》记载齐国社祭中也用到了尸，"公如齐观社。常事曰视，非常曰观。观，无事之辞也，以是为尸女也"。晋范宁注曰："尸，主也。主为女往尔，以观社为辞。"② 认为鲁庄公以观社祀为托词，实际上欲前往看女人。事情真相恐非如此，庄公贵为一国之君，岂会仅仅为了看女人而不惜远涉他国。笔者认为实际情况应是齐国以女性为尸进行社祀，而在春秋社会尸祭礼仪日渐湮没的背景下，齐国举行这样的活动无疑具有十足的吸引力与新鲜感，故而致使庄公心生好奇，欲亲自前去探明究竟。这一事例充分说明尸祭礼仪在春秋社会已渐渐淡出人们的视野而变得鲜为人知。从反映战国历史的文献材料来看，尚未发现尸祭礼仪的踪迹。因此，我们可以这样认为，尸祭礼仪在春秋时代日渐走向没落，经历这一漫长的衰落过程后，至战国时期繁琐的尸祭礼仪终于被淹没在社会变革的浪潮之中，从此在社会上层彻底销声匿迹。顾炎武在《日知录》中说："尸礼废而像事兴，盖在战国之时也"③ 是非常有见地的。尸祭礼仪的消失，标志着西周宗庙祭祀核心礼仪的崩溃，传统的祖先祭祀礼仪在战国时代被彻底颠覆。

## 二 中华民族人文初祖——黄帝的祭祀

西周至春秋时期的祖先祭祀对象基本上为本家族祖先。步入战国时期，祖先祭祀增添了新的对象，黄帝作为中华民族人文初祖受到人们的崇拜与祭祀。

事实上，黄帝祭祀起源甚早。《绎史》卷五引《竹书纪年》及《博物志》曰："黄帝崩，其臣左彻取衣冠几杖而庙祀之。"《古本竹书纪年》载："黄帝既仙去，其臣有左彻者，削木为黄帝之像，帅诸

---

① （清）阮元校刻：《十三经注疏》，中华书局1980年版，第2386页。
② （清）阮元校刻：《十三经注疏》，中华书局1980年版，第1168页。
③ 黄汝成：《日知录集释》，上海古籍出版社1985年版，第1733页。

侯朝奉之。"可见，黄帝祭祀起源于其去世之初，只不过此时的黄帝是被作为本部落杰出首领而受到祭祀。其后，黄帝后裔必然对其祭祀不辍。《国语·鲁语上》曰：有虞氏禘黄帝而祖颛顼，郊尧而宗舜。夏后氏禘黄帝而祖颛顼，郊鲧而宗禹。《礼记·祭法》亦言："有虞氏禘黄帝而郊喾，祖颛顼而宗尧，夏后氏禘黄帝而郊鲧，祖颛顼而宗禹。"表明虞夏时代，黄帝被作为他们的远祖加以祭祀。战国时代的齐威王曾追认黄帝为田齐高祖并对其进行祭祀，陈侯因齐铭文载曰："唯正六月癸未，陈侯因齐曰：'皇考孝武趄公，恭哉大谟克成。其［功］唯因齐扬皇考，邵申高祖黄帝，侎嗣趄文，朝闻诸侯，诸侯答扬厥德。诸侯铸［荐］吉金，用作孝武趄公祭器敦，以烝以尝，保有齐邦，世万子孙，永为典常。'"（《集成》4649）但这些对黄帝的祭祀活动，终究摆脱不了其作为家族祖先的性质。

战国时期，"世之所高，莫若黄帝。"（《庄子·盗跖》）由于黄帝崇拜兴起，黄帝祭祀出现了新变化，黄帝被推向了华夏民族共同祖先的至尊地位，进而又成为中华民族的人文初祖。战国社会黄帝崇拜的集中表现之一就是诸子纷纷依托黄帝著书立说。道家批评尧舜以黄帝仁义之法操劳天下，即便心力交瘁，犹难以治理天下。《庄子·在宥》曰："昔者黄帝始以仁义撄人之心，尧舜于是乎股无胈，胫无毛，以养天下之形，愁其五藏以为仁义，矜其血气以规法度，然犹有不胜也。"同时，道家也不赞成黄帝所发动的战争。《庄子·盗跖》言："黄帝不能致德，与蚩尤战于涿鹿之野，流血百里。"与道家主张不同，法家商鞅支持黄帝时代的战争，认为可以达到以战止战的目的。《商君书·画策》云："神农既没，以强胜弱，以众暴寡，故黄帝作为君臣上下之义，父子兄弟之礼，夫妇妃匹之合，内行刀锯，外用甲兵，故时变也……故以战去战，虽战可也。"兵家赞赏黄帝的兵阵和刑德思想。《孙膑兵法·势备》曰："黄帝作剑，以阵象之"；《尉缭子·天官》云："梁惠王问尉缭子曰：'黄帝刑德，可以百胜，有之乎？'尉缭子对曰：刑以伐之，德以守之，非所谓《天官》时日、阴阳、向背也。黄帝者，人事而已矣。"名家委婉地表达出对黄帝治国才能的欣赏。《公孙龙子·迹府》载："王之所赏，吏之所诛也；上之所是，而法之所非也。赏罚是非，相与四谬，虽十黄帝，不能理也。"杂家对黄帝、尧、舜延揽贤才，成就帝业称颂有加。《吕氏春秋·孝行览·本味》载："故黄帝立四面，尧、舜得伯阳、续耳然后成，凡贤人之德有以知之也。"纵横家苏秦游说秦惠王效仿古代黄帝等人，发动战争，实行兼并。《战国策·秦策一》言："昔者神农伐补遂，黄帝伐涿鹿而擒蚩尤，尧伐欢兜，舜伐三苗，禹伐共工，汤伐有夏，文王伐崇，武王伐纣，齐桓任战而伯天下。由此观之，恶有不战者乎？"阴阳家邹衍五德终始理论，将土、木、金、火、水所代表的五种德性和中国古代历史阶段一一对应起来，认为历史就是五德周而复始地循环运转，以此解释历史变迁和王朝兴衰。按照他的理论，黄帝为土德，夏为木德，商为金德，周为火德，继周者为水德。五德相克，改朝换代。以上道家、法家、兵家、名家、杂家、纵横家、阴阳家笔下的黄帝形象虽然不尽相同，但反映出黄帝功绩及黄帝时代特征为人们所认可和弘扬。除了诸子言黄帝外，先秦许多书籍托名黄帝或黄帝臣作。吾师曾对《汉书·艺文志》著录的书籍作过统计，其中以"'黄帝'名、'黄帝臣'名、'黄帝相'名、'黄帝之史'名为书名或作者的典籍，共有三十一家，589篇（卷）……如此众多的依托黄帝或黄帝臣下的著作，与战国以后兴起的黄帝崇拜不无关系"[①]。黄帝成为战国社会备受关注和热议的焦点人物。

战国时期黄帝崇拜的另一重要表现是以黄帝为核心的古代帝王谱系和黄帝普遍认同心理的形成。成书于战国晚期的《大戴礼记·帝系》将黄帝列为五帝之首，其他四位帝王均为黄帝直系子孙。具体来讲，颛顼为黄帝之孙，帝喾为黄帝曾孙，尧为帝喾之子、黄帝玄孙，舜为颛顼六世孙。同时，夏、商、周三代始祖也为黄帝后裔。夏始祖禹为颛顼之孙、商始祖契为帝喾次妃简狄所生、周始祖后稷为帝喾上妃姜原所生。甚至东夷和戎狄也成了黄帝后裔，如东夷首领少昊为

---

① 田旭东：《从〈汉志〉著录及出土文献看战国秦汉间的黄帝之学》，《西部考古》第三辑，三秦出版社2008年版，第175页。

"黄帝之子"(《世本·帝系》)。又《山海经·大荒北经》载:"黄帝生苗龙,苗龙生融吾,融吾生弄明,弄明生白犬,白犬有牝牡,是为犬戎。"《山海经·大荒西经》曰:"黄帝之孙始均,始均生此北狄。"这些少数民族视黄帝为祖先,说明在战国民族大融合的背景下,黄帝已由华夏族祖先上升为中华民族精神象征意义的人文初祖,黄帝成了各民族普遍的心理认同。

可见,战国社会盛极一时的黄帝崇拜,成为黄帝被尊奉为中华民族人文初祖的重要推手。因而公元前422年"秦灵公作吴阳上畤,祭黄帝"(《史记·封禅书》)之举也就顺理成章了。因为秦族不论起源于东夷还是西戎,均非华夏民族之苗裔,秦国祭祀黄帝正是黄帝作为中华民族人文初祖心理认同的反映。秦国祭祀黄帝绝非单纯地将黄帝作为天神祭祀,因为此时的黄帝"实际上是人格的黄帝与神格的黄帝的综合体"①,对其祭祀同样包含着祖先祭祀的因素。总之,战国时期的黄帝祭祀成为凝聚人心,引导中国古代社会从战乱走向统一、走向和谐稳定的一面旗帜。

殷周朝代更迭、春秋战国社会变迁,促使祖先祭祀不断地发生着变迁。不管祖先祭祀内容、形式如何变迁,有一点亘古未变,就是统治者始终将祭祀作为"神道设教"(《周易·观卦·彖传》)的工具来教化人民、治理国家。

---

① 高强:《人格的黄帝与神格的黄帝》,《宝鸡文理学院学报》2007年第6期。

# 第十章

# 周代祖先祭祀的特点

周公制礼作乐，奠定了西周礼乐文明，但周公所作之礼被赋予了尊卑、贵贱等级属性，正如《荀子·富国》所说："礼者，贵贱有等，长幼有差，贫富轻重皆有称者也。"王晖先生也认为"礼仪等级制度是周人的首创，是周代制度文化的一大特色"①。作为礼制中非常重要的祖先祭祀礼，同样也被打上了深深的等级烙印，春秋战国虽然礼坏乐崩，但也只是礼的表现形式和具体内容发生了一定变化，而蕴含其中的等级观念丝毫没有受到影响。《左传·宣公十二年》曰："君子小人，物有服章，贵有常尊，贱有等威，礼之不逆也。"

## 第一节 周代祖先祭祀中的等级性

从阶级构成角度讲，周代社会由贵族、平民、奴隶构成。贵族是当时的统治阶级，包括周天子和诸侯、卿大夫、士，平民（包括庶民、手工业者、商人等）和奴隶（名称很多，有皂、舆、隶、僚、仆、台、圉、牧等）都是被统治阶级。两大阶级之间有着不可逾越的鸿沟，在祖先祭祀方面明显地呈现出一种不对等状态。

---

① 王晖：《商周文化比较研究》，人民出版社2000年版，第6页。

## 一 贵族与平民之间的差异

宗庙是周代祖先祭祀的主要场所。《说文·宀部》曰："宗，尊祖庙也"；《释名》言："宗，尊也。庙，貌也。先祖形貌所在也"；《孝经·丧亲》邢昺疏云："宗，尊也；庙，貌也。言祭宗庙，见先祖之尊貌也。"① 依据礼制，各级贵族都可拥有数量不等的宗庙，《礼记·王制》云："天子七庙，三昭三穆，与太祖之庙而七。诸侯五庙，二昭二穆，与太祖之庙而五。大夫三庙，一昭一穆，与太祖之庙而三。士一庙。"而平民阶层则被剥夺了立庙祭祖的权力，只能"祭于寝"。寝，《尔雅·释宫》曰："室有东西厢曰庙，无东西厢有室曰寝。"仅对比祭祖场所，平民比贵族要寒碜得多。

另外在祭祖方式和祭品供奉上，贵族和平民也有明显的等级差异。《礼记·王制》载："大夫、士宗庙之祭，有田则祭，无田则荐。庶人春荐韭，夏荐麦，秋荐黍，冬荐稻；韭以卵，麦以鱼，黍以豚，稻以雁。"言下之意，士以上的各级贵族如果有田禄，既可祭又可荐，而平民只能以荐礼祭祀祖先。金鹗在《求古录礼说·荐考》中对祭和荐作了详细区分，"祭必卜日，荐不卜日；祭有尸，荐则无尸；祭有牲，荐则无牲；祭有乐，荐则无乐"。由此可知，荐比祭规格要低很多，礼仪程式也比较简单。平民荐祭祖先时，所供奉的祭品无非是蔬菜和粮食之类，而各级贵族即便荐祭也要用牲。郑玄说："士荐，牲用特豚，大夫以上用羔。"② 至于贵族正祭祖先礼仪，其排场程度和平民荐祭礼仪相比真可谓天壤之别。

## 二 贵族内部的差异

《左传·庄公十八年》曰："名位不同，礼数亦异。"在周代金字塔式的贵族权力结构内部，存在着森严的等级壁垒，等级愈高，权力愈大。周天子地位至高无上，所谓"普天之下，莫非王土；率土之

---

① （清）阮元校刻：《十三经注疏》，中华书局1980年版，第2561页。
② （清）阮元校刻：《十三经注疏》，中华书局1980年版，第1337页。

## 第十章 周代祖先祭祀的特点

滨，莫非王臣"（《诗经·小雅·北山》）。诸侯、卿大夫、士权力依次递减，不可违逆，否则便被视为僭越。这种权力等级也突出地体现于祭祖礼仪中，从庙制、祭器、用牲、用舞、选尸、馂余、祭祀频率及对象、时祭次数和方式、荐祭等各个环节，贵族内部不同阶层之间呈现出明显的等级落差。

庙制。《礼记·王制》载天子七庙、诸侯五庙、大夫三庙、士一庙。《礼记·礼器》曰："礼有以多为贵者：天子七庙，诸侯五，大夫三，士一。"而《礼记·祭法》言："王立七庙，一坛一墠……诸侯立五庙，一坛一墠……大夫立三庙，二坛……适士二庙，一坛。"《谷梁传·僖公十五年》云："天子至于士皆有庙：天子七庙，诸侯五，大夫三，士二。"以上材料，《王制》和《礼器》记载相同，《祭法》和《谷梁传》记载相同，两类材料只是关于士的庙制稍有差异，总体来说大同小异，并不影响我们对于贵族内部庙制等级差异的判断。

祭器。祖先祭祀礼仪中，最重要的礼器莫过于鼎和簋，鼎为盛放牲体的器具，簋为盛放黍稷之类主食的器具，二者配合使用。《公羊传·桓公二年》何休注："礼祭，天子九鼎，诸侯七，大夫五，元士三也。"[①] 一般认为天子祭祀九鼎八簋，诸侯七鼎六簋，大夫五鼎四簋，士三鼎二簋或一鼎。俞伟超认为此为西周古制，东周是诸侯用大牢九鼎，卿、上大夫用大牢七鼎，下大夫用少牢五鼎，士用牲三鼎或特一鼎。[②] 不管鼎制如何变化，贵族不同阶层之间用鼎数量差异依旧存在。豆也是祭祀中常用的一种器具，主要用来盛放蔬菜、肉酱之类。《礼记·礼器》曰："天子之豆二十有六，诸公十有六，诸侯十有二，上大夫八，下大夫六。"说明祭祀祖先时，身份等级有别，使用礼器数量也会有所区分。又云："宗庙之祭，贵者献以爵，贱者献以散；尊者举觯，卑者举角。"郑玄注曰："凡觞一升曰爵，二升曰觚，三升曰觯，四升曰角，五升曰散。"孔疏云："按天子诸侯及大夫

---

[①] （清）阮元校刻：《十三经注疏》，中华书局1980年版，第2214页。
[②] 俞伟超、高明：《周代用鼎制度研究》（上），《北京大学学报》1978年第1期。

皆献尸以爵，无贱者献以散之文，礼文散亡，略不具也。《特牲》'主人献尸用角'者，下大夫也……《特牲》'主人受尸，酢受角饮'者，是卑者举角，此是士礼耳。天子诸侯祭礼亡失，不具也。"① 据此推测，贵者当为上大夫以上贵族，卑者当为下大夫和士，贵者和卑者在献尸用器方面也有礼制规定下的等级差别。

用牲。牺牲是祭祀祖先、取悦神灵最尊贵的祭品。牺，《说文·牛部》曰："宗庙之牲也"；牲，《说文·牛部》言："牛完全"。《周礼·天官·庖人》郑玄注曰："始养之曰畜，将用之曰牲"，二者连用意为用作祭祀之牛。除牛之外，羊、猪、犬、鸡等也可用于祭祀。《国语·楚语上》载楚卿屈到喜欢吃菱角，临终遗言希望去世后能以此祭祀，其子屈建却未遵从父亲遗言，其理由是"祭典有之曰：国君有牛享，大夫有羊馈，士有豚、犬之奠"。意为诸侯祭祀用牛，大夫用羊，士用猪、狗。《礼记·王制》也云："诸侯无故不杀牛，大夫无故不杀羊，士无故不杀犬、豕。"郑玄注曰："故，谓祭飨。"②《大戴礼记·曾子天圆》载曰："序五牲之先后贵贱，诸侯之祭，牛曰太牢；大夫之祭牲，羊曰少牢；士之祭牲，特豕曰馈食。"可见，诸侯祭祀之牛、大夫之羊、士之猪有高低贵贱之分。又《国语·楚语下》载子期祭祀楚平王后，将祭肉送予昭王，昭王问观射父祭祀都用到了哪些牲体，观射父云："祀加于举。天子举以大牢，祀以会；诸侯举以特牛，祀以大牢；卿举以少牢，祀以特牛；大夫举以特牲，祀以少牢；士食鱼炙，祀以特牲……上下有序。"加，增也；举，人君朔望之盛馔；引文其余举意为四方之奠；太牢，牛羊豕也；会，三太牢；少牢，羊豕；特牲，豕也。③ 此段所述为初一、十五贵族各阶层祭祀祖先礼仪，是说天子初一、十五以太牢祭奠四方，以三太牢祭祖；诸侯初一、十五以一牛祭奠四方，以太牢祭祖；卿初一、十五时以少牢祭奠四方，以一牛祭祖；大夫初一、十五以一猪祭奠四方，以少牢祭

---

① （清）阮元校刻：《十三经注疏》，中华书局1980年版，第1433页。
② （清）阮元校刻：《十三经注疏》，中华书局1980年版，第661、1337页。
③ （三国吴）韦昭：《国语注》，世界书局1936年版，第196页。

## 第十章 周代祖先祭祀的特点

祖；士人初一、十五以鱼祭奠四方，以一猪祭祖。撇开祭奠四方所用牲体，我们发现，天子祭祖三太牢、诸侯太牢、卿特牛、大夫少牢、士特豕，与平时贵族正祭所用牲数基本相同，亦呈现出阶梯性的等级差别。如前所述，牛是古代祭祀最尊贵的牲体，同样是祭祀用牛，贵族内部也有不同的选择标准。《礼记·曲礼下》云："天子以牺牛，诸侯以肥牛，大夫以索牛。"孔颖达曰："皆上得兼下，下不得僭上。"且此处的大夫为"天子之大夫，若诸侯大夫即用少牢。"牺，《诗经·鲁颂·閟宫》毛传曰："纯也"[1]；索，《左传·襄公二年》杜注曰："简择好者。"[2] 就是说祭祀祖先时，天子用纯色牛，诸侯用精心喂养的肥牛，大夫用临时挑选的优等牛。

用舞。祭祀祖先时，为取悦神灵，有时需要以舞伴奏，舞蹈的人数也因等级而有所不同。《左传·隐公五年》载："天子用八，诸侯用六，大夫四，士二。"杜预认为用舞规格天子八八六十四人，诸侯六六三十六人，大夫四四十六人，士二二四人。[3] 但《论语·八佾》孔疏引服虔语则云："用六为六八四十八人，大夫四为四八三十二人，士二为二八十六人。"[4] 尽管对于用舞的具体人数解释有所差异，但尊卑之间的等级界限是清晰的，不容有违。因而当鲁大夫季氏公然僭用天子"八佾舞于庭"时，孔子内心无法接受，发出了"是可忍也，孰不可忍也"的感慨，对僭越祭祀舞制行为表达了无比的愤怒。

选尸。周代祭祀祖先通常要选"尸"，尸是代表祖先神灵享受祭祀的人。《礼记·郊特牲》曰："尸，神象也。"《礼记·坊记》载："祭祀之有尸也，宗庙之主也，示民有事也。"《仪礼·士虞礼》郑玄注："尸，主也。孝子之祭，不见亲之形象，心无所系，立尸而主意焉。"[5] 杜佑《通典·礼八》言："祭所以有尸者，鬼神无形，因尸以节醉饱，孝子之心也。"因而，选尸目的在于后辈子孙祭祖时能够心

---

[1] （清）阮元校刻：《十三经注疏》，中华书局1980年版，第615、1269页。
[2] （晋）杜预：《春秋左传集解》，上海人民出版社1977年版，第800页。
[3] （晋）杜预：《春秋左传集解》，上海人民出版社1977年版，第34页。
[4] （清）阮元校刻：《十三经注疏》，中华书局1980年版，第2465页。
[5] （清）阮元校刻：《十三经注疏》，中华书局1980年版，第1168页。

有所系，真切感受祖先享用祭品，进而祈福以满足其愿望。周代祭祖非常重视选尸，尸一般由嫡孙担任。《礼记·曲礼上》载："《礼》曰：'君子抱孙不抱子。'此言孙可以为王父尸，子不可以为父尸。"所选之尸如果年龄太小则由成人抱在怀中，若没有嫡孙，则从同姓孙辈中挑选。《礼记·曾子问》曰："尸必以孙，孙幼则使人抱之；无孙，则取于同姓可也。"为何要以孙为尸呢？《礼记·祭统》曰："夫祭之道，孙为王父尸。所使为尸者，于祭者子行也。父北面而事之，所以明子事父之道也。"郑玄注曰："以孙与祖昭穆同。"虽然礼制规定选尸于孙，但贵族内部因社会等级不同，所选之尸有很大的政治差别。《公羊传·宣公八年》何休注说："礼，天子以卿为尸，诸侯以大夫为尸，卿大夫以下以孙为尸。"① 选尸与主祭者的等级身份密切相关。何休之言说明天子、诸侯所选之尸除了为嫡孙外，还必须具备卿、大夫这样的政治身份。至于卿大夫、士阶层，选尸就不用考虑政治身份，只需从孙辈中产生即可。

馂余。"馂"，孙希旦注云："食余曰馂。"② 即馂是享用祭祀过后剩余的祭品。《礼记·祭统》曰："馂者，祭之末也"，是说馂礼的开始意味着祭祀进入尾声。虽然如此，但仍不能懈怠和马虎，因馂乃"惠术也，可以观政矣"，故要认真对待，做到善始善终。《礼记·祭统》将馂礼层层施惠的情形描绘得异常详细。"是故尸谡，君与卿四人馂。君起，大夫六人馂。臣馂君之余也。大夫起，士八人馂。贱馂贵之余也。士起，各执其具以出，陈于堂下，百官进，彻之，下馂上之余也。凡馂之道，每变以众，所以别贵贱之等，而兴施惠之象也……祭者，泽之大者也。是故上有大泽，则惠必及下，顾上先下后耳。"这一过程中尊卑贵贱尽显无遗，先由最尊贵的尸享用祭品，之后依次为国君及卿四人、大夫六人、士八人、百官。享用馂礼之人身份每变化一次，参与馂礼的人数随之增多，显示出贵贱有别。

祭祀频率及对象。周代贵族祭祀祖先若身份地位不同，祭祀频率

---

① （清）阮元校刻：《十三经注疏》，中华书局1980年版，第1248、2280页。
② （清）孙希旦：《礼记集解》，中华书局1989年版，第1242页。

高低及祭祀对象多寡也随之不同。《国语·楚语下》云："是以古者先王日祭、月享、时类、岁祀。诸侯舍日，卿大夫舍月，士、庶人舍时。"韦昭注曰："日祭于祖考，月荐于曾高，时类及二祧，岁祀于坛墠。"① 祧，《礼记·祭法》曰："远庙为祧，有二祧，享尝乃止。去祧为坛，去坛为墠。"孔颖达疏云："'远庙为祧'者，远庙谓文、武庙也。文、武庙在应迁之例，故云远庙也；特为功德而留，故谓为祧，祧之言超也，言其超然上去也……'去祧为坛'者，谓高祖之父也。'去坛为墠'者，谓高祖之祖也。"② 意为天子日祭父、祖，月祭曾祖、高祖，季祭文、武二祖，岁祭高祖之父和高祖之祖。诸侯可月祭、季祭和岁祭，卿大夫可季祭和岁祭，大夫只能岁祭。等级越低，祭祀频率越稀疏，祭祀对象越稀少。

时祭次数及方式。周代有四季祭祖的传统，但由于贵族各阶层政治地位不同，故在时祭次数及方式方面存在等级差别。时祭有其专名，一般认为应是春礿、夏禘、秋尝、冬烝。《礼记·王制》曰："天子犆礿，祫禘、祫尝、祫烝。诸侯礿则不禘，禘则不尝，尝则不烝，烝则不礿。诸侯礿犆，禘，一犆一祫，尝祫，烝祫。"是说天子一年四季皆可祭祖，而诸侯只能选择三季祭祖；天子四时祭中除春礿以分祭方式进行外，其他三祭都是合祭；诸侯春礿为分祭，夏禘是一年分祭一年合祭，合祭为秋尝、冬烝二祭。不管时祭次数还是合祭次数，诸侯皆少于天子。

荐祭。周代还有四时向祖先"荐新"的礼仪，荐祭也是随着贵族身份由高自低，荐祭次数由多自少而变化。《公羊传·桓公八年》何休注曰："无牲而祭谓之荐。天子四祭四荐，诸侯三祭三荐，大夫、士再祭再荐。"③

为更直观、清晰地了解贵族之间的等级差异，特将上述内容简化列表。

---

① （三国吴）韦昭：《国语注》，世界书局1936年版，第197页。
② （清）阮元校刻：《十三经注疏》，中华书局1980年版，第1589页。
③ （清）阮元校刻：《十三经注疏》，中华书局1980年版，第2218页。

表 10 – 1　　贵族等级差异

| 差异事项 | | 贵族等级 | 天子 | 诸侯 | 卿大夫 | 士 | 材料来源 |
|---|---|---|---|---|---|---|---|
| 庙制 | | | 七庙 | 五庙 | 三庙 | 一庙或二庙 | 《王制》《礼器》《祭法》《公羊传·桓公二年》《谷梁传·僖公十五年》 |
| 祭器 | 鼎 | | 九鼎 | 七鼎 | 五鼎 | 三鼎或一鼎 | 《礼记·礼器》 |
| | 豆 | 数量 | 二十六 | 十二 | 上大夫八下大夫六 | | 《国语·楚语》上、下 |
| 用牲 | | 标准 | 三太牢 | 太牢 | 少牢 | 特豕 | 《礼记·曲礼下》 |
| | | 牺牲 | 牺牛 | 肥牛 | 索牛 | | |
| 用舞 | | | 八佾 | 六佾 | 四佾 | 二佾 | 《左传·隐公五年》 |
| 选尸 | | | 卿为尸 | 大夫为尸 | 孙为尸 | 孙为尸 | 《公羊传·宣公八年》何休注 |
| 馂余 | | | 一人 | 四人 | 六人 | 八人 | 《礼记·祭统》 |
| 祭祀频率及对象 | 频率 | | 日祭、月享、时类岁祀 | 月享、时类岁祀 | 时类、岁祀 | 岁祀 | 《国语·楚语下》及韦昭注 |
| | 对象 | | 六祖及文武 | 四祖及文武 | 二祖及武 | 二祖 | |
| 时祭次数及方式 | 次数 | | 四季祭祀 | 三季祭祀 | | | 《礼记·王制》 |
| | 方式 | | 一分二合 | 一分二合 | | | |
| 荐祭 | | | 四祭四荐 | 三祭三荐 | 再祭再荐 | 再祭再荐 | 《公羊传·桓公八年》何休注 |

## 三 嫡庶之间的差异

西周为防止贵族内部权力纷争，推行严格的宗法制度，其核心内容是区分嫡庶、实行嫡长子继承，致使嫡庶之间产生了宗法上的尊卑之别。

宗法上的嫡庶尊卑关系，鲜明地体现于祖先祭祀之中。西周宗法制度下，嫡长子世代继承的大宗被称为"宗子"，他们享有主祭祖先的权力，而庶子一般情况下则不能主祭祖先。《礼记·大传》曰："庶子不祭，明其宗也。"《礼记·丧服小记》云："庶子不祭祖者，明其宗也……庶子不祭祢者，明其宗也。"所谓"明其宗"，孔疏云："此犹尊宗之义也，庶子、嫡子俱是人子，并宜供养，而嫡子烝、尝，庶子独不祭者，正是推本崇嫡明有所宗，故云'明其宗也'。"① 看来，庶子之所以不能祭祀祖先，是为了突显宗子的尊贵与权力。

倘若宗子因故不能祭祀祖先，庶子可以代其行祭，但事先必须禀告宗子，征得宗子同意。《礼记·曲礼下》载："支子不祭，祭必告于宗子。"支子即庶子，孔疏曰："祖祢庙在嫡子之家，而庶子贱，不敢辄祭之也……若宗子有疾，不堪当祭，则庶子代摄可也，犹宜告宗子然后祭。"②

即使庶子政治地位比宗子高贵，也不可擅自立庙祭祀，而只能提供祭品前往宗子之家祭祀。《礼记·曾子问》载："曾子问曰：'宗子为士，庶子为大夫，其祭也如之何？'孔子曰：'以上牲祭于宗子之家'。"是说庶子尽管贵为大夫、宗子贱为士，祭祀祖先时庶子也要携带祭品前往宗子之家。孔疏云："上牲，谓大夫少牢也。宗子是士，合用特牲。今庶子身为大夫，若祭祖祢，当用少牢之牲。就宗子之家而祭也，以庙在宗子之家故也。"③ 倘若宗子有罪居于他国，庶子爵为大夫，庶子在宗子家祭祀祖先需以宗子名义进行，而且祭祀中略去了

---

① （清）阮元校刻：《十三经注疏》，中华书局1980年版，第1495页。
② （清）阮元校刻：《十三经注疏》，中华书局1980年版，第1269页。
③ （清）阮元校刻：《十三经注疏》，中华书局1980年版，第1398页。

许多环节，以示和宗子祭祖有别。《礼记·曾子问》载："若宗子有罪居于他国，庶子为大夫，其祭也，祝曰：'孝子某使介子某执其常事'。摄主不厌祭，不旅，不假，不绥祭，不配，布奠于宾，宾奠而不举，不归肉。"如果宗子有罪逃往他国，庶子没有爵位，祭祀就非常简单了，仅"望墓而为坛，以时祭。"（《礼记·曾子问》），即朝祖先墓地方向筑坛，仅在四时祭祀。如果宗子已死，庶子祭祀时先到祖先墓地禀告，然后以自己名义在自己家中祭祀即可。由此可见，在西周，宗子主导着祖先祭祀，只要他们一息尚存，不论身处何境，祭祀祖先是都是以宗子名义而进行。《礼记·内则》详细记述了宗子与嫡子、庶子的尊卑之分。"嫡子、庶子祗事宗子、宗妇。虽贵富，不敢以贵富入宗子之家。虽众车徒，舍于外，以寡约入。子弟犹归器、衣服、裘衾、车马，则必献其上，而后敢服用其次也。若非所献，则不敢以入于宗子之门，不敢以贵富加于父兄宗族。若富，则具二牲，献其贤者于宗子，夫妇皆齐而宗敬焉，终事而后敢私祭。"是说嫡子、庶子即便地位再高贵、钱财再富有，也不敢到宗子家炫耀。随从车马再多，也须把他们安顿在宗子家门之外，自己只带少量随从进入。如果自己子弟被赐予器物、衣服、裘衾、车马，挑选上等的赐品献给宗子，留下次等的赐品自己享用。如果自己富裕，可以准备两套祭祀用牲，将好的牺牲献给宗子，宗子祭祖时，嫡、庶子夫妇斋戒助祭于宗子之家，等到宗子祭祖完毕，才敢回家祭祀自己的父祖。

宗子享有主祭祖先的权力，而嫡子、庶子只有助祭资格，金文中常见"用享大宗""用享宗室"等语，多为嫡子或庶子助祭宗子的例证，如：

叡钟："唯正月初吉丁亥，叡作宝钟，用追孝于己伯，用享大宗，用乐好宾，叡眔蔡姬永宝，用邵大宗。"（《集成》88）

兮熬壶："兮熬作尊壶，其万年，子子孙孙，永用享孝于大宗。"（《集成》9671）

## 第十章 周代祖先祭祀的特点

㦰钟为西周中期器物，铭文言㦰作宝钟用来追念死去的父亲已伯，用来献祭大宗，用来宴乐宾客，㦰和夫人蔡姬永远宝用此钟，用以昭显大宗。兮熬壶为西周晚期器物，铭文是兮熬作壶希望子子孙孙永远享孝于大宗。

（1）大保耑作宗室方鼎："大保耑作宗室宝尊彝。"（《集成》2372）

（2）师器父鼎："师器父作尊鼎，用享孝于宗室，用祈眉寿、黄耇、吉康，师器父其万年，子子孙孙永宝用。"（《集成》2727）

（3）𤔲簋："唯八月既生霸，𤔲作文祖考尊宝簋，用孝于宗室，𤔲其万年，孙孙子子永宝。"（《集成》4098）

（4）仲㦰父簋："仲㦰父作朕皇考迟伯、皇母迟姬尊簋，其万年子子孙孙永宝，用享于宗室。"（《集成》4102）

（5）仲殷父簋："仲殷父铸簋，用朝夕享孝宗室，其子子孙永宝用。"（《集成》3964）

（6）伯偈父簋："伯偈父作［姬］麋宝簋，用夙夜享于宗室，子子孙永宝用。"（《集成》3995）

（7）曼龚父盨盖："曼龚父作宝盨，用享孝宗室，其万年无疆，子子孙孙永宝用。"（《集成》4431）

（8）周生豆："周生作尊豆，用享于宗室。"（《集成》4682）

以上八器均为献祭宗室而作。毛亨传曰："宗室，大宗之庙也。"① （1）属西周早期器物，是大保耑作器献祭大宗。（2）（3）（4）属西周中期器物，分别是师器父献祭大宗、𤔲作簋纪念祖先献祭大宗、仲㦰父作簋纪念皇考迟伯及皇母迟姬，同时献祭大宗。（5）（6）（7）（8）属西周晚期器物，分别是仲殷父、伯偈父、曼龚父、

---

① （清）阮元校刻：《十三经注疏》，中华书局1980年版，第286页。

周生作器献祭大宗。

另外，金文中作器者往往称自己的父亲为"帝（啻）考"。裘锡圭先生认为"金文的'帝（啻）考'的'帝'（啻）和见于典籍的'嫡庶'的'嫡'，显然是关系极为密切的亲属词，也可以说，这种'帝'字就是'嫡'字的前身。"① 帝考可理解为嫡考，说明作器者可能出身于大宗嫡子。如：

　　悆鼎："兄人师眉嬴王为周客，赐贝五朋，用为宝器鼎二、簋二，其用享于厥嫡考。"（《集成》2705）

　　仲师父鼎："仲师父作季妓始宝尊鼎，其用享用孝于皇祖嫡考，用赐眉寿无疆，其子子孙万年，永宝用享。"（《集成》2743）

　　章叔𠫑簋："章叔将自作尊簋，其用追孝于朕嫡考，其子子孙孙永宝用之。"（《集成》4038）

　　□叔买簋："□叔买自作尊簋，其用追孝于朕皇祖、嫡考，用赐黄耇、眉寿，买其子子孙孙永宝用享。"（《集成》4129）

上述四器除第一器为西周中期外，其余皆属西周晚期器物，分别为悆祭祀先父、仲师父祭祀祖先、章叔𠫑祭祀先父、□叔买祭祀祖先，作器者应该为宗子，故可以作器祭祀祖先。

以上文献及金文表明，最起码在西周时代，嫡子、庶子没有权力主持祖先祭祀，只有助祭资格。但这一情形随着宗法制度的破坏，在春秋战国阶段可能发生了一些变化，非宗子出身也可主祭祖先，如：

　　王子午鼎："唯正月初吉丁亥，王子午择其吉金，自作鼎彝鈇鼎，用享以孝于我皇祖文考，用祈眉寿……"（《集成》2811）

　　陈逆簋："唯王正月初吉丁亥，少子陈逆曰：余田桓子之嫡

---

① 裘锡圭：《古代文史研究新探》，江苏古籍出版社1992年版，第228页。

孙……以享以孝于大宗、皇祖、皇妣、皇考、皇母，作遂令命，眉寿万年，子子孙孙永保用。"（《集成》4629）

王子午鼎属春秋中晚期器物，王子午又名子庚，为楚庄王庶子，自作器祭祀祖先。陈逆簠属战国早期器物，铭文言陈逆为陈桓子嫡孙非嫡长孙。据《史记·田敬仲完世家》可知，陈桓子之嫡长孙为陈常，陈逆不过为陈氏同宗之人，乃小宗嫡孙。铭文言明陈逆为元妃季姜作器，又用享大宗皇祖、皇妣、皇考、皇母。根据王子午自作器祭祀祖先来看，可能从春秋晚期开始，嫡子、庶子也取得了主祭祖先的权力。

### 四 男女之间的差异

商代社会上层女性可以参与军国大事，据甲骨卜辞载，武丁妻子妇好就曾多次领兵出征，并经常主持各种祭祀和占卜活动。商纣王虽然被指责"惟妇言是用"（《尚书·牧誓》），但也从侧面反映出纣王之妃妲己可以参与政事。而周代受男尊女卑观念束缚，女性地位与商代不可同日而语。王晖先生指出，"牝鸡之晨"是整个商代社会的普遍现象，武丁时代尤其突出。牝鸡司晨、妇言是听、妇人执政等现象反映了商代妇女的政治地位和权力，也反映了商族的妇女价值观；而周代妇女的身份、地位是低下的，在家族中妇女无权无势无地位，在政治权力上更是为周代礼仪制度摈之于大门之外，此即周人所倡言的"牝鸡无晨"观。①

周代女性地位低下在文献中多有表述。《周易·恒卦》："六五，恒其德贞，妇人吉，夫子凶。《象》曰：妇人贞吉，从一而终也；夫子制义，从妇凶也。"妇人德行贞洁，是吉；从一而终，是吉。若男子从妇人，则变为凶，周代的男权观念于此可见一斑。《诗经·小雅·斯干》载："乃生男子，载寝之床，载衣之裳，载弄之璋……乃

---

① 王晖：《从商代"牝鸡之晨"现象看商周妇女地位的文化差异》，《陕西师范大学学报》1997年第4期。

生女子，载寝之地，载衣之裼，载弄之瓦。"男孩生下来睡在床上，穿上衣裳，把玩玉璋；女孩生下来睡在地上，用布包裹，玩弄纺锤，男女从出生那一刻开始便已有了尊卑之分。又《礼记·郊特牲》载："男帅女，女从男，夫妇之义由此始也。妇人，从人者也：幼从父兄，嫁从夫，夫死从子……妇人无爵，从夫之爵，坐以夫之齿。"《左传·僖公元年》亦云："女子，从人者也。"可见，周代女性已彻底丧失独立性，沦落为了男性的依附。

在男尊女卑观念主导下，周代祭祀祖先时受祭者以男祖为主，即使偶有女祖受祭，也基本上是在祭祀男祖时附带祭祀。单独祭祀女祖的现象在文献及青铜铭文中少之又少。而且，为女祖立庙来祭祀的恐怕也只有后稷之母姜嫄了。姜嫄之庙称为閟宫，《周礼·春官·大司乐》云："乃奏夷则，歌小吕，舞《大濩》，以享先妣。"郑玄注曰："先妣，姜嫄也……是周之先母也。周立庙自后稷为始祖，姜嫄无所妃，是以特立庙祭之，谓之閟宫。"作为周族始祖后稷之母，在周代受祭祀却比较稀疏，毛亨为《诗经·鲁颂·閟宫》作传云："閟，闭也。先妣姜嫄之庙在周常闭无事。孟仲子曰：是禖宫也。"孔颖达疏曰："先妣立庙非常，而祭之又疏，月朔四时，祭所不及……其祭时节，《礼》无明文，或因大祭而则祭之也。"① 通过材料来看，为姜嫄立庙是有特殊原因的。孟仲子称姜嫄庙为禖宫。禖，也称高禖，是专司生育的女神。詹鄞鑫认为，"'高'宜如蔡邕说表示尊称，而'禖'则应读为母。母字甲骨文作𠂤，象女人而突出两乳，本义表示生育的妇女，母亲义只是引申义而已。'母'作为神而尊称'高母'，则是生育女神的意思。"② 看来，周人立庙祭祀周族女性始祖姜嫄，目的就是保佑周族生生不息，人丁兴旺。在周族历史上这样一位举足轻重的女祖，受祭祀也不过如此，至于一般的女祖，其受祭次数必然屈指可数。

---

① （清）阮元校刻：《十三经注疏》，中华书局1980年版，第614—615、789页。
② 詹鄞鑫：《神灵与祭祀——中国传统宗教综论》，江苏古籍出版社1992年版，第123页。

从受祭对象说，女性明显少于男性；从受祭频率讲，女性也大大不如男性；再从祭祀祖先场合女性的定位看，也只能作为配角进行助祭。《诗经·召南·采蘩》就描述了夫人尽心尽职协助公侯祭祀的场景，《毛诗序》曰："《采蘩》，夫人不失职也。夫人可以奉祭祀，则不失职矣。"郑笺云："奉祭祀者，采蘩之事也。不失职者，夙夜在公也。"① 周代祭祀祖先是件庄严肃穆而神圣的大事，为了使女性能够扮演好助祭角色，在她们年龄尚幼时就已有专人负责培训。《礼记·内则》载："女子十年不出，姆教……观于祭祀，纳酒浆、笾豆、菹醢，礼相助奠。"即女孩子长到十岁就要待在家里观摩祭祀活动，由姆（女师）教其如何进献酒浆、笾豆、菹醢等祭品祭器，如何按照礼节规定帮助主祭者安放祭品等等，以此熟悉祭祀的各个环节与步骤，以便成人后能够胜任。《礼记·祭义》载诸侯祭祀祖先时，"君牵牲，夫人奠盎；君献尸，夫人荐豆"。《礼记·祭统》曰："君纯冕立于阼，夫人副袆立于东房……君执鸾刀，羞哜，夫人荐豆。"这些周代祭祀祖先的记述，基本上都是夫唱妇随，男女各行其职、尊卑分明。

## 第二节　周代祖先祭祀中的人文性

周代祭祀祖先因个体出身、地位、性别不同，在祭祀过程中呈现出明显的等级差异，显现出周代祭祀的时代局限性。同时，周代祭祀祖先过程中也散发出人文的气息，祭祀祖先是向祖先尽孝的一种表达方式，也是对祖先功德的向往与崇拜。因此，周代祭祀祖先又表现出重孝、崇德的特点。

### 一　重孝

孝，《尔雅·释训》曰："善父母为孝。"《说文·老部》云：

---

① （清）阮元校刻：《十三经注疏》，中华书局1980年版，第284页。

"孝，善事父母者，从老省，从子，子承老也。"其实，"孝的对象不只是父母，也包括死去已久的祖先。"①金文中常有"其用享于厥帝考"（客鼎，《集成》2705）、"追孝于朕皇考厘仲、皇母泉母"（史伯硕父鼎，《集成》2777）、"其用享用孝于皇祖帝考"（仲师父鼎《集成》2743）、"用享孝于宗室"（师器父鼎《集成》2727）、"永用享孝于大宗"（兮熬壶《集成》9671）等语，帝考指父亲；皇考、皇母指父亲和母亲；皇祖帝考泛指祖先；宗室与大宗同义，皆泛指大宗祖先。看来，祭祀祖先行孝对象既有单个的父亲，也有父母双亲，还包括众多的已逝祖先以及大宗的列祖列宗。有学者认为，"在西周，孝的表现和实践不限于亲子之间，孝的范围在纵向上可以上溯至祖先，在横向也可推至父系宗亲"②。

甲骨文中已出现孝字，说明孝的观念最晚于商代形成。周代将孝观念与宗法制度联系在一起，使得祭祀成为向祖先尽孝的重要表达方式。《诗经·大雅·既醉》《周颂·雝》描写祭祀祖先时主祭者自称"孝子"；《小雅·楚茨》中主祭者则自称"孝孙"，说明行孝是祭祀祖先的一项重要内容。《国语·楚语下》云："祀，所以昭孝息民，抚国家，定百姓也，不可以已。"《礼记·坊记》言："修宗庙，敬祀事，教民追孝也。"表明祭祀祖先与行孝密不可分。陈来先生说："西周的祖先祭享不仅是一种对神灵的献媚，而更是对祖先的一种报本的孝行。"③另《礼记·祭统》将父母在世时好生侍奉，死后依礼安葬和祭祀皆视为孝行。"祭者，所以追养继孝也。孝者，蓄也。顺于道，不逆于伦，是之谓蓄。是故孝子之事亲也，有三道：生则养，没则丧，丧毕则祭。养则观其顺也，丧则观其哀也，祭则观其敬而时也。尽此三道者，孝子之行也。"不管父母生前得以好生侍奉，还是死后依礼得到安葬、祭祀，均需表现出足够的恭敬之情，如此方称得上真

---

① 陈瑛等：《中国伦理思想史》，贵州人民出版社1985年版，第43页。
② 陈来：《古代宗教与伦理——儒家思想的根源》，生活·读书·新知三联书店1996年版，第300页。
③ 陈来：《古代宗教与伦理——儒家思想的根源》，生活·读书·新知三联书店1996年版，第303—304页。

正的孝行。《论语·为政》载孔子言："今之孝者，是谓能养。至于犬马，皆能有养；不敬，何以别乎？"《孟子·万章上》亦云："孝之至，莫大于尊亲。"

因此，周代祭祀祖先，即使贵为天子、诸侯，也要事必躬亲，亲自准备祭品、祭服，以显示对祖先的恭敬之情。《礼记·祭义》载："古者天子、诸侯，必有养兽之官。及岁时，齐戒沐浴而躬朝之，牺牷祭牲必于是取之，敬之至也。君召牛，纳而视之，择其毛而卜之，吉，然后养之。君皮弁素积，朔月月半，君巡牲，所以致力，孝之至也。"古代天子、诸侯设有专门的养兽之官，祭祀祖先之前，天子、诸侯斋戒沐浴后亲自挑选毛色纯一、完好无损的牲牛豢养，每逢初一、十五还要穿上皮弁礼服亲自察看被养之牲牛，虔诚而恭敬，孝行达到了极致。又载曰："古者天子、诸侯，必有公桑蚕室……及大昕之朝，君皮弁素积，卜三宫之夫人、世妇之吉者，使入蚕于蚕室……岁既殚矣，世妇卒蚕，奉茧以示于君，遂献茧于夫人……及良日，夫人缫，三盆手，遂布于三宫夫人、世妇之吉者使缫。遂朱绿之，玄黄之，以为黼黻文章。服既成，君服以祀先王先公，敬之至也。"古代天子、诸侯设有专门的桑园、蚕室，至季春三月初一，天子、诸侯身着皮弁，占卜选择吉兆之夫人、世妇养蚕。季春结束，世妇们将收获的蚕茧请天子、诸侯过目后献于夫人。夫人挑选良辰吉日缫丝，之后染上颜色，绘上图案，做成祭服。当正式进献祖先祭品时，孝子的神情、举止都恭敬到了极点。《礼记·祭义》载："宫室既修，墙屋既设，百物既备，夫妇齐戒沐浴，盛服奉承而进之，洞洞乎，属属乎，如弗胜，如将失之，其孝敬之心至也与！……孝子之祭也……进退必敬，如亲听命，则或使之也。孝子之祭可知也：其立之也，敬以诎；其进之也，敬以愉；其荐之也，敬以欲；退而立，如将受命；已彻而退，敬齐之色不绝于面。"因此可以说，敬祖是孝的前提条件，祭祖是孝的行为表现。

宗庙祭祀祖先是为了教民追孝，如果灭人宗族，令其宗庙祭祀无以为继，将会被指责为不孝之行为。《左传·定公四年》云："灭宗废祀，非孝也。"同时，如果未按礼制规定而祭祀或助祭，也会被视为不孝，并要遭受相应惩罚。《礼记·王制》载："宗庙有不顺者为不孝，不孝者君绌以爵。"郑玄注曰："不顺者，谓若逆昭穆。"① 宗庙祭祀若有不按昭穆顺序进行者，就是不孝，不孝国君就要降其爵位。《国语·周语上》载："日祭、月祀、时享、岁贡、终王，先王之训也。有不祭则修意，有不祀则修言，有不享则修文，有不贡则修名，有不王则修德，序成而有不至则修刑。于是乎有刑不祭，伐不祀，征不享，让不贡，告不王。于是乎有刑罚之辟，有攻伐之兵，有征讨之备，有威让之令，有文告之辞。"日祭、月祀、时享、岁贡、终王都与祭祀祖先有关，刘歆云："祖、祢则日祭；曾、高则月祀；二祧则时享；坛、墠则岁贡；大禘则终王。"② 周天子以五种形式祭祀祖先时，各诸侯国需供奉祭品助祭，甸服者供日祭，侯服者供月祀，宾服者供时享，要服者供岁贡，荒服者供终王。届时周天子如果没有收到相应助祭品，就要反躬自省、明号令、严法典、正名分、怀文德，这些都做妥当仍没有诸侯供奉祭品，就要动用刑罚以示惩戒，轻者晓谕责让，重者兴师问罪。由于周代推行宗法制度，使得宗统和君统合二为一，周天子从政治意义上讲，是各诸侯之君；从宗法意义上讲，是姬姓诸侯之大宗。因此，孝从家庭层面体现为对父母、祖先的顺从；从社会层面表现为对天子的服从，故《礼记·大学》曰："孝者，所以事君也。"《大戴礼记·曾子大孝》言："事君不忠，非孝也。"对祭祀祖先中的"不礼"行为进行惩处只是一种手段而已，最终目的仍然是督促人们行孝。

## 二 崇德

周族以蕞尔小邦，最终打败大邑商，建立起西周政权，在这场改朝换代的巨变中，周人深感"天命靡常"。如何保有天命，使政权永存，成为周初重要的议题之一。经历深深的思索后，周人得出"皇天

---

① （清）阮元校刻：《十三经注疏》，中华书局1980年版，第1328页。
② （清）徐元诰：《国语集解》，中华书局2002年版，第7页。

无亲，惟德是辅"（《左传·僖公五年》宫之奇引《周书》语）的认识，认为"德"是天命眷顾周人的根本和左右政权成败的关键，若"不敬厥德，乃早坠厥命"（《尚书·召诰》），故而周人非常推崇德行。

《诗经·大雅·卷阿》曰："有孝有德……四方为则。"意为只有德孝兼备，才可成为四方表率。可见，德与孝一样，在周人眼中都是十分重要的观念。这种德行观念反映到祖先祭祀中，一方面表现为对祖先之德的称颂；另一方面又表现为对祖先之德的发扬，即秉承、效法祖先德行。

文献记载祭祀称颂祖先德行的见于《诗经·周颂·维天之命》篇，诗言："于乎不显，文王之德之纯。"毛诗序曰："《维天之命》，太平告文王也。"① 诗言文王之德"纯"，"纯，不杂也。此亦祭文王之诗，言天道无穷，而文王之德纯一不杂，与天无间，以赞文王之德之盛也"②。

此外，周代许多青铜器因祭祀祖先而作，其中不乏称颂祖先德行之词。《礼记·祭统》云："夫鼎有铭。铭者，自名也。自名以称扬其先祖之美，而明著之后世者也。为先祖者，莫不有美焉，莫不有恶焉。铭之义，称美而不称恶，此孝子孝孙之心也，唯贤者能之。铭者，论譔其先祖之有德善、功烈、勋劳、庆赏、声名，列于天下，而酌之祭器，自成其名焉，以祀其先祖者也。"虽然这些青铜铭文"称美而不称恶"，但如果被祭者没有突出德行，那么作器者一般不会虚夸祖先之德。《礼记·祭统》曰："子孙之守宗庙社稷者，其先祖无美而称之，是诬也；有善而弗知，不明也；知而弗传，不仁也。此三者，君子之所耻也。"若祖先无德而胡乱吹嘘，乃欺瞒神灵之举，君子以此为耻。因此，金文中称颂祖先之德的言辞基本上是公允、可信的。如邢人女称其"文祖皇考克哲厥德"（《集成》109.1—7），哲，《说文·口部》曰"知也"，言祖先有智德。虢叔旅称其父惠叔"穆

---

① （清）阮元校刻：《十三经注疏》，中华书局1980年版，第583页。
② （宋）朱熹：《诗集传》，中华书局1958年版，第223—224页。

穆秉元明德"(《集成》238.1—6),元,大也,意为惠叔继承了祖先大德并保有之。克称其祖师华父"淑哲厥德"(《集成》2836),淑,《尔雅·释诂》曰"善也",意为其祖有善良智慧之德。番生赞其祖"克哲厥德"(《集成》4326)等等。

宗庙祭祀,周人颂扬缅怀祖先德行,同时也是勉励自己秉承并效法祖先德行。如《诗经·周颂·清庙》曰:"于穆清庙,肃雝显相。济济多士,秉文之德。"毛诗序曰:"《清庙》,祀文王也。周公既成洛邑,朝诸侯,率以祀文王焉。"郑玄笺云:"济济之众士,皆执行文王之德。"诗言周朝众士将秉承文王德行。《诗经·周颂·烈文》曰:"不显维德,百辟其刑之。"毛诗序曰:"《烈文》,成王即政,诸侯助祭也。"郑玄笺云:"新王即政,必以朝享之礼祭于祖考,告嗣位也。"① 不通丕,意为大;百辟,众诸侯;刑通型,意为效法。诗中称赞成王祖先之德大而显,众诸侯也欲效法周王祖先之美德。

金文也有记载效法祖先之德的言辞。如单伯昊生钟"余小子肇帅型朕皇祖考懿德"(《集成》82),懿德即美德,铭文言单伯钟昊生要以祖先美德为楷模。又梁其言其祖考"克哲厥德",表示要"肇帅型皇祖考,秉明德"(《集成》187.1)。痶钟铭"痶不敢弗帅祖考,秉明德"(《集成》247.6),即一定要秉承祖先明德。大盂鼎铭"今我唯型稟于文王正德"(《集成》2837),正应通政,是说康王要秉承文王德政。叔向父禹簋铭"肇帅型先文祖,恭明德"(《集成》4242),恭,《尔雅·释诂》曰"敬也",即叔向父禹欲效法祖先,敬重明德。

周人祭祀祖先反复强调德之重要性,认为只要继承祖先美德,国家就能长治久安、家族就会繁荣兴旺。因此,这种德是指"政治态度、立身行事的准则等思想与行为方面的品质,简而言之,是一种政治品德"②。周代祭祖所崇尚之德带有明显的政治意蕴,这和殷周政治变革之际,德关乎政治兴衰、政权更迭的社会现实有关。周人以史为鉴,得出德主天命的认识,从而将德推行至更为广阔的政治领域。治

---

① (清)阮元校刻:《十三经注疏》,中华书局1980年版,第583、584页。
② 刘源:《商周祭祖礼研究》,商务印书馆2004年版,第288页。

理国家"疾敬德"(《尚书·召诰》);教化百姓"明德慎罚";选择官吏"惟听用德"(《尚书·多士》),德俨然成为周人进行政治建设的一大法宝。

西周祭祀祖先孝德并举,孝维系着家族、宗族的稳定与团结,德维护着国家政权的长久昌盛,二者共同支撑着西周社会的有序运转。

# 第十一章

# 周代祖先祭祀的意义及影响

祖先祭祀是西周社会三大祭祀系统中最为兴盛和发达的一支，时至春秋战国虽遭到破坏，出现了一定程度的衰微，但并未就此中断和废止，其奥秘在于祖先祭祀在执政者体系中发挥着难以替代的作用和影响。

## 第一节 周代祖先祭祀的意义

周代祖先祭祀并非单纯的宗教活动，同时也是统治者教化和治国之本，故《礼记·祭统》曰："祭者，教之本也已"；"禘、尝之义大矣，治国之本也，不可不知也"。周代祖先祭祀的作用主要体现于强化秩序、亲睦家族、整合人伦三大方面。

### 一 强化秩序

周代祖先祭祀礼仪中渗透了鲜明的等级观念，因而借祭祀祖先可以进一步强化等级秩序。《礼记·祭义》载："祭之日，君牵牲，穆答君，卿大夫序从。"郑玄曰："祭谓祭宗庙也……序以次第从也。"[①] 国君宗庙祭祀祖先伊始，助祭之卿大夫按照一定次序跟从国君依次进

---

① （清）阮元校刻：《十三经注疏》，中华书局1980年版，第1594页。

入宗庙，而决定助祭大夫祭祀排列次序的依据就是其政治身份的高低，故《礼记·文王世子》云："宗庙之中，以爵为尊。"祭祀过程中，"君执圭瓒祼尸，大宗执璋瓒亚祼。及迎牲，君执纼，卿大夫从，士执刍。宗妇执盎从夫人，荐涗水。君执鸾刀，羞哜，夫人荐豆。"（《礼记·祭统》）国君、大宗、卿大夫、士、主妇、宗妇各行其是，整个祭祀场景井然有序、有条不紊，各阶层在祭祀中的活动和地位折射出政治等级的差异。而祭祀正礼结束后的馂余礼，更是将森严的等级制度演绎到了极致。根据《礼记·祭统》记载，馂余礼开始后，国君、卿、大夫、士、百官由尊至卑依次享用祭祀祖先神灵的祭品，排列次序越靠后，参与享用祭品的人数就越多，以此表明尊卑有别。祖先祭祀礼仪从始至终，浓厚的等级观念无处不在。

周代祖先祭祀过程中，由于参与祭祀人员与祖先神灵的亲疏距离不等，血缘远近不一，导致其地位高下有别，尊卑贵贱有异。周代通过这种庄严肃穆的祭祀礼仪，辅之以礼制规定的各阶层祭祀祖先时所用祭品类型、乐舞规模等，将人们在情感和心理上产生的等级差异明显化、固定化、合理化，树立起"天无二日，土无二王，尝禘郊社，尊无二上"（《礼记·曾子问》）的等级观念，以此强化社会等级秩序。

明确了尊卑等级秩序后，周代天子、诸侯推行政令就水到渠成了。即使如此，天子、诸侯仍要以祭祀祖先之名行施政之实，使其颁布的政令带上神意色彩，更具威严，不可轻易违拗。此时，祖先祭祀就成为周代统治者用以施政的护身符，诚如《礼记·中庸》所言："宗庙之礼，所以祀乎其先也。明乎郊社之礼、禘尝之义，治国其如示诸掌乎！"周代统治者深谙此理，故而将祭祀视为"国之大事"，诸如册命、告朔等重要政治活动，均以祭祀祖先为幌子在宗庙举行。《礼记·祭统》曰："古者明君爵有德，而禄有功，必赐爵禄于大庙，示不敢专也。"《礼记·祭义》云："爵禄庆赏，成诸宗庙，示顺也。"《公羊传·文公六年》何休注曰："每月朔，朝庙，使大夫南面奉天子命，君北面而受之。此时使有司先告朔，慎之至也。受于庙者，孝子归美先君，不敢自专也。"① 这些政治活动依附于祖先祭祀，使政令获得了政权与神权的双重护航，以此确保实施过程中畅行无阻。可见，周代祖先祭祀已经成为了统治者强化等级秩序、推行政令的一大法宝。

**二 亲睦家族**

祖先祭祀一般以家族为单元进行，届时宗子主祭，全体族人以助祭身份参加。这样，使得该项活动成了周代宗子联络族人感情、亲睦族群的重要纽带。《礼记·大传》曰："君有合族之道"，即国君身兼宗子，有义务聚合族人宴饮，亲睦家族。同时，作为家族其他成员，尊重祖先首先要敬重宗子，因"敬宗，尊祖之义也"。此外，家族其他成员还要服从宗子领导，如此方可聚合、亲睦家族，如《礼记·大传》言："同姓从宗，合族属。"周代通过祭祀祖先实现亲睦家族之功能，主要以"旅酬""燕毛"和"赐胙"等祭祀礼仪体现出来。

旅酬是主要祭祀礼仪结束后，众兄弟及众宾相互劝酒的活动。孙希旦云："兄弟弟子举觯于其长，宾乃取所奠觯，酬长兄弟，长兄弟取觯酬宾，交错以辩，谓之旅酬。"② 孙说与《仪礼·特牲馈食礼》所记士阶层旅酬礼仪相同，即先由宾酬长兄弟，接着长兄弟回酬宾，最后众兄弟及众宾互酬。旅酬活动以兄弟中年幼者（即兄弟弟子）为长兄举觯开始，故《礼记·中庸》曰："旅酬，下为上，所以逮贱也。"之所以如此，是因为宗庙祭祀，以有事为荣，给年幼者在如此神圣的场合安排事情，体现了宗子对幼者的关爱。在觥筹交错的旅酬礼仪中，以共同尊祖观念为契合点，拉近了宗子与家族普通成员的距离，融洽了家族成员之间的关系。

燕毛即燕饮，因举行燕饮仪式时，位次以毛发黑白程度排列，以此区别年龄大小，故称燕毛。《礼记·中庸》云："燕毛，所以序齿也"即为明证。《诗经·小雅·楚茨》有此项礼仪的记载，"诸父兄

---

① （清）阮元校刻：《十三经注疏》，中华书局1980年版，第2268页。
② （清）孙希旦：《礼记集解》，中华书局1989年版，第515页。

## 第十一章 周代祖先祭祀的意义及影响

弟，备言燕私"。郑玄笺云："祭祀毕，归宾客豆俎，同姓则留，与之燕，所以尊宾客，亲骨肉也。"①宗子参加家族的燕饮，以孝敬家族长者来传递"孝悌之道"。如《礼记·文王世子》言："公与族燕，则以齿，而孝弟之道达矣。"燕毛礼仪中，宗子尊重长者，使家族成员感受到了家族的脉脉温情，无形中加强了家族的聚合力。

赐胙即将祭祀神灵的牲肉赐予家族成员。胙，《说文》曰："祭福肉也。"胙又可称为"脤膰"，郑玄曰："脤膰，社稷宗庙之肉，以赐同姓之国，同福禄也。"贾公彦疏云："郑总云脤膰社稷宗庙之肉，分而言之，则脤是社稷之肉，膰是宗庙之肉。"②依贾疏，膰是专指用作宗庙祭祀之肉，这也和《说文》对此字的解释相合，"膰，宗庙火熟肉。"周天子的赐胙，并不局限于本家族，可以扩大到同宗，故《周礼·春官·大宗伯》云："以脤膰之礼，亲兄弟之国。"但是，《左传·僖公九年》却记载天子祭祀文、武二祖后，"使宰孔赐齐侯胙"，是否意味着赐胙也可惠及异姓呢？对此，清人许宗彦解释说："宗庙胙肉，止分同姓。此赐齐侯者，宗庙孝先，一王之私祭，惟同姓共此大宗者得以分胙。祖功宗德，天下之公祭，虽在异姓，被功德者同得赐胙也。《史记·周本纪》显王九年致文、武胙于秦孝公；三十五年致文、武胙于秦惠王及此传皆为祖宗之祭，故惟言'文、武'。其实此致胙于齐桓，其后致胙于秦孝、惠，皆以其强大，足以令诸侯，非被功德。秦且灭周，于周又何功何德？"③许说非常清楚，赐胙一般止于同姓，异姓除非有功德者才可得到赐胙。不过，此处天子赐胙齐桓公，非因其功德，而是因其强大，不得已而为之。可见，向异姓赐胙非常礼，赐胙主要流行于同宗，是联络族人感情、亲善交往的手段。周代天子、诸侯宗庙祭祀祖先后固然可赐胙于下属，同样，下属宗庙祭祀后也可将祭肉献于天子、诸侯，是为"致福"。《周礼·天官·膳夫》载："凡祭祀之致福者，受而膳之。"郑玄注曰："致福，谓诸

---

① （清）阮元校刻：《十三经注疏》，中华书局1980年版，第469页。
② （清）阮元校刻：《十三经注疏》，中华书局1980年版，第760页。
③ 杨伯峻：《春秋左传注》，中华书局1981年版，第326页。

臣祭祀，进其余肉，归胙于王。"①《左传·僖公四年》载晋太子申生于曲沃祭祀先母齐姜后，"归胙于公"。又《国语·楚语下》记曰："子期祀平王，祭以牛俎于王。"韦昭注云："致牛俎于昭王。"② 子期祭祀平王后，献牛俎于昭王。周代通过"赐胙"和"致福"，使施惠者和受惠者产生了联系，由于森严等级秩序彼此隔膜的族人从精神和情感上得到了空前的沟通和交流。

总之，周代宗子以参与家族旅酬、燕饮，向族员赐胙等方式聚集家族，其目的就是借此亲睦家族，团结族人，如《礼记·坊记》言："因其酒肉，聚其宗族，以教民睦也。"对此，许倬云先生曾指出："宗庙并不仅是崇拜神明的地方。宗庙中的典礼及仪节，都是为了收同族之谊。"③《礼记·大传》曰："是故人道亲亲也，亲亲故尊祖，尊祖故敬宗，敬宗故收族。"周代宗子倡导血缘认同，强调同宗共祖，巧妙地利用祖先祭祀，达到控制家族、笼络人心的终极目的。

### 三 整合伦理

《礼记·礼器》曰："天地之祭，宗庙之事，父子之道，君臣之义，伦也。"言明祖先祭祀中蕴藏着伦理关系。《礼记·祭统》则对祭祀中涉及的伦理关系作了精辟阐发，载曰："夫祭有十伦焉：见事鬼神之道焉，见君臣之义焉，见父子之伦焉，见贵贱之等焉，见亲疏之杀焉，见爵赏之施焉，见夫妇之别焉，见政事之均焉，见长幼之序焉，见上下之际焉。"

上述十种伦理关系可分为两类，前三条强调"孝"，后七条强调"顺"。第一条事鬼神之道即祭祀祖先，其核心就是教民遵孝。《礼记·祭统》曰："祭者，所以追养继孝也。孝者畜也。顺于道不逆于伦，是之谓畜。"《礼记·坊记》言："修宗庙，敬祀事，教民追孝也。"《国语·楚语下》云："祀，所以昭孝息民，抚国家，定百姓

---

① （清）阮元校刻：《十三经注疏》，中华书局1980年版，第660页。
② （三国吴）韦昭：《国语注》，世界书局1936年版，第196页。
③ 许倬云：《西周史》，生活·读书·新知三联书店1994年版，第284页。

也。"第二条君臣之义是孝泛化到社会阶层中的产物。在西周宗法制社会，国君集君统与宗统于一身，从宗统角度而言，臣子尽孝于国君未必不可，故《礼记·大学》云："孝者，所以事君也。"即使在宗法关系遭到破坏的春秋时代，国君和臣子之间可能已不存在任何血缘关系，但要求臣子向国君尽孝的观念仍未改变，臣子敬奉国君要如同事奉父母一般，故《左传·文公十八年》载："见有礼于其君者，事之如孝子之养父母也。"第三条父子之伦是体现孝本始意义和最重要价值的伦理关系。孝，《尔雅·释训》曰："善父母为孝"；《说文·老部》云："孝，善事父母者，从老省，从子，子承老也。"不过，对父母的孝要建立在"敬"的基础上，单纯的物质满足父母尚不足以为孝。《论语·为政》载："子游问孝。子曰：'今之孝者，是谓能养。至于犬马，皆能有养。不敬，何以别乎？'"可见，只有父母人格得到尊重才是真正的孝行。第四条贵贱之等强调祭祀中尊卑次序不容错乱。比如国君祭祀祖先，向尸五献后始献酒卿，向尸七献后献酒大夫，向尸九献后方献酒士及各有司，献酒先后次序与受献对象身份贵贱息息相关。第五条亲疏之杀言明祭祀中昭穆排列次序有亲疏远近之别，届时"父南面，子北面，亲者近，疏者远，又各有次序"。第六条爵赏之施是说国君于宗庙封爵赏赐臣下，为了显示对祖先的敬顺，故《礼记·祭义》曰："爵禄庆赏，成诸宗庙，示顺也。"而接受封赏之卿、大夫需在家庙祭告祖先，将自己的荣耀视为祖先的恩典，同样也是向祖先表达敬顺之意。第七条夫妇之别言祭祀中男女分工角色不同，夫主祭、妇助祭，基本为夫唱妇随。如此，夫妇关系才可和顺。第八条政事之均是以祭祀观看政事是否公平顺畅。周代祭祀完毕分配俎肉时尽管"贵者取贵骨，贱者取贱骨"，但"贵者不重，贱者不虚"（《礼记·祭统》），祭祀中每个人都得到了恩惠，政令实施起来自然也就相对顺畅。第九条长幼之序意为祭祀中若属同一昭穆，排列次序亦有讲究，一般而言，长者在前，幼者在后，长幼关系不能颠倒，故《礼记·祭义》言："立敬自长始，教民顺也。"第十条上下之际是说祭祀末尾的馂余之礼，不忘将祭品赐予辉、胞、翟、阍四类人,"此四者皆是贱官,于祭之末,与此四者以恩赐,是惠施之道也"①,以此保持上下关系的和顺。

总之,周代祭祀作为教化之本,肩负着"外则顺于君长,内则以孝亲"(《礼记·祭统》)的使命,以"顺"和"孝"两大伦理范畴统领人与人之间的政治关系和血缘关系,使家国同构的西周社会愈加稳定。

## 第二节 周代祖先祭祀的影响

周代祖先祭祀不仅对两周社会,甚至对之后整个中国历史发展进程和态势都产生了鲜明而深刻的影响。

### 一 周代祖先祭祀对周代社会的影响

西周祭祀祖先非常注重祖先之"德",这种德行观念主要来源于周人对夏、商历史的反思,因为夏、商执政祖先之"德"直接决定了政权的沉浮兴衰。夏朝末代国君桀为政荒淫,"不务德而武伤百姓,百姓弗堪"(《史记·夏本纪》),导致危机四伏,商汤起兵伐夏,夏桀命丧国亡。商汤"布德施惠,以振困穷"(《淮南子·修务》),使政权得以稳固。但到了商朝末年,商纣王施行暴政,"用乱败厥德于下"(《尚书·微子》),致使众叛亲离,武王兴兵讨伐,纣王登鹿台自焚而死,商朝灭亡。夏、殷"惟不敬厥德乃早坠厥命"(《尚书·召诰》)的惨痛教训,使西周统治者决心"监于有夏""监于有殷"(《尚书·召诰》),大力弘扬祖先之德,使后继者相继效法,以德治国,长享国祚。

西周祭祀祖先崇尚德行的思想,极大地影响了西周典章制度的精髓及执政理念。西周以礼乐文明著称,许多重要典章制度都要依靠礼

---

① (清)阮元校刻:《十三经注疏》,中华书局1980年版,第1605、1606页。

## 第十一章 周代祖先祭祀的意义及影响

加以确立和维护。而周公制礼作乐的最大贡献就是"引德入礼",遂使"德"也渗透、贯穿于西周的各项典章制度之中,故王国维先生说:"周之制度典礼,乃道德之器械。"① 周人在国家治理中,也处处洋溢着道德的光辉。《尚书·洛诰》周公劝谏成王说:"乃单文祖德",希望成王发扬祖父文王德政。《尚书·酒诰》周公告诫康叔:"尔克永观省,作稽中德",希望康叔时刻反省,使自己的言行合乎道德的要求;《尚书·梓材》周公对康叔言:"先王既勤用明德怀,为夹庶邦享作。兄弟方来,亦既用明德",是说先王勤勉地以德行感召人心,众多邦国前来纳贡、勤王,同姓诸侯也纷纷前来,这都是由于施行德政的缘故;又说:"皇天既付中国民越厥疆土于先王,肆王惟德用,和怿先后为迷民,用怿先王受命",告诫康叔要以德行感化迷茫的殷遗民,使他们真心归附。《尚书·酒诰》周公告诫百官说:"兹亦惟天若元德,永不忘在王家",意为只有奉行上天给予的善德,天子才会保有其禄位。《尚书·召诰》召公劝勉成王云:"天亦哀于四方民,其眷命用懋。王其疾敬德",即殷末百姓流离失所,上天哀怜四方百姓,环视宇内,选择了有德行的人做了天下的君主,我王应赶快推行德教;又说:"肆惟王其疾敬德!王其德之用,祈天永命",希望成王谨慎德行,施行德教,祈求上天赐予永久的天命。《尚书·洛诰》中成王高度评价了周公的德行,"惟公德明光于上下,勤施于四方",赞美周公德充盈天地、勤泽被四方。上述周公劝勉成王、周公告诫康叔、周公告诫百官、召公劝勉成王、成王称赞周公时都提到了"德",显示了周人对"德"的重视和"德"在西周国家管理中的重要作用。

周人治国提倡德政,甚至刑罚之前也要先行德教,即"明德慎罚"思想。此外,周公还将"德"作为选拔官吏的标准,"予一人惟听用德"(《尚书·多士》);"我则末惟成德之彦,以乂我受民"(《尚书·立政》),意为选择德才兼备者治理万民。甚至周人饮酒也

---

① 王国维:《观堂集林》,中华书局1959年版,第477页。

要以德约束,《大盂鼎》铭言:"无彝酒""酒无敢酣",即不要经常饮酒,也不要过度饮酒而大醉,那么如何做到这一点呢?依然要依靠"德",正如《尚书·酒诰》所言:"德将无醉"。

## 二 周代祖先祭祀对后世的影响

周代盛极一时的祖先祭祀,至后代礼仪虽有所删减,但蕴含其中的注重血缘、重视天人关系等思想精髓却源源不断地流传下来,对此后中国历史发展产生了重要影响。

### (一)周代祖先祭祀对中国文明形成路径的影响

祖先祭祀是在原始社会祖先崇拜的基础上发展而来,而最初的祖先崇拜源于人类对自身生殖繁衍能力的膜拜,这就注定祖先祭祀必然以血缘关系作为基础。祖先祭祀与生俱来注重血缘关系,对中国古代社会重宗法、亲血缘传统的形成产生了重要影响,人类的第一个社会组织——氏族就是以血缘为纽带结成的社会群体,文明时代的夏、商国家也是建立在氏族血缘关系基础之上。祖先祭祀主导下重视血缘关系的特点,成为中国与西方不同文明路径的产生源头。

周代统治者将祭祀视为"国之大事",时常举行各种祖先祀典亲睦族群、教化民众、巩固秩序,使血缘关系进一步渗透于国家管理体系之中,由此形成家国一体的国家形态。在此,君权与父权高度统一,君主既是国家的最高统治者,又是最大的家族长,国家王朝的更替,意味着一家一姓政权的更替。而在西方,浓厚的私有制观念,使得人与人之间的血缘关系比较淡漠,因而古代西方人呈现出各自独立的分散状态,国家形态表现为以公民为基础的城邦制度。对此,侯外庐等作了精辟阐述,"如果我们用'家族、私有、国家'三项来做文明路径的指标,那末,'古典的古代'是从家族到私产再到国家,国家代替了家族;'亚细亚的古代'是从家族到国家,国家混合在家族里面,叫作'社稷'。因此,前者是新陈代谢,新的冲破了旧的,这是革命的路线;而后者却是新陈纠葛,旧的拖住了新的,这是维新的

## 第十一章 周代祖先祭祀的意义及影响

路线。前者是人惟求新，器亦求新；后者却是人惟求旧，器惟求新"①。此所谓"古典的古代"主要是以希腊、罗马为代表的文明形成路径，而"亚细亚的古代"则代表了中国文明的形成路径。

周代在血缘关系影响下形成的家国一体国家形态，在漫长的封建社会王朝更迭中留下了深深的烙印。中国第一个封建帝国建立者嬴政，自称始皇帝，规定继任后世子孙依次称二世、三世，以至万世。在此，秦始皇显然将秦朝视为嬴姓私产，妄图使嬴姓子孙永远统治天下。平民出身的西汉开国皇帝刘邦，取得天下后与众大臣订立盟约，曰"非刘氏而王，天下共击之"（《史记·吕太后本纪》），确保刘姓掌控天下的目的昭然若揭。西汉末年，统治危机重重，王莽代汉自立进行改制，但未获得成功，自己却落下了篡逆的骂名。后刘秀振臂高呼，轻而易举地窃取了农民起义的胜利果实，重建汉家刘姓天下。如此等等的家国混同观念，使古代史家也不自觉地将一家一姓的王朝等同于国家。难怪梁启超在《新史学》中批评封建旧史学有四弊，其中之一便是"知有朝廷而不知有国家"，在他看来，二十四史只不过是二十四姓家谱。可见，血缘观念对整个封建社会国家形态的影响根深蒂固。

家族是周代祭祀祖先的基本单位，每个人在家族中并非独立存在的个体，而是错综复杂血缘关系网络中的一分子。由于他们之间地位、辈分、年龄的差异，形成了古代社会独具特色的君臣、父子、夫妇、兄弟、朋友"五伦"社会关系。在此社会关系中，温情脉脉亲缘关系的存在，使得人们习惯于以伦理道德而不是以法律约束自己的行为，调节人与人之间的关系。因此，中国古代从一开始就形成了重视伦理道德的文化传统，并将之用以国家治理。西周统治者治理国家倡导明德慎罚。汉刘邦向群臣询问治国之策，贾谊提出"礼者禁于将然之前，而法者禁于已然之后"（《汉书·贾谊传》）的主张，明显流露出重道德轻刑法的思想倾向。中国封建社会后期流行的"半部《论

---

① 侯外庐、赵纪彬、杜国庠：《中国思想通史》第1卷，人民出版社1957年版，第11—12页。

语》治天下"之说虽言过其实，但亦从侧面折射出伦理道德在国家治理中的作用。正因为如此，整个封建社会始终以伦理道德作为国家治理的主要指导思想，而刑法一直处于从属、辅助的地位，使得古代中国发展成以伦理道德为主导的社会。直至今日，社会上仍有亲情高于法律的事件发生，这不能不说是中国自古重视血缘、重视伦理道德的结果。与此相反，西方国家人们信奉与本身无任何血缘关系的上帝，因为每个人与上帝之间是等距离的，故而崇尚"上帝面前人人平等"的理念。这样，人与人之间在物质层面上是对等的；在情感层面上是相互尊重的，人们习惯于以法律约束自己的行为，用信仰凝聚人们的精神，提倡"法律面前人人平等"，由此形成重视法律的文化传统，西方发展成为以法律为主导的社会。

（二）周代祖先祭祀对天人合一思想的影响

"万物本乎天，人本乎祖"（《礼记·郊特牲》），人类出于对自身繁衍的感激和报答，对祖先的祭祀隆重而又持久。周代的祖先祭祀活动，体现出中国特有的天人合一思想。周人认为祖先去世，其生命并未真正终结，而是以魂魄形式存在于另一个世界，《礼记·郊特牲》曰："魂气归于天，形魄归于地。"因而，祭祀祖先不仅为了祈福禳灾，也是为了慰藉祖先灵魂。在此，祭祖实际上隐含了敬天，因为只有取悦了上天，祖先灵魂才有寄托之处，而不至于四处飘散、居无定所。这样，祭祀祖先既可顺应天命，又能契合人伦，最终实现天人合一。同时，周代往往将祭祀祖先的具体要求与天道紧密联系在一起。一方面祭祀祖先根据春、夏、秋、冬季节变化而各有固定的祭祀名称，表明人们力图将祭祀祖先的人事活动与自然变化的天道相联系，使人事和合于自然，自然附会于人事，从而达到天人合一。另一方面又对祭祀频次做了规定，《礼记·祭义》曰："祭不欲数，数则烦，烦则不敬。祭不欲疏，疏则怠，怠则忘"，而衡量祭祀频次是否适中的标准就是是否"合诸天道"。还有一点需要指出，周代祭祀祖先从伦理功能意义出发，意在教民尊孝，而西周的孝道观学者研究认为包含着双重意义，"一是对父母先祖的孝，一是对昊天上帝的孝（即

'敬天')"①。照此理解，祭祀尽孝也是天人合一思想的另一体现。此处的天主要指自然之天，天人合一即追求人类与自然的和谐统一。

周代祖先祭祀活动中蕴藏的丰富天人合一观念，为后世思想家不断阐发。孟子认为通过内心的自我反省，可以达到"万物皆备于我"（《孟子·尽心上》）的物我合一境界。庄子则认为以心斋、坐忘的方法体悟天道，才能进入"天地与我并生，而万物与我为"（《庄子·齐物论》）的天人一体状态。孟子、庄子之后，对古代天人合一思想作了详尽阐发的是西汉儒学大师董仲舒，他明确讲到，"天人之际，合而为一"（《春秋繁露·深察名号》）；"以类言之，天人一也"（《春秋繁露·阴阳义》）。在董仲舒的天人理论中，天人之间的关系是不对等的，人源于天，天是人的曾祖父，"为生不能为人，为人者天也。人之人本于天，天亦人之曾祖父也，此人之所以乃上类天也"。（《春秋繁露·为人者天》）。又指出："人之形体，化天数而成；人之血气，化天志而仁；人之德行，化天理而义；人之好恶，化天之暖清；人之喜怒，化天之寒暑；人之受命，化天之四时。人生有喜怒哀乐之答，春秋冬夏之类也。喜，春之答也；怒，秋之答也；乐，夏之答也；哀，冬之答也。"（《春秋繁露·为人者天》）在此，董仲舒一方面将周代以来的"自然之天"神秘化，另外一方面又赋予天主宰大权，使其人格化，从而将本来平等和谐的天人关系发展为天尊人卑、天主人从的不平等关系。董仲舒的天人思想是古代天人合一思想发展过程中的重大转折，成为维护封建宗法制度的有力思想武器。这种天人合一思想在政治层面上表现为王权与天合一，成为天命神权、王权至上思想的依据；经济层面上天人合一带有媚神求福的鲜明色彩，反映出人对自然的顺应与屈从；社会层面上则要求个体屈从于群体，压制个体的人格独立与意志自由，使个体死心塌地做统治集团的奴才。②至此，天人合一思想遂成为历代封建王朝统治者神化王权的秘密

---

① 王慎行：《论西周孝道观的本质》，《人文杂志》1991年第2期。
② 邓文平、雷涛：《儒家天人合一思想的内涵与实质》，《江西社会科学》2010年第4期。

武器。

(三) 周代祖先祭祀——黄帝的祭祀——对大一统思想的影响

周代不仅祭祀家族祖先，而且由于战国时代黄帝崇拜的盛行，开始将黄帝作为中华民族人文初祖加以祭祀，黄帝成了中国古代王朝维护大一统的精神支柱。此后数千年，尽管中国历史分分合合，但统一始终是中国历史发展的主流。细究缘由，黄帝已经成为中华民族的精神象征和旗帜，乃至今日我们仍以"炎黄子孙"自称。

战国时代秦国已有祭祀黄帝之举，《史记·封禅书》载"秦灵公作吴阳上畤，祭黄帝"。因此时的黄帝已是人神一体的形象，所以秦国绝非单纯地将黄帝作为天神祭祀。秦国地处西陲，本来祭祀太昊、少昊，但在战国时代却将黄帝纳入祭祀系统，一方面反映出秦国对黄帝作为中华民族人文初祖的心理认同，另一方面也反映出秦国以黄帝的强大凝聚力为将来的统一提前做着准备。秦统一后，延续了对黄帝的祭祀。汉初由于黄老思想盛行，黄帝祭祀必然受到重视。西汉中期，汉武帝为追求长生不老，祭祀黄帝。据《史记·孝武本纪》记载，元鼎元年（前116），汉武帝"北巡朔方，还祭黄帝冢桥山"。汉武帝祭祀黄帝不仅因其懂升仙之术，更因为黄帝对维护儒学独尊的大一统局面至关重要。生活于这一时代的伟大史学家司马迁在《史记·五帝本纪》中构建了以黄帝为源头，颛顼、帝喾、尧、舜皆为其后裔的血缘谱系，不仅夏、商、周三代为黄帝后裔，甚至少数民族匈奴也成了黄帝支裔，① 这显然是为服务大一统所进行的理论创造。西汉末年，王莽以黄帝后代自居，以示代汉自立乃继承祖先意愿，并重修轩辕庙，筹办黄帝祭典以求维系人心。魏晋南北朝时期虽处于战乱和分裂状态，但对黄帝的祭祀仍绵延不断。隋唐时期黄帝的祭祀进一步制度化、规范化，中央始设专门的三皇庙和五帝庙定期祭祀。大历五年（770），经鄜坊节度使臧希让奏请，唐代宗将坊州（今黄陵县）桥山黄帝陵纳入国家祀典。开宝五年（972），依宋太祖赵匡胤旨意，规定

---

① 《史记·匈奴列传》曰："匈奴，其先祖夏后氏之苗裔也。"

## 第十一章 周代祖先祭祀的意义及影响

黄帝陵庙每三年大祭一次，并将黄帝庙址移于桥山之东（即今址）。元成宗元贞元年（1295），于大都（今北京）明照坊建三皇庙，供奉伏羲、神农、黄帝及历代名医像以便祭祀。明洪武四年（1371），朱元璋降旨祭祀黄帝由皇帝或派遣大臣进行，桥山黄帝陵被列为国家祭祀祖先的圣地，要求每次祭陵的祭文、日期、祭品名称和数量、主祭及陪祭官员姓名均要刻石立碑。朱元璋也在祭文中承认，自己以一介草民而成为万民之主，就是继承了"万世所法"的黄帝治国传统。清王朝建立后，对黄帝陵庙的祭祀仪式隆重、规模宏大、次数频繁，见于记载的就多达30次。总之，在中国古代几千年历史发展进程中，尽管民族之间或某一民族内部发生过冲突或战争，也曾造成国家的短暂分裂，但最终仍归于统一，其奥秘在于根植于广大中国人民心目中的黄帝所产生的巨大向心力和凝聚力。

中国近代屡遭劫难，许多爱国志士、政治团体纷纷祭祀黄帝，黄帝成为中华民族抵御外辱、反抗侵略的旗帜。甲午战争之后，丘逢甲率兵抗日保台，保台运动失利后，丘逢甲专程前往祭祀黄帝陵，表达雄心不已的抗争精神。1908年重阳节，鉴于列强环伺，欲瓜分中国的残酷现实，同盟会陕西分会代表祭扫黄帝陵，宣示复兴民族的决心。1937年清明节，中国共产党各派代表同中国国民党共祭黄帝陵，唤起了全国民众抗击日本帝国主义的信心。

1949年中华人民共和国成立后，由陕西省政府主持黄帝祭祀。改革开放后，黄帝祭祀受到越来越多海内外华夏儿女的关注，1980年国家恢复了公祭黄帝传统，由此形成了清明节公祭、重阳节民祭的黄帝祭祀制度，黄帝祭祀成为召唤中华民族奋进的响亮号角。2004年黄帝陵公祭礼仪正式升格为国家级祭祀，受到全世界中华儿女的瞩目，也掀起了海外华人寻根问祖的热潮。2005年清明节，国民党中央常委蒋孝严参加了黄帝祭典；2009年清明节，国民党名誉主席连战参加了黄帝祭典；2011年国民党荣誉主席吴伯雄参加了黄帝祭典。尽管由于历史原因，台湾至今尚未回到祖国怀抱，但海峡两岸同胞血脉相连，早日实现国家的完全统一成为所有炎黄子孙的共同心愿，而中国自古祭祀黄帝传承下来的大一统思想，必将成为新时期中华民族伟大复兴、实现中国梦的精神动力和源泉。

总之，周代祖先祭祀影响广泛而深远，不仅使周代统治者借以亲睦家族、整合人伦、巩固统治秩序，而且也成为中国文明路径、天人合一思想以及大一统思想不可忽视的影响因子。

# 结　　语

祖先祭祀在我国起源甚早，至西周时代逐渐制度化、规范化，成为当时社会生活中的头等大事。周公制礼作乐，使西周社会建立起完备的礼乐制度，以至于后世的孔子都极为尊崇和向往，发出"周监于二代，郁郁乎文哉，吾从周"（《论语·为政》）的感慨。西周社会的礼乐制度建设在一定程度上对祖先祭祀的兴盛起到了推波助澜的作用。

礼是西周社会的核心，祭祀是西周社会"国之大事"，祭礼作为二者组合形态，在西周社会的地位自然不言而喻。正所谓"治人之道，莫急于礼。礼有五经，莫重于祭"（《礼记·祭统》）。其实，礼从产生之初就被认为与原始的祭祀活动息息相关。《礼记·礼运》载："夫礼之初，始诸饮食，其燔黍捭豚，汙尊而抔饮，蒉桴而土鼓，犹若可以致其敬于鬼神。"西周时代的祭礼作为祭祀礼制、祭祀礼仪、祭祀礼义三位一体的有机结合，从三个维度对祭礼作出了规定与阐释。就祭祀礼制而言，西周贵族祭祀过程中在宗庙设置、祭器数量、祭品类型、用舞规格、行礼频次等诸方面有严格规定，不同阶层的贵族必须使用与本人身份、地位相称的礼制，不得僭用。就祭祀礼仪而言，西周社会拥有一整套完善的礼仪程式，每一环节皆有与之相配的礼仪，使祭祀活动有章可循，具有很强的可操作性与实践性。就祭祀礼义而言，西周社会追求"诚"与"敬"，确保了祭祀活动的神圣与庄重。西周时代对祭礼的重视与祭礼建设的完备，成为祖先祭祀兴盛的制度保障。

分封制与宗法制是西周社会的两大支柱。"周人封建亲戚的目的，就是要利用亲戚间因血缘关系而具有的感情联系，筑起一道捍卫周室的屏藩。"① 诚然如此。《左传·昭公二十八年》曰："昔武王克商，光有天下，其兄弟之国者十有五人，皆举亲也。"《荀子·儒效》则云："（周公）兼制天下，立七十一国，姬姓独居五十三。"看来，西周社会分封的对象是以具有血缘联系的同宗作为主体。宗法制是在血缘关系基础之上，进一步甄别嫡庶，确保嫡长子权力及财产的继承制度。两大制度交织在一起，筑起了一张庞大的血缘关系网，使西周社会重视血缘关系的情结异常浓郁，祖先祭祀恰巧也是以血缘为纽带的宗教活动。因此，分封制与宗法制营造的重视血缘关系的社会温床，成为西周祖先祭祀勃兴的时代背景。

春秋战国社会激荡，礼坏乐崩，祖先祭祀礼亦在所难免，遭到冲击和破坏。祭祀礼制被僭越的现象层出不穷，原有祭礼规定下的立庙数量、祭器数量等已与主祭者的身份地位严重不符。祭祀礼仪日渐松弛，随意改变礼仪次序犹如儿戏，西周宗庙祭祀祖先最为重要的立尸礼仪，也居然被人们渐渐淡忘和抛弃，以至于战国时代从社会上层销声匿迹。祭祀礼义失去了虔诚、恭敬之心，祭祀过程中虚与委蛇、草草应付，祖先祭祀基本上成了搞形式、走过场，祭祀要求的内在精神荡然无存。总之，从祭礼角度考察，周代祖先祭祀尽管发生了诸多变化，但重视血缘关系的传统始终没有中断，这或许成为认识古代社会的一把钥匙。

周代祖先祭祀从汉至清的古代学者将其视为礼制的重要内容进行考察，近现代学者从更为宽广的视野对其展开了研究。本论文在前人研究基础之上，利用文献资料、考古资料、古文字资料、民族学资料等综合研究，重点突出了以下内容。第一，祭祀在古代属于吉礼，而论著研究不再局限于吉礼中的祖先祭祀，将其他古礼中的祖先祭祀现象逐一进行梳理和解读，扩大了研究范围。第二，探讨了祖先祭祀与

---

① 葛志毅：《周代分封制度研究》，黑龙江人民出版社2005年版，第65页。

昭穆制度、宗法制度等社会制度之间双向作用的关系。第三，研究了古代巫术思想、阴阳思想在周代祖先祭祀中的反映，借以说明古人的思维模式和祭祀观念。第四，将祖先祭礼分祭祀礼制、祭祀礼仪、祭祀礼义三个维度，从历史发展角度考察周代祖先祭祀变迁的具体情况。

  本书的初衷旨在较为全面地研究周代祖先祭祀，但终因本人学识浅薄、能力欠缺，一些问题的论述往往浅尝辄止，难以做到细腻、深入。因此，论述过程中顾此失彼、挂一漏万的现象定会难以避免，只能以此粗糙之貌呈现于读者面前。倘若论著写作能够起到抛砖引玉之效，愚者定会倍感欣慰，也算是对该问题研究尽了一点微薄之力。

# 附 录

## 论著所见青铜器物索引表①

| 序号 | 器名 | 时代 | 作器者 | 主祭者 | 祭祀对象 | 祭祀目的 | 器物文献来源 |
|---|---|---|---|---|---|---|---|
| 1 | 大保䉜作宗室方鼎 | 西周早期 | 大保䉜 | 大保䉜 | 不明 | 不明 | 《集成》2372 |
| 2 | 德方鼎 | 西周早期 | 德 | 周成王 | 周武王 | 不明 | 《集成》2661 |
| 3 | 旅鼎 | 西周早期 | 旅 | 旅 | 父丁 | 祭告先父受上司赏赐 | 《集成》2728 |
| 4 | 坚方鼎 | 西周早期 | 坚 | 周公 | 不明 | 祭告先祖福佑平叛 | 《集成》2739 |
| 5 | 庚嬴鼎 | 西周早期 | 庚嬴 | 周王 | 不明 | 不明 | 《集成》2748 |
| 6 | 我方鼎 | 西周早期 | 我 | 周王 | 祖乙、妣乙、祖己、妣癸 | 不明 | 《集成》2763 |

① 本索引表器物时代依据中国社会科学院考古研究所编：《殷周金文集成》（修订增补本），中华书局2007年版，简称《集成》；吴镇烽：《商周青铜器铭文暨图像集成》，上海古籍出版社2012年版，简称《铭图》。

附录

续表

| 序号 | 器名 | 时代 | 作器者 | 主祭者 | 祭祀对象 | 祭祀目的 | 器物文献来源 |
|---|---|---|---|---|---|---|---|
| 7 | 大盂鼎 | 西周早期 | 盂 | 盂 | 南公 | 祭告祖先受王册命 | 《集成》2837 |
| 8 | 小盂鼎 | 西周早期 | 盂 | 周康王 | 周王、武王、成王 | 祭告先王征伐鬼方大胜 | 《集成》2839 |
| 9 | 过伯簋 | 西周早期 | 过伯 | 过伯 | 不明 | 祭祀祖先从王征伐胜利 | 《集成》3907 |
| 10 | 卓林父簋盖 | 西周早期 | 卓林父 | 卓林父 | 不明 | 祭祀祖先祈求长寿 | 《集成》4018 |
| 11 | 禽簋 | 西周早期 | 禽 | 禽 | 不明 | 祭祀祖先受王赏赐 | 《集成》4041 |
| 12 | 利簋 | 西周早期 | 利 | 利 | 先祖檀公 | 祭祀祖先福佑伐鬼得胜 | 《集成》4131 |
| 13 | 庸伯取簋 | 西周早期 | 庸伯取 | 周王 | 不明 | 祭祀祖先征伐获胜 | 《集成》4169 |
| 14 | 员卣 | 西周早期 | 员 | 员 | 不明 | 祭祀兄长受王赏赐 | 《集成》5387 |
| 15 | 㝬侯作兄癸卣 | 西周早期 | 㝬侯 | 㝬侯 | 兄癸 | 不明 | 《集成》5397 |
| 16 | 士上卣 | 西周早期 | 士上 | 周王 | 不明 | 祭祀祖先受王赏赐 | 《集成》5421 |
| 17 | 作册嗌卣 | 西周早期 | 作册嗌 | 作册嗌 | 祖妣、父母、多神 | 祭祀祖先祈求子嗣绵延 | 《集成》5427 |
| 18 | 高卣 | 西周早期 | 高 | 周王 | 不明 | 不明 | 《集成》5431 |
| 19 | 刚劫簋 | 西周早期 | 刚劫 | 刚劫 | 高祖 | 祭告祖先受王赏赐 | 《集成》5977 |
| 20 | 何尊 | 西周早期 | 何 | 周成王 | 周武王 | 祭告武王营建成周洛邑 | 《集成》6014 |
| 21 | 麦方尊 | 西周早期 | 麦 | 周王 | 不明 | 不明 | 《集成》6015 |
| 22 | 夨令方尊 | 西周早期 | 夨 | 周公 | 先王 | 祭告先王福佑平叛 | 《集成》6016 |
| 23 | 小臣单觯 | 西周早期 | 小臣单 | 小臣单 | 不明 | 祭告祖先受上司赏赐 | 《集成》6512 |

续表

| 序号 | 器名 | 时代 | 作器者 | 主祭者 | 祭祀对象 | 祭祀目的 | 器物文献来源 |
|---|---|---|---|---|---|---|---|
| 24 | 吕行亚 | 西周早期 | 吕行 | 吕行 | 不明 | 祭祀祖先征伐胜利 | 《集成》9689 |
| 25 | 夨令方彝 | 西周早期 | 夨 | 周公 | 先王 | 祭告先王福佑平叛 | 《集成》9901 |
| 26 | 保员簋 | 西周早期 | 保员 | 保员 | 不明 | 祭告祖先受□公赏赐 | 《铭图》5202 |
| 27 | △钟 | 西周中期 | △ | △ | 己伯 | 祭祀祖先昭显大宗 | 《集成》88 |
| 28 | 㝬钟 | 西周中期 | 㝬 | 㝬 | 高祖、亚祖、文考 | 祭祀祖先祈求长寿 | 《集成》247 |
| 29 | 师趛鬲 | 西周中期 | 师趛 | 师趛 | 文考圣公、文妣圣姬 | 祭祀祖先祈求福佑 | 《集成》745 |
| 30 | 悊鼎 | 西周中期 | 悊 | 悊 | 嫡考 | 祭告受上司赏赐 | 《集成》2705 |
| 31 | 师器父鼎 | 西周中期 | 师器父 | 师器父 | 不明 | 祭祀祖先祈求长寿 | 《集成》2727 |
| 32 | 虎鼎 | 西周中期 | 虎 | 虎 | 不明 | 祭祀祖先征伐获胜 | 《集成》2731 |
| 33 | 仲偶父鼎 | 西周中期 | 仲偶父 | 仲偶父 | 不明 | 祭祀祖先征伐获胜 | 《集成》2734 |
| 34 | 不㝅方鼎 | 西周中期 | 不㝅 | 周王 | 不明 | 不明 | 《集成》2735 |
| 35 | 刺鼎 | 西周中期 | 刺 | 周穆王 | 周昭王 | 不明 | 《集成》2776 |
| 36 | 师一父鼎 | 西周中期 | 师一父 | 周王 | 不明 | 不明 | 《集成》2813 |
| 37 | 应侯鼎 | 西周中期 | 应侯 | 应侯 | 先母 | 不明 | 《集成》3860 |
| 38 | 毕鲜簋 | 西周中期 | 毕鲜 | 毕鲜 | 皇祖益公 | 祭祀祖父祈求长寿 | 《集成》4061 |
| 39 | 笺簋 | 西周中期 | 笺 | 笺 | 祖考 | 不明 | 《集成》4098 |
| 40 | 仲公父簋 | 西周中期 | 仲公父 | 仲公父 | 皇考迟伯、皇母迟姬 | 不明 | 《集成》4102 |

续表

| 序号 | 器名 | 时代 | 作器者 | 主祭者 | 祭祀对象 | 祭祀目的 | 器物文献来源 |
|---|---|---|---|---|---|---|---|
| 41 | 大簋 | 西周中期 | 大 | 大 | 皇考大仲 | 祭告先考受王赏赐 | 《集成》4165 |
| 42 | 君夫簋盖 | 西周中期 | 君夫 | 周王 | 不明 | 不明 | 《集成》4178 |
| 43 | 师毛父簋 | 西周中期 | 师毛父 | 周王 | 不明 | 不明 | 《集成》4196 |
| 44 | 段簋 | 西周中期 | 段 | 段 | 不明 | 祭告祖先受王赏赐 | 《集成》4208 |
| 45 | 卫簋 | 西周中期 | 卫 | 周王 | 不明 | 不明 | 《集成》4209 |
| 46 | 无异簋 | 西周中期 | 无异 | 无异 | 皇祖釐季 | 祭告祖父受王赏赐 | 《集成》4225 |
| 47 | 免簋 | 西周中期 | 免 | 周王 | 不明 | 不明 | 《集成》4240 |
| 48 | 申簋盖 | 西周中期 | 申 | 周王 | 不明 | 不明 | 《集成》4267 |
| 49 | 王臣簋 | 西周中期 | 王臣 | 周王 | 不明 | 不明 | 《集成》4268 |
| 50 | 同簋 | 西周中期 | 同 | 周王 | 不明 | 不明 | 《集成》4271 |
| 51 | 豆闭簋 | 西周中期 | 豆闭 | 周王 | 不明 | 不明 | 《集成》4276 |
| 52 | 师瘨簋盖 | 西周中期 | 师瘨 | 周王 | 不明 | 不明 | 《集成》4283 |
| 53 | 师酉簋 | 西周中期 | 师酉 | 周王 | 不明 | 不明 | 《集成》4288 |
| 54 | 效簋 | 西周中期 | 效 | 效 | 母亲日庚 | 祭谢母亲福佑免兵祸 | 《集成》4322 |
| 55 | 繁卣 | 西周中期 | 繁 | 公 | 辛公 | 不明 | 《集成》5430 |
| 56 | 作册方尊 | 西周中期 | 作册 | 作册 | 祖考 | 祭祀祖先祈求福佑 | 《集成》5993 |
| 57 | 盠方尊 | 西周中期 | 盠 | 周王 | 不明 | 不明 | 《集成》6013 |

续表

| 序号 | 器名 | 时代 | 作器者 | 主祭者 | 祭祀对象 | 祭祀目的 | 器物文献来源 |
|---|---|---|---|---|---|---|---|
| 58 | 周辈壶 | 西周中期 | 周辈 | 周辈 | 不明 | 祭祀祖先祈求福佑 | 《集成》9690 |
| 59 | 督亚盖 | 西周中期 | 督 | 周王 | 不明 | 不明 | 《集成》9728 |
| 60 | 对罍 | 西周中期 | 对 | 对 | 文考日癸 | 祭祀先父祈求长寿 | 《集成》9826 |
| 61 | 吴方彝盖 | 西周中期 | 吴 | 周王 | 不明 | 不明 | 《集成》9898 |
| 62 | 盠方彝 | 西周中期 | 盠 | 周王 | 不明 | 不明 | 《集成》9899 |
| 63 | 鲜簋 | 西周中期 | 鲜 | 周康王 | 周昭王 | 祭祀先祖祈求福寿 | 《集成》10166 |
| 64 | 史墙盘 | 西周中期 | 墙 | 墙 | 先祖 | 祭祀先父得王赏田 | 《集成》10175 |
| 65 | 永盂 | 西周中期 | 永 | 永 | 文考乙伯 | 祭祀先父祈求长寿 | 《集成》10322 |
| 66 | 冑簋 | 西周中期 | 遣伯 | 冑 | 文考 | 效法先祖美德 | 《铭图》5213 |
| 67 | 单伯昊生钟 | 西周晚期 | 单伯昊生 | 单伯昊生 | 祖考 | 效法先祖美德 | 《集成》82 |
| 68 | 邢人女钟 | 西周晚期 | 邢人女 | 邢人女 | 文祖、皇考 | 效法先祖美德 | 《集成》109.1 |
| 69 | 梁其钟 | 西周晚期 | 梁其 | 梁其 | 祖考 | 祭告祖先受王赏赐 | 《集成》187.1 |
| 70 | 克钟 | 西周晚期 | 克 | 克 | 祖考伯宝林 | 祭告祖先受王赏赐 | 《集成》204 |
| 71 | 克镈 | 西周晚期 | 克 | 克 | 祖考伯宝林 | 祭告祖先受王赏赐 | 《集成》209 |
| 72 | 虢叔旅钟 | 西周晚期 | 虢叔旅 | 虢叔旅 | 皇考惠叔 | 效法先祖威仪 | 《集成》238.1 |
| 73 | 㝬钟 | 西周晚期 | 周厉王 | 周厉王 | 先王 | 祭祀先王祈福保国运 | 《集成》260 |

续表

| 序号 | 器名 | 时代 | 作器者 | 主祭者 | 祭祀对象 | 祭祀目的 | 器物文献来源 |
|---|---|---|---|---|---|---|---|
| 74 | 雍作母乙鼎 | 西周晚期/春秋早期 | 雍 | 雍 | 母乙 | 不明 | 《集成》2521 |
| 75 | 王伯姜鼎 | 西周晚期 | 王伯姜 | 王伯姜 | 不明 | 不明 | 《集成》2560 |
| 76 | 南公有辞鼎 | 西周晚期 | 南公有辞 | 南公有辞 | 不明 | 不明 | 《集成》2631 |
| 77 | 谌鼎 | 西周晚期 | 谌 | 谌 | 皇考、皇母 | 祭祀父母祈求长寿 | 《集成》2680 |
| 78 | 姬鼎 | 西周晚期 | 姬 | 姬 | 不明 | 祭祀祖先祈求长寿 | 《集成》2681 |
| 79 | 仲师父鼎 | 西周晚期 | 仲师父 | 仲师父 | 祖考 | 祭祀祖先祈求长寿 | 《集成》2743 |
| 80 | 铁叔鼎 | 西周晚期 | 铁叔、信姬 | 铁叔 | 祖考 | 祭祀祖先祈福求寿多子 | 《集成》2767 |
| 81 | 梁其鼎 | 西周晚期 | 梁其 | 梁其 | 祖考 | 祭祀祖先祈求寿多子 | 《集成》2768 |
| 82 | 史伯硕父鼎 | 西周晚期 | 史伯硕父 | 史伯硕父 | 皇考鳖仲、皇母泉母 | 祭祀祖先祈求位长寿 | 《集成》2777 |
| 83 | 小克鼎 | 西周晚期 | 膳夫克 | 膳夫克 | 皇考鳖季 | 祭祀祖父祈求长寿 | 《集成》2802 |
| 84 | 南宫柳鼎 | 西周晚期 | 南宫柳 | 周王 | 不明 | 不明 | 《集成》2805 |
| 85 | 无叀鼎 | 西周晚期 | 无叀 | 周王 | 不明 | 不明 | 《集成》2814 |
| 86 | 遇鼎 | 西周晚期 | 遇 | 周王 | 不明 | 不明 | 《集成》2815 |
| 87 | 禹攸从鼎 | 西周晚期 | 禹比 | 周王 | 不明 | 不明 | 《集成》2818 |
| 88 | 襄鼎 | 西周晚期 | 襄 | 周王 | 不明 | 不明 | 《集成》2819 |
| 89 | 此鼎 | 西周晚期 | 此 | 周王 | 不明 | 不明 | 《集成》2821 |

续表

| 序号 | 器名 | 时代 | 作器者 | 主祭者 | 祭祀对象 | 祭祀目的 | 器物文献来源 |
|---|---|---|---|---|---|---|---|
| 90 | 禹鼎 | 西周晚期 | 禹 | 禹 | 烈祖 | 祭告烈祖征伐鄂侯获表胜 | 《集成》2833 |
| 91 | 大克鼎 | 西周晚期 | 克 | 周王 | 不明 | 不明 | 《集成》2836 |
| 92 | 毛公鼎 | 西周晚期 | 毛公 | 周宣王 | 不明 | 祈求先王福佑周室 | 《集成》2841 |
| 93 | 诘簋 | 西周晚期 | 诘 | 诘 | 皇母 | 不明 | 《集成》3840 |
| 94 | 叔叔父簋 | 西周晚期 | 叔叔父 | 叔叔父 | 文母、烈考 | 不明 | 《集成》3921 |
| 95 | 鼋簋 | 西周晚期 | 鼋 | 鼋 | 公婆魏氏 | 祈求公婆长寿 | 《集成》3931 |
| 96 | 仲殷父簋 | 西周晚期 | 仲殷父 | 仲殷父 | 不明 | 不明 | 《集成》3964 |
| 97 | 伯口父簋 | 西周晚期 | 伯口父 | 伯口父 | 姬麇 | 不明 | 《集成》3995 |
| 98 | 章叔肝簋 | 西周晚期 | 章叔肝 | 章叔肝 | 嫡考 | 不明 | 《集成》4038 |
| 99 | 裴叔裴姬簋 | 西周晚期 | 裴叔裴姬 | 裴叔裴姬 | 女儿伯偶的公公、婆婆 | 祭告祖先婚姻并祈求长寿 | 《集成》4062—4064 |
| 100 | 芮叔㠯父簋 | 西周晚期 | 芮叔㠯父 | 芮叔㠯父 | 不明 | 不明 | 《集成》4065—4067 |
| 101 | 楸季簋 | 西周晚期 | 楸季 | 楸季 | 王母叔姜 | 不明 | 《集成》4126 |
| 102 | 口叔买簋 | 西周晚期 | 口叔买 | 口叔买 | 皇祖、嫡考 | 祭祀祖、父祈求长寿 | 《集成》4129 |
| 103 | ↑簋 | 西周晚期 | ↑ | ↑ | 皇祖益公、文公、皇考龚伯 | 祭祀祖先祈求长寿 | 《集成》4153 |
| 104 | 伯家父簋盖 | 西周晚期 | 伯家父 | 伯家父 | 皇祖、文考 | 祭祀祖、父祈求长寿 | 《集成》4156 |
| 105 | 鼎兑簋 | 西周晚期 | 鼎兑 | 鼎兑 | 文祖乙公、皇考季氏 | 祭祀祖、父祈求福寿 | 《集成》4168 |

续表

| 序号 | 器名 | 时代 | 作器者 | 主祭者 | 祭祀对象 | 祭祀目的 | 器物文献来源 |
|---|---|---|---|---|---|---|---|
| 106 | 虢姜簋盖 | 西周晚期 | 虢姜 | 虢姜 | 皇考惠仲 | 祭祀先父祈求福禄长寿 | 《集成》4182 |
| 107 | 仲爯父簋 | 西周晚期 | 仲爯父 | 仲爯父 | 皇祖考迟王、监伯 | 祭祀祖先祈求福禄长寿 | 《集成》4187 |
| 108 | 叔向父禹簋 | 西周晚期 | 叔向父禹 | 叔向父禹 | 皇祖幽太叔 | 祭祀祖先祈求多福保身 | 《集成》4242 |
| 109 | 楚簋 | 西周晚期 | 楚 | 周王 | 不明 | 不明 | 《集成》4246 |
| 110 | 戠簋 | 西周晚期 | 戠 | 周王 | 不明 | 不明 | 《集成》4255 |
| 111 | 班伯师耤鼎 | 西周晚期 | 班伯师耤 | 周王 | 不明 | 不明 | 《集成》4257 |
| 112 | 元年师兑簋 | 西周晚期 | 师兑 | 周王 | 不明 | 不明 | 《集成》4274 |
| 113 | 酃比簋盖 | 西周晚期 | 酃比 | 周王 | 不明 | 不明 | 《集成》4278 |
| 114 | 元年师㝨簋 | 西周晚期 | 师㝨 | 周王 | 不明 | 不明 | 《集成》4279 |
| 115 | 六年召伯虎簋 | 西周晚期 | 召伯虎 | 召伯虎 | 烈祖召公尝 | 不明 | 《集成》4293 |
| 116 | 扬簋 | 西周晚期 | 扬 | 周王 | 不明 | 不明 | 《集成》4294 |
| 117 | 此簋 | 西周晚期 | 此 | 周王 | 不明 | 不明 | 《集成》4303 |
| 118 | 㝨簋 | 西周晚期 | 周厉王 | 周厉王 | 周先王 | 祭祀先王祈求保国运 | 《集成》4317 |
| 119 | 三年师兑簋 | 西周晚期 | 师兑 | 周王 | 不明 | 不明 | 《集成》4318 |
| 120 | 敔簋 | 西周晚期 | 敔 | 敔 | 不明 | 祭告祖先受周王赏赐 | 《集成》4323 |
| 121 | 颂簋 | 西周晚期 | 颂 | 周王 | 不明 | 不明 | 《集成》4332 |
| 122 | 蔡簋 | 西周晚期 | 蔡 | 周王 | 不明 | 不明 | 《集成》4340 |

续表

| 序号 | 器名 | 时代 | 作器者 | 主祭者 | 祭祀对象 | 祭祀目的 | 器物文献来源 |
|---|---|---|---|---|---|---|---|
| 123 | 师訇簋 | 西周晚期 | 师訇 | 师訇 | 烈祖乙伯，同益姬 | 祭告祖先受王赏赐 | 《集成》4342 |
| 124 | 曼龏父盨盖 | 西周晚期 | 曼龏父 | 曼龏父 | 不明 | 不明 | 《集成》4431 |
| 125 | 逨盨 | 西周晚期 | 逨 | 逨 | 女儿姜媤的姑公 | 祭告公婆婚姻大事并求长寿 | 《集成》4436 |
| 126 | 乘父士杉盨 | 西周晚期 | 乘父士杉 | 乘父士杉 | 皇考伯明父 | 祭祀先父祈求长寿 | 《集成》4437 |
| 127 | 杜伯盨 | 西周晚期 | 杜伯 | 杜伯 | 祖考 | 祭祀祖先祈求长寿 | 《集成》4448 |
| 128 | 仲师父盨 | 西周晚期 | 仲师父 | 仲师父 | 皇祖，文考 | 祭祀祖，父祈求长寿 | 《集成》4453 |
| 129 | 翏生盨 | 西周晚期 | 翏生 | 翏生 | 不明 | 祭祀祖先征伐获胜受赏 | 《集成》4459 |
| 130 | 善夫克盨 | 西周晚期 | 善夫克 | 善夫克 | 不明 | 不明 | 《集成》4465 |
| 131 | 周生豆 | 西周晚期 | 周生 | 周生 | 不明 | 不明 | 《集成》4682 |
| 132 | 兮熬壶 | 西周晚期 | 兮熬 | 兮熬 | 先神，皇祖 | 祭祀祖先祈求福佑 | 《集成》9671 |
| 133 | 蔡史𨟻壶 | 西周晚期 | 蔡史𨟻 | 蔡史𨟻 | 不明 | 祭祀祖先祈求福禄长寿 | 《集成》9718 |
| 134 | 袁盉 | 西周晚期 | 袁 | 周王 | 不明 | 不明 | 《集成》10172 |
| 135 | 虢季子白盘 | 西周晚期 | 子白 | 周生 | 不明 | 不明 | 《集成》10173 |
| 136 | 兮甲盘 | 西周晚期 | 兮伯吉父 | 兮伯吉父 | 不明 | 祭告祖先征伐表胜并受赏赐 | 《集成》10174 |
| 137 | 晋侯苏编钟 | 西周晚期 | 晋侯苏 | 晋侯苏 | 皇祖哀公，皇考晨公 | 祭告祖先受厉王赏赐 | 《铭图》15298—15313 |
| 138 | 郜公敄人钟 | 春秋早期 | 郜公敄人 | 郜公敄人 | 不明 | 祭祀祖先祈求长寿 | 《集成》59 |
| 139 | 郜公誖鼎 | 春秋早期 | 郜公誖 | 郜公誖 | 祖考 | 祭祀祖先祈求长寿 | 《集成》2753 |

续表

| 序号 | 器名 | 时代 | 作器者 | 主祭者 | 祭祀对象 | 祭祀目的 | 器物文献来源 |
|---|---|---|---|---|---|---|---|
| 140 | 上鄀公敄人簠盖 | 春秋早期 | 上鄀公敄人 | 上鄀公敄人 | 祖考 | 祭祀祖先祈求长寿 | 《集成》4183 |
| 141 | 邾公华钟 | 春秋晚期 | 邾公华 | 邾公华 | 祖考 | 祭祀祖先福佑邦祚 | 《集成》245 |
| 142 | 王孙遗者钟 | 春秋晚期 | 王孙遗者 | 王孙遗者 | 祖考 | 祭祀祖先求取长寿 | 《集成》261 |
| 143 | 王子午鼎 | 春秋晚期 | 王子午 | 王子午 | 祖考 | 祭祀祖先求取长寿 | 《集成》2811 |
| 144 | 陈逆簠 | 战国早期 | 陈逆 | 陈逆 | 皇祖 | 祭祀祖父祈求长寿 | 《集成》4096 |
| 145 | 陈逆簋 | 战国早期 | 陈逆 | 陈逆 | 皇祖、皇妣、皇考、皇母 | 祭祀祖先祈求邦国 | 《集成》4629 |
| 146 | 陈侯因齐敦 | 战国中期 | 齐威王 | 齐威王 | 齐桓公 | 祭祀父亲祈求福佑邦国 | 《集成》4649 |
| 147 | 十四年陈侯午敦 | 战国晚期 | 陈侯午 | 陈侯午 | 皇妣大 | 祭祀母亲祈求福佑邦国 | 《集成》4647 |
| 148 | 十年陈侯午敦 | 战国晚期 | 陈侯午 | 陈侯午 | 不明 | 祭祀祖先祈求福佑邦国 | 《集成》4648 |

# 参考文献

## 一 古代文献

（战国）吕不韦：《吕氏春秋》，上海古籍出版社2002年版。

（战国）屈原：《楚辞》，上海古籍出版社2001年版。

（汉）班固：《汉书》，中华书局1962年版。

（汉）刘熙：《释名》，中华书局1985年版。

（汉）刘向：《说苑》，中华书局1987年版。

（汉）司马迁：《史记》，中华书局1959年版。

（汉）宋衷：《世本八种》，上海商务印书馆1957年版。

（汉）王充：《论衡》，中华书局2006年版。

（三国吴）韦昭：《国语注》，世界书局1936年版。

（晋）杜预：《春秋左传集解》，上海人民出版社1977年版。

（南朝宋）范晔：《后汉书》，中华书局1965年版。

（南朝梁）皇侃：《论语集解义疏》，上海商务印书馆1937年版。

（北魏）魏收：《魏书》，中华书局1974年版。

（唐）杜佑：《通典》，中华书局1988年版。

（宋）高承：《事物纪原》，中华书局1989年版。

（宋）马端临：《文献通考》，中华书局1986年版。

（宋）王溥：《唐会要》，中华书局1955年版。

（宋）卫湜：《礼记集说》（卷一百八），世界书局1985年影印版。

（元）程端学：《春秋或问》，《通志堂经解》（第一零五册），北京燕山出版社2019年版。

（清）陈立：《白虎通疏证》，中华书局1994年版。

（清）高士宗：《黄帝素问直解》，科学技术文献出版社2001年版。

（清）焦循：《孟子正义》，中华书局1987年版。

（清）黎翔凤：《管子校注》，中华书局2004年版。

（清）马骕：《绎史》，中华书局2002年版。

（清）阮元校刻：《十三经注疏》，中华书局1980年版。

（清）孙希旦：《礼记集解》，中华书局1989年版。

（清）孙星衍：《尚书今古文注疏》，中华书局1986年版。

（清）孙诒让：《墨子闲诂》，中华书局2001年版。

（清）孙诒让：《周礼正义》，中华书局1987年版。

（清）万斯大：《礼记偶笺》，中华书局1985年版。

（清）王聘珍：《大戴礼记解诂》，中华书局1983年版。

（清）王先谦：《诗三家义集疏》，中华书局1987年版。

（清）王先谦：《荀子集解》，中华书局1988年版。

（清）王先慎：《韩非子集解》，中华书局1998年版。

（清）徐元诰：《国语集解》，中华书局2002年版。

傅亚庶：《孔丛子校释》，中华书局2011年版。

何宁：《淮南子集释》，中华书局1998年版。

华陆综：《尉缭子注译》，中华书局1979年版。

黄怀信、张懋镕、田旭东：《逸周书》，上海古籍出版社2007年版。

黄侃：《尔雅音训》，中华书局2007年版。

蒋礼鸿：《商君书锥指》，中华书局1986年版。

李镜池：《周易通义》，中华书局1981年版。

楼宇烈：《老子校释》，中华书局2008年版。

骈宇骞、王建宇、牟虹、郝小刚：《孙膑兵法译注》，中华书局2006年版。

任乃强：《华阳国志校补图注》，上海古籍出版社1987年版。

谭叶谦：《公孙龙子译注》，中华书局1999年版。

王国维：《古本竹书纪年辑校·今本竹书纪年疏证》，国家图书馆出版社 2021 年版。

王国轩、王秀梅：《孔子家语译注》，中华书局 2009 年版。

袁珂：《山海经校注》，上海古籍出版社 1980 年版。

## 二 出土文献

安阳亦工亦农文物考古短训班、中国科学院考古研究所安阳发掘队：《安阳殷墟奴隶祭祀坑的发掘》，《考古》1977 年第 1 期。

傅维光：《齐齐哈尔北湖遗址出土的陶祖》，《北方文物》1989 年第 1 期。

甘肃省博物馆文物工作队：《甘肃秦安大地湾遗址 1978 至 1982 年发掘的主要收获》，《文物》1983 年第 11 期。

广西壮族自治区文物工作队、钦州县文化馆：《广西钦州独料新石器时代遗址》，《考古》1982 年第 1 期。

广西壮族自治区文物考古训练班、广西壮族自治区文物工作队：《广西南部地区的新石器时代晚期文化遗存》，《文物》1978 年第 9 期。

郭大顺、张克举：《辽宁省喀左县东山嘴红山文化建筑群址发掘简报》，《文物》1984 年第 11 期。

河姆渡遗址考古队：《浙江河姆渡遗址第二期发掘的主要收获》，《文物》1980 年第 5 期。

湖南省文物考古研究所：《澧县城头山古城址 1997—1998 年度发掘简报》，《文物》1999 年第 6 期。

李学勤：《清华大学藏战国竹简》（壹），上海中西书局 2010 年版。

辽宁省文物考古研究所：《辽宁牛河梁红山文化"女神庙"与积石冢群发掘简报》，《文物》1986 年第 8 期。

刘雨、卢岩编著：《近出殷周金文集录》（第三册），中华书局 2002 年版。

洛阳博物馆：《洛阳北窑村西周遗址 1974 年度发掘简报》，《文物》1981 年第 7 期。

南京博物院：《1982 年江苏常州武进寺墩遗址的发掘》，《考古》1984

年第2期。

青海省文物管理处考古队、北京大学历史系考古专业：《青海乐都柳湾原始社会墓葬第一次发掘的初步收获》，《文物》1976年第1期。

青海省文物管理处考古队、中国社会科学院考古研究所：《青海柳湾——乐都柳湾原始社会墓地》，文物出版社1984年版。

山西省考古研究所、北京大学考古学系：《天马——曲村遗址北赵晋侯墓地第四次发掘》，《文物》1994年第8期。

陕西省雍城考古队等：《凤翔马家庄一号建筑群遗址发掘简报》，《文物》1985年第2期。

宋国定、李素婷：《郑州小双桥遗址又有新发现》，《中国文物报》2000年11月1日。

王辉：《商周金文》，文物出版社2006年版。

吴镇烽编著：《商周青铜器铭文暨图像集成》，上海古籍出版社2012年版。

西北大学历史系考古专业77级实习队：《陕西华县梓里村发掘收获》，《西北大学学报》1982年第3期。

谢永辉、罗勋湖：《柳州发现史前人类祭祀坑》，《光明日报》2013年4月3日第9版。

许玉林、傅仁义、王传普：《辽宁东沟县后洼遗址发掘概要》，《文物》1989年第12期。

张敬国：《含山凌家滩遗址第三次考古发掘主要收获》，《东南文化》1999年第5期。

张亚初：《殷周金文集成引得》，中华书局2001年版。

张之恒、黄建秋、吴建民：《中国旧石器时代考古》（第二版），南京大学出版社2003年版。

浙江省文物考古研究所：《余杭瑶山良渚文化祭坛遗址发掘简报》，《文物》1988年第1期。

中国社会科学院考古研究所编：《殷周金文集成》（修订增补本），中华书局2007年版。

中国社会科学院考古研究所编:《殷周金文集成释文》,香港中文大学出版社2001年版。

中国社会科学院考古研究所内蒙古工作队:《赤峰西水泉红山文化遗址》,《考古学报》1982年第2期。

中国社会科学院考古研究所内蒙古工作队、内蒙古自治区敖汉旗博物馆:《内蒙古敖汉旗蚌河、老虎山河流域新石器时代遗址调查简报》,《考古》2005年第3期。

中国社会科学院考古研究所山西工作队:《山西襄汾县大柴遗址发掘简报》,《考古》1987年第7期。

中国社会科学院考古研究所山西工作队、临汾地区文化局:《山西襄汾县陶寺遗址发掘简报》,《考古》1980年第1期。

### 三　近现代著述

(清)方玉润:《诗经原始》,中华书局1986年版。

(清)惠栋:《禘说》,中华书局1991年版。

(清)金鹗:《求古录礼说》,山东友谊书社1992年版。

(清)皮锡瑞:《经学历史》,中华书局1959年版。

(清)皮锡瑞:《经学通论》,中华书局1954年版。

(清)容庚编著:《善斋彝器图录》,哈佛燕京学社1936年版。

《鲁迅全集》(第九卷),人民文学出版社1981年版。

《郭沫若全集》,科学出版社1982年版。

《中国各民族宗教与神话大词典》,学苑出版社1993年版。

常玉芝:《商代宗教祭祀》,中国社会科学出版社2010年版。

陈来:《古代宗教与伦理——儒家思想的根源》,生活·读书·新知三联书店1996年版。

陈梦家:《西周铜器断代》,中华书局2004年版。

陈梦家:《殷墟卜辞综述》,中华书局1988年版。

陈戍国:《先秦礼制研究》,湖南教育出版社1991年版。

陈瑛等:《中国伦理思想史》,贵州人民出版社1985年版。

陈子展：《诗经直解》，复旦大学出版社1983年版。
程俊英等：《诗经注析》，中华书局1991年版。
丁山：《古代神话与民族》，商务印书馆2005年版。
丁山：《中国古代宗教与神话考》，龙门联合书局1961年版。
杜希宙、黄涛：《中国历代祭礼》，北京图书馆出版社1998年版。
段宝林、武振江主编：《世界民俗大观》，北京大学出版社1989年版。
方光华：《俎豆馨香——中国祭祀礼俗探索》，陕西人民教育出版社2000年版。
傅亚庶：《中国上古祭祀文化》，高等教育出版社2007年版。
葛志毅：《周代分封制度研究》，黑龙江人民出版社2005年版。
龚维英：《原始崇拜纲要——中华图腾文化与生殖文化》，中国民间文艺出版社1989年版。
顾颉刚编：《古史辨》，上海古籍出版社1982年版。
顾炎武：《日知录》，上海古籍出版社1985年版。
郭沫若：《卜辞通纂》，科学出版社1983年版。
郭沫若：《十批判书》，东方出版社1996年版。
何星亮：《中国图腾文化》，中国社会科学出版社1992年版。
侯外庐、赵纪彬、杜国庠：《中国思想通史》，人民出版社1957年版。
黄然伟：《殷周青铜器赏赐铭文研究》，香港龙门书店1978年版。
黄天树：《黄天树古文字论集》，学苑出版社2006年版。
瞿明安、郑萍：《沟通人神——中国祭祀文化象征》，四川人民出版社2005年版。
李零：《中国方术续考》，东方出版社2001年版。
李无未：《周代朝聘制度研究》，吉林人民出版社2005年版。
李学勤：《中国古代文明研究》，华东师范大学出版社2005年版。
李学勤：《重写学术史》，河北教育出版社2002年版。
李宗侗：《中国古代社会史》，华冈出版有限公司1977年版。
林惠祥：《文化人类学》，商务印书馆1991年版。
刘师培：《刘申叔遗书》，江苏古籍出版社1997年版。

刘晔原、郑惠坚：《中国古代的祭祀》，商务印书馆1996年版。
刘雨：《金文论集》，紫禁城出版社2008年版。
刘源：《商周祭祖礼研究》，商务印书馆2004年版。
刘志文：《广东民俗大观》（上），广东旅游出版社1993年版。
吕振羽：《殷周时代的中国社会》，生活·读书·新知三联书店1962年版。
罗振玉：《贞松堂集古遗文补遗》，北京图书馆出版社2003年版。
马昌仪：《中国灵魂信仰》，上海文艺出版社1998年版。
马学良：《云南彝族礼俗研究文集》，四川民族出版社1983年版。
慕平：《尚书译注》，中华书局2009年版。
彭林：《中国古代礼仪文明》，中华书局2004年版。
钱玄：《三礼通论》，南京师范大学出版社1996年版。
钱锺书：《管锥编》（第二册），中华书局1979年版。
钱锺书主编：《刘师培辛亥前文选》，生活·读书·新知三联书店1998年版。
钱宗范：《周代宗法制度研究》，广西师范大学出版社1989年版。
秦照芬：《商周时期的祖先崇拜》，兰台出版社2003年版。
秋浦主编：《萨满教研究》，上海人民出版社1985年版。
裘锡圭：《古代文史研究新探》，江苏古籍出版社1992年版。
任骋：《中国民俗通志·禁忌志》，山东教育出版社2005年版。
沈文倬：《宗周礼乐文明考论》，浙江大学出版社1999年版。
宋兆麟：《巫与巫术》，四川民族出版社1989年版。
唐兰：《西周青铜器铭文分代史征》，中华书局1986年版。
田旭东：《古代兵学文化探论》，中国社会科学出版社2010年版。
王国维：《观堂集林》，中华书局1959年版。
王国维：《宋元戏曲史》，上海古籍出版社2011年版。
王晖：《商周文化比较研究》，人民出版社2000年版。
闻一多：《神话与诗》，上海人民出版社2006年版。
吴十洲：《两周礼器制度研究》，商务印书馆2016年版。

吴仰湘编：《皮锡瑞全集》（第四册），中华书局 2015 年版。
徐良高：《中国民族文化源新探》（第二版），社会科学文献出版社 2002 年版。
徐旭生：《中国古史的传说时代》（增订本），文物出版社 1985 年版。
徐中舒：《徐中舒历史论文选辑》，中华书局 1998 年版。
许倬云：《西周史》，生活·读书·新知三联书店 1994 年版。
严汝娴、宋兆麟：《永宁纳西族的母系制》，云南人民出版社 1983 年版。
杨宽：《西周史》，上海人民出版社 2003 年版。
杨树达：《积微居金文说》（增订本），中华书局 1997 年版。
杨向奎：《中国古代社会与古代思想研究》（上册），上海人民出版社 1962 年版。
詹鄞鑫：《神灵与祭祀——中国传统宗教综论》，江苏古籍出版社 1992 年版。
张光直：《中国青铜时代》（二集），生活·读书·新知三联书店 1990 年版。
张鹤泉：《周代祭祀研究》，文津出版社 1993 年版。
张汝舟：《二毋室古代天文历法论丛》，浙江古籍出版社 1987 年版。
张正明：《楚文化史》，上海人民出版社 1987 年版。
张紫晨：《中国巫术》，生活·读书·新知三联书店 1990 年版。
朱芳圃：《殷周文字释丛》，中华书局 1962 年版。
朱凤瀚：《商周家族形态研究》，天津古籍出版社 1990 年版。
朱维铮编：《周予同经学史论著选集》（增订本），上海人民出版社 1996 年版。

**四 译著**

［奥］弗洛伊德：《图腾与禁忌》，文良文化译，中央编译出版社 2005 年版。
［法］列维·布留尔：《原始思维》，丁由译，商务印书馆 1981 年版。

［日］白川静:《西周史略》,袁林译,三秦出版社1992年版。

［日］石川荣吉:《现代文化人类学》,周星等译,中国国际广播出版社1988年版。

［苏］柯斯文:《原始文化史纲》,张锡彤译,生活·读书·新知三联书店1955年版。

［苏］托卡列夫、托尔斯托夫:《澳大利亚和大洋洲各族人民》,李毅夫等译,生活·读书·新知三联书店1980年版。

［苏］谢苗诺夫:《婚姻和家庭的起源》,蔡俊生译,中国社会科学出版社1983年版。

［英］马林诺夫斯基:《文化论》,费孝通等译,中国民间文艺出版社1987年版。

［英］马林诺夫斯基:《巫术科学宗教与神话》,李安宅译,上海社会科学院出版社2016年版。

［英］詹·乔·弗雷泽:《金枝》,徐育新等译,中国民间文艺出版社1987年版。

［英］甄克思:《社会通诠》,严复译,商务印书馆1981年版。

### 五 学位论文

陈晓明:《〈周礼〉祭祀用玉考》,硕士学位论文,四川师范大学,2009年。

韩春平:《周代祭祀研究》,硕士学位论文,西北师范大学,2001年。

何飞燕:《周代金文与祖先神崇拜研究》,硕士学位论文,陕西师范大学,2007年。

何青蓝:《西周礼制初探——以〈礼记〉所载祭祀制度为中心的分析》,硕士学位论文,西南政法大学,2007年。

胡正访:《〈诗经〉祭祖诗研究》,硕士学位论文,首都师范大学,2009年。

赖益荣:《周代战争中的神灵崇拜研究》,硕士学位论文,台北静宜大学,2003年。

水汶：《〈诗经〉祭祖诗与祭祖礼》，硕士学位论文，四川师范大学，2007年。

田家溧：《〈论语〉礼征研究》，硕士学位论文，郑州大学，2012年。

王雨：《周代乐舞试论》，硕士学位论文，哈尔滨师范大学，2012年。

问海燕：《〈诗经〉祭祀诗研究》，硕士学位论文，扬州大学，2010年。

吴丽清：《〈诗经〉祭祀诗研究》，硕士学位论文，暨南大学，2006年。

杨颖：《〈诗经〉祭祖诗与周代宗庙祭祀文化研究》，硕士学位论文，西北大学，2011年。

衣淑艳：《先秦诗歌中的祭礼》，硕士学位论文，东北师范大学，2006年。

易卫华：《〈诗经〉祭祀诗研究》，硕士学位论文，河北师范大学，2003年。

张秀华：《西周金文礼制六种研究》，博士学位论文，吉林大学，2010年。

赵丽：《西周祭祖礼及其当代意义》，硕士学位论文，哈尔滨师范大学，2012年。

朱力伟：《两周古文字通假用字习惯时代性初探》，博士学位论文，吉林大学，2013年。

## 六 期刊论文

艾延丁：《仲偁父铜器及其相关的问题》，《南都学坛》1991年第3期。

白国红：《赵武"冠礼"解析》，《晋阳学刊》2006年第4期。

曹建墩：《周代祭品观念》，《天中学刊》2008年第6期。

曹建墩：《周代祭祀用牲礼制考略》，《文博》2008年第3期。

陈朝霞：《从近出简文再析鄀国历史地望》，《江汉考古》2012年第4期。

陈梦家：《古文字中之商周祭祀》，《燕京学报》1936年第19期。

陈梦家：《商代的神话与巫术》，《燕京学报》1936年第20期。

陈筱芳：《周代庙制异议》，《史学集刊》2010年第5期。

陈颖飞：《清华简祭公与西周祭氏》，《江汉考古》2012年第1期。

程有为：《西周宗法制度的几个问题》，《河南师范大学学报》1981年第1期。

邓文平、雷涛：《儒家天人合一思想的内涵与实质》，《江西社会科学》2010年第4期。

冯天瑜：《宗法文化刍议》，《中原文化研究》2013年第6期。

高强：《人格的黄帝与神格的黄帝》，《宝鸡文理学院学报》2007年第6期。

郭守信：《鲁襄公冠于卫成公庙发微》，《社会科学辑刊》1990年第6期。

郭守信：《周代祭祀初论》，《中国史研究》1986年第2期。

何景成：《试论裸礼的用玉制度》，《华夏考古》2013年第2期。

侯乃峰：《秦骃祷病玉版铭文集解》，《文博》2005年第6期。

胡厚宣：《中国奴隶社会的人殉和人祭》（下篇），《文物》1974年第8期。

黄有汉：《中国古代宗庙制度探源》，《河南大学学报》1998年第4期。

黄展岳：《中国古代的人牲人殉问题》，《考古》1987年第2期。

贾连敏：《古文字中的"裸"和"瓒"及相关问题》，《华夏考古》1998年第3期。

金景芳：《论宗法制度》，《东北人民大学人文科学学报》1956年第2期。

金景芳：《中国古代思想的渊源》，《社会科学战线》1981年第4期。

靳桂云：《中国新石器时代祭祀遗迹》，《东南文化》1993年第2期。

瞿兑之：《释巫》，《燕京学报》1930年第7期。

李伯谦：《从晋侯墓地看西周公墓墓地制度的几个问题》，《考古》1997年第11期。

李衡眉：《兄弟相继为君的昭穆异同问题》，《史学集刊》1992年第4期。

李衡眉：《昭穆制度与周人早期婚姻形式》，《历史研究》1990年第

2期。

李衡眉：《昭穆制度与宗法制度关系论略》，《历史研究》1996年第2期。

李学勤：《何尊新释》，《中原文物》1981年第1期。

李学勤：《论西周王朝中的齐太公后裔》，《烟台大学学报》2010年第4期。

李学勤：《由蔡侯墓青铜器看"初吉"和"吉日"》，《中国社会科学院研究生院学报》1998年第5期。

刘彬徽：《上鄀府簠及楚灭鄀问题简论》，《中原文物》1988年第3期。

刘冬颖：《〈诗经〉祭祀诗中的祭品》，《哈尔滨工业大学学报》2002年第1期。

刘翔：《王孙遗者钟新释》，《江汉论坛》1983年第8期。

刘晓燕、景红艳：《周代食飨礼源流考辨》，《理论月刊》2011年第2期。

刘雨：《西周金文中的祭祖礼》，《考古学报》1989年第4期。

梅新林：《〈诗经〉中的祭祖乐歌与周代宗庙文化》，《浙江师范大学学报》1999年第5期。

梅新林：《祖先崇拜起源论》，《民俗研究》1994年第4期。

孙启康：《楚器〈王孙遗者钟〉考辨》，《江汉考古》1983年第4期。

孙庆伟：《周代裸礼的新证据——介绍震旦艺术博物馆新藏的两件战国玉瓒》，《中原文物》2005年第1期。

孙作云：《周先祖以熊为图腾考》，《开封师院学报》1957年第00期。

谭戒甫：《西周〈塱鼎铭〉研究》，《考古》1963年第12期。

唐兰：《西周铜器断代中的"康宫"问题》，《考古学报》1962年第1期。

童恩正：《中国古代的巫》，《中国社会科学》1995年第5期。

王晖：《从商代"牝鸡之晨"现象看商周妇女地位的文化差异》，《陕西师范大学学报》1997年第4期。

王慎行：《论西周孝道观的本质》，《人文杂志》1991 年第 2 期。

王玉哲：《西周芬京地望的再探讨》，《历史研究》1994 年第 1 期。

吴振武：《新见西周禹簋铭文释读》，《史学集刊》2006 年第 2 期。

徐杰令：《春秋会盟礼考》，《求是学刊》2004 年第 2 期。

徐杰令：《春秋聘问考》，《北方论丛》2003 年第 1 期。

徐明波：《商周时期的烝祭》，《宗教学研究》2006 年第 4 期。

徐少华：《鄀国铜器及其历史地理研究》，《江汉考古》1987 年第 3 期。

徐中舒：《西周墙盘铭文笺释》，《考古学报》1978 年第 2 期。

徐中舒：《禹鼎的年代及其相关问题》，《考古学报》1959 年第 3 期。

许继起：《周代助祭制度与〈诗经〉中的助祭乐歌》，《文学遗产》2012 年第 2 期。

汛河：《布依族丧葬实录》，《贵州民族研究》1982 年第 3 期。

叶正渤：《我方鼎铭文今释》，《故宫博物院院刊》2001 年第 3 期。

于成龙：《上得兼下，下不得僭上——战国楚卜筮祈祷简中的"馈食礼"》，《中国历史文物》2007 年第 6 期。

余和祥：《论宗庙祭祀及其文化特征》，《中南民族学院学报》2001 年第 5 期。

俞伟超、高明：《周代用鼎制度研究》（上），《北京大学学报》1978 年第 1 期。

臧振：《玉瓒考辨》，《考古与文物》2005 年第 1 期。

张畅：《浅论图腾崇拜的特点及影响——兼论图腾崇拜向祖先崇拜的演变》，《创新》2007 年第 6 期。

张岂之：《略论我国古代祭祀文化的特点》，《华夏文化》2007 年第 2 期。

张闻捷：《周代用鼎制度疏证》，《考古学报》2012 年第 2 期。

庄志龄：《〈诗经〉所见周代祭祖情况初探》，《徐州师范学院学报》1992 年第 3 期。

# 后　记

本书是在我博士学位论文的基础上修改而成，根据学位论文答辩委员会的建议，新增了周代祖先祭祀用物一章，补充了周代祖先祭祀过程中祭服、祭品、祭器的使用原则与规定，以此希望对周代祖先祭祀情况作全面的探讨与研究。

本书运用文献资料、考古资料、古文字资料、民族学资料、民俗学资料等，以"五礼"为线索，系统梳理蕴含其中的祖先祭祀，总结归纳周代祖先祭祀的目的，介绍周代祖先祭祀的主要场所及礼仪，重点分析周代祖先祭祀与宗法制度、昭穆制度等社会制度以及与巫术思想、阴阳思想等社会思想之间的双向交互关系。将周代祖先祭祀划分为殷周之际、春秋时期、战国时期三个阶段，揭示周代祖先祭祀变迁的历程与趋势，指明重孝、崇德是周代祖先祭祀的两大特点，分析周代祖先祭祀的价值与意义。

本书即将出版之际，特别感谢我的博士生导师田旭东教授。回想当初论文选题时的迷茫与彷徨，田老师建议将论文选题和我工作所在地的历史文化联系起来，一下子令我茅塞顿开，得到极大的信心与鼓舞。论文开题后，田老师又对我拟定的提纲进行了更为科学、合理的调整。论文写作中，不管田老师多么忙碌，总能在第一时间答疑解惑。每一次与导师见面交流之后，田老师总是嘘寒问暖，详细询问家中情况，可谓对学生关怀备至，感动之情难于言表。田老师为学令人仰慕、为人令人钦佩，其儒雅的气质风范深深地感染着学生。在西北大学学习期间，我收获的不仅仅是一篇博士学位论文，田老师的治学态度、为人处世是我得到的更加宝贵的精神财富。同时，感谢论文写作过程中提供金文资料的任雪莉女士以及参加我学位论文答辩并提出宝贵建议的段清波先生、张懋镕先生、徐卫民先生等。

拙著的出版也与单位领导和同事的关心与帮助密不可分。感谢宝鸡文理学院科研管理处王晓玲处长、鲁海涛副处长、苗亚静副处长以及历史文化与旅游学院康少峰院长，陕西省重点中国特色社会主义理论体系研究中心（宝鸡基地）主任、马克思主义学院刘晓勇院长，周秦伦理文化与现代道德价值研究中心主任、政法学院张波院长，周秦伦理文化与现代道德价值研究中心副主任刘刚教授等。学院刘海玲老师、安梅梅老师也为本书的出版给予了莫大的支持与帮助。

最后，特别感谢我的妻子薛芳女士。求学期间，我无暇顾及家庭，妻子一人挑起了生活重担，工作之余还要整理家务、教育孩子，默默付出却无怨无悔。妻子帮助我解决了家庭后顾之忧，使我能够全身心地投入到论文写作之中。博士毕业后，妻子一如既往的支持是我事业及各项工作顺利完成的坚强后盾，本书的出版也凝聚着妻子的一份功劳，特此感谢。

任晓锋<br>
2023 年 8 月于宝鸡